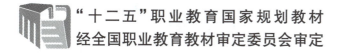

"十二五"职业教育国家规划教材

经全国职业教育教材审定委员会审定

Qiche Dianxing Diankong Xitong Gouzao yu Weixiu

汽车典型电控系统构造与维修

（第三版）

交通职业教育教学指导委员会　组织编写

解福泉　主　编

内 容 提 要

本书是"十二五"职业教育国家规划教材之一,主要内容包括:电控发动机的构造与维修、电控自动变速器的构造与维修、电控制动系统的构造与维修、电控悬架的构造与维修、电控动力转向系统的构造与维修,共5个单元。

本书供高等职业院校汽车运用技术专业教学使用,也可作为相关行业岗位培训教材或自学用书。

图书在版编目(CIP)数据

汽车典型电控系统构造与维修 / 解福泉主编. —3版. —北京:人民交通出版社,2014.10
"十二五"职业教育国家规划教材
ISBN 978-7-114-11216-4

Ⅰ.①汽… Ⅱ.①解… Ⅲ.①汽车—电子系统—控制系统—构造—高等职业教育—教材②汽车—电子系统—控制系统—车辆修理—高等职业教育—教材 Ⅳ.①U472.41

中国版本图书馆 CIP 数据核字(2014)第 036399 号

"十二五"职业教育国家规划教材

书　　　名:	汽车典型电控系统构造与维修(第三版)
著 作 者:	解福泉
责任编辑:	时　旭　戴慧莉
出版发行:	人民交通出版社
地　　　址:	(100011)北京市朝阳区安定门外外馆斜街 3 号
网　　　址:	http://www.ccpress.com.cn
销售电话:	(010) 59757973
总 经 销:	人民交通出版社发行部
经　　　销:	各地新华书店
印　　　刷:	北京市密东印刷有限公司
开　　　本:	787×1092　1/16
印　　　张:	17.75
字　　　数:	410 千
版　　　次:	2005 年 8 月　第 1 版 2011 年 4 月　第 2 版 2014 年 10 月　第 3 版
印　　　次:	2023 年 8 月　第 4 次印刷　总第 13 次印刷
书　　　号:	ISBN 978-7-114-11216-4
定　　　价:	45.00 元

(有印刷、装订质量问题的图书由本社负责调换)

交通职业教育教学指导委员会
汽车运用与维修专业指导委员会

主 任 委 员：魏庆曜

副主任委员：张尔利　　汤定国　　马伯夷

委　　　员：王凯明　　王晋文　　刘　锐　　刘振楼
　　　　　　　刘越琪　　许立新　　吴宗保　　张京伟
　　　　　　　李富仓　　杨维和　　陈文华　　陈贞健
　　　　　　　周建平　　周柄权　　金朝勇　　唐　好
　　　　　　　屠卫星　　崔选盟　　黄晓敏　　彭运均
　　　　　　　舒　展　　韩　梅　　解福泉　　詹红红
　　　　　　　裴志浩　　魏俊强　　魏荣庆

秘　　　书：秦兴顺

第三版前言

根据教育部的《关于"十二五"职业教育国家规划教材选题立项的函》(教职成司函[2013]184号)的通知精神,人民交通出版社出版的教材《汽车典型电控系统构造与维修》符合"十二五"职业教育国家规划教材选题立项要求。

2013年10月,人民交通出版社组织十几所院校的汽车专业教师代表,在青岛召开了"十二五"职业教育国家规划教材汽车类专业立项教材修订会议。会议根据《教育部关于"十二五"职业教育教材建设的若干意见》(教职成[2012]9号)文件精神,经过认真研究讨论,吸收了教材使用院校教师的意见和建议,确定了立项教材的修订方案。

本书是在第二版的基础上,在会议确定的修订方案指导下完成的,教材的内容修订主要体现在以下几个方面:

1. 单元一,增加条目:"4 缸内喷射电控发动机的维修"。
2. 单元二,增加条目:"4 双离合自动变速器"。
3. 单元五,充实条目"3 电动动力转向系统"的内容;修订条目"4 电控动力转向系统的检修"。
4. 附录,修订为"典型汽车专用故障诊断仪"。介绍"大众公司 VAS 6150 诊断系统"及"通用 GDS2 诊断系统"。
5. 书中所涉及的技术内容和车型数据更新。
6. 增加调整习题及答案(简答、论述题除外)。
7. 修正了第二版教材中的错误和不当之处。
8. 本教材配套的光盘随教材进行了修改。

本教材的修订工作由河南交通职业技术学院解福泉教授负责,编写具体分工如下:解福泉编写单元一,陈纪民编写单元二,李明丽编写单元三、朱学军编写单元四,杨涛编写单元五及附录。

限于编者水平,书中难免有疏漏和错误之处,恳请广大读者提出宝贵建议,以便进一步修改和完善。

编 者
2014年1月

第二版前言

《汽车典型电控系统构造与维修》自 2005 年 9 月出版发行后,受到广大师生的好评,被全国多所高职院校选为教学用书,该书至今已累计印刷 6 次。

本书第一版出版后,出版社和编者陆续收到了一些院校教师的信息反馈,他们对书中的内容提出了宝贵的意见和建议,并指出了一些错误。

2009 年 11 月,人民交通出版社组织十几所院校的汽车系教师代表,在上海交通职业技术学院召开了高等职业教育汽车运用技术专业规划教材修订研讨会,对汽车运用技术专业规划教材进行了修订研讨,并确定了每本教材的修订方案。

本书的修订工作,是在该书第一版的基础上,吸收了教材使用院校教师的意见和建议,在高等职业教育汽车运用技术专业规划教材修订研讨会确定的修订方案指导下完成的。此次修订,教材的修改主要体现在以下几个方面:

(1) 简化了第一版中"单元一　汽车电控系统常用检测设备"的内容,将其作为"附录"放在了全书最后。

(2) 更新了"单元二　电控发动机的构造与维修"中电控发动机构造的内容。

(3) 更新了"单元三　电控自动变速器构造与维修"中电控自动变速器构造的内容。

(4) "单元四　ABS、ASR 系统的构造与维修"更名为"单元三　电控制动系统的构造与维修",增加了 EBD、ESP 等内容。

(5) 删除了涉及老车型的陈旧内容。

(6) 在全书的最后附上了"思考与练习"的答案。

(7) 修正了教材第一版中的错误和不当之处。

(8) 本教材配套的光盘随教材进行了修改。

本教材的修订工作主要由河南交通职业技术学院解福泉负责,编写分工为:解福泉编写单元一,陈纪民编写单元二、单元三,宋阳编写单元四,杨涛编写单元五,河南工业大学赵长松编写附录。

限于编者水平,书中难免有疏漏和错误之处,恳请广大读者提出宝贵建议,以便进一步修改和完善。

编　者
2010 年 9 月

第一版前言

为贯彻《国务院关于大力推进职业教育改革与发展的决定》以及教育部等六部委《关于实施职业院校制造业和现代服务业技能型紧缺人才培养培训工程的通知》精神，全面实施《2003—2007年教育振兴行动计划》中提出的"职业教育与培训创新工程"，积极推进课程改革和教材建设，为职业教育教学和培训提供更加丰富、多样和实用的教材，更好地满足职业教育改革与发展的需要，交通职业教育教学指导委员会汽车运用与维修学科委员会组织全国交通职业技术院校的专业教师，按照教育部颁布的《汽车运用与维修专业领域技能型紧缺人才培养培训指导方案》的要求，紧密结合目前汽车维修行业实际需求，编写了高等职业教育规划教材，供高等职业院校汽车运用技术专业教学使用。

本系列教材符合国家对技能型紧缺人才培养培训工作的要求，注重以就业为导向，以能力为本位，面向市场、面向社会，为经济结构调整和科技进步服务的原则，体现了职业教育的特色，满足了汽车运用技术领域高素质专业实用人才培养的需要。

本系列教材在组织编写过程中，认真总结了全国交通职业院校多年来的专业教学经验，注意吸收发达国家先进的职教理念和方法，形成了以下特色：

1. 专业培养目标设计基本指导思想是以行业关键技术操作岗位和技术管理岗位的岗位能力要求为核心，确定专业知识和能力培养目标，对实际现场操作能力要求达到中级技术工人水平，在系统专业知识方面要求达到高级技师水平，并为毕业生在其职业生涯中能顺利进入汽车运用工程师行列奠定良好发展基础；

2. 全套教材以《汽车文化》、《汽车专业英语》、《汽车电工与电子基础》、《汽车机械基础》、《汽车发动机构造与维修》、《汽车底盘构造与维修》、《汽车电气设备构造与维修》、《汽车维修质量检验》八门课程搭建专业基本能力平台，以适应各地各校的实际需求；

3. 打破了教材传统的章节体例，以专项能力培养为单元确定知识目标和能力目标，使培养过程实现"知行合一"；

4. 在内容的选择上，注重汽车后市场职业岗位对人才的知识、能力要求，力求与相应的职业资格标准衔接，并较多地反映了新知识、新技术、新工艺、新方法、新材料的内容；

5. 本套教材力图形成开放体系，一方面除本次推出清单所列教材之外，还将根据市场实际需求，陆续推出不同车系专门化教材；另一方面，还将随行业实际变化及时更新或改编部分专业教材。

《汽车典型电控系统构造与维修》是汽车运用与维修专业领域技能型紧缺人才培养培训课程之一，内容包括：汽车典型电控系统各传感器、执行器及电控单元（ECU）的性能检测方法和手段，并对各电控系统常见故障的诊断方法和步骤作了详细分析。应用举例均为国内常见车型,维修方法和数据具有较强的实用性,使学生具备对汽车典型电控系统的性能检测和故障诊断的技能,为毕业后从事高级轿车的维修奠定良好的基础。

参加本书编写工作的有:河南交通职业技术学院解福泉(编写单元一、单元二)、吴祥升(编写单元三)、张俊(编写单元四、单元五)、张幸伟(编写单元六)。全书由解福泉担任主编,北京市交通学校周建平担任主审。

限于编者经历和水平,教材内容难以覆盖全国各地的实际情况,希望各教学单位在积极选用和推广本系列教材的同时,注重总结经验,及时提出修改意见和建议,以便再版修订时改正。

交通职业教育教学指导委员会
汽车运用与维修学科委员会
2005 年 5 月

目 录

单元一　电控发动机的构造与维修 ··· 1
1　概述 ·· 1
2　电控发动机的控制电路分析 ··· 18
3　电控发动机的维修 ·· 42
4　缸内喷射电控发动机的维修 ··· 80
思考与练习 ·· 99

单元二　电控自动变速器的构造与维修 ··································· 103
1　概述 ··· 103
2　自动变速器控制电路分析 ··· 125
3　电控自动变速器的维修 ·· 132
4　双离合器变速器 ··· 149
思考与练习 ·· 161

单元三　电控制动系统的构造与维修 ······································ 164
1　防抱死制动系统的构造与检修 ··· 164
2　驱动防滑系统的构造与检修 ·· 185
3　电子稳定程序系统的构造与维修 ·· 194
4　电控制动系的扩展功能 ·· 206
思考与练习 ·· 210

单元四　电控悬架的构造与维修 ··· 213
1　概述 ··· 213
2　电控悬架的组成与工作原理 ·· 214
3　电控悬架的检修 ··· 225
思考与练习 ·· 236

单元五　电控动力转向系统的构造与维修 ································ 238
1　概述 ··· 238

  2 液压式电控动力转向系统 ·· 239
  3 电动式电控动力转向系统 ·· 245
  4 电控动力转向系统的检修 ·· 251
  思考与练习 ·· 256

附录 典型汽车专用故障诊断仪 ··· 258

  1 大众 VAS 6150 诊断系统 ·· 258
  2 通用 GDS2 诊断系统 ·· 266

思考与练习参考答案 ··· 270

参考文献 ·· 272

单元一　电控发动机的构造与维修

学习目标

知识目标
1. 简单叙述各传感器的构造、工作原理和性能检测原理；
2. 正确描述电控发动机的组成及各组成部分的作用；
3. 正确描述各传感器作用、安装位置及性能检查内容。

能力目标
1. 能够安全正确拆装传感器；
2. 能够正确使用检测设备判断传感器的性能和控制电路。

1　概　述

1.1　电控发动机的功能

电控发动机以电控单元(ECU)为控制核心,以空气流量和发动机转速为控制基础,以喷油器的喷油量、喷油时刻、发动机怠速和点火装置等为控制对象,保证获得与发动机各种工况相匹配的最佳空燃比和点火提前角,同时适时调整发动机怠速。电控发动机主要由空气供给系统、燃油供给系统、点火系统和电子控制系统所组成。

空气供给系统将清洁适量的空气根据发动机工况的要求,定时送入汽缸内,驾驶员可通过加速踏板对进气量进行控制。发动机进气量由空气流量传感器计量后,作为主要控制信号告知电控单元,据此确定汽油的基本喷射量。节气门关闭(怠速)时,进气量由电控单元通过怠速阀控制。

燃油供给系统将具有一定压力的清洁汽油通过喷油器适时喷射到进气歧管内,系统油压由燃油压力调节器控制在规定的范围内,喷油量和喷射时刻均由电控单元根据各传感器的信号确定。为了使发动机具有良好的低温起动性能,在冷车起动发动机时,冷起动喷油器由电控单元或由温度—时间开关控制和主喷油器同时喷油。

点火系统主要由电子点火组件、点火线圈、火花塞、高压线和电控单元等所组成。

电子控制系统的核心部件是电控单元,在发动机工作时,电控单元接收各传感器的信号,经分析、比较、计算后,确定控制对象和范围,发出指令控制执行器,使发动机有最佳的进气量、空燃比、点火时刻,同时视情况调节发动机怠速。

电控单元先由转速、负荷和水温传感器的信号确定实际工况的最佳点火提前角,再由发动机转速传感器(曲轴位置传感器或凸轮轴位置传感器)确定活塞在汽缸内的实际位置,并发出指令控制电子点火组件(电子点火器),由电子点火组件完成点火线圈初级电路接通和断开的控制,从而在点火线圈次级绕组内产生出20000V左右的高电压,高压击穿火花塞间隙产生电火花,点燃可燃混合气。

1.2 电控发动机的分类

电控发动机的种类繁多,可按照喷油器安装位置、燃油喷射部位、喷射方式、喷射时序、控制方式和进气量检测方式的不同进行如下分类:

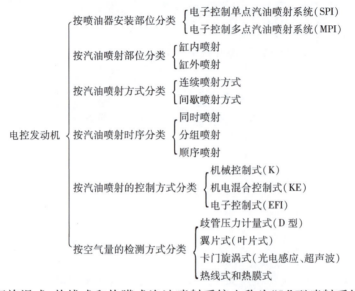

翼片式、卡门旋涡式、热线式和热膜式汽油喷射系统也称为"L"型喷射系统。

D型电控发动机是通过检测进气歧管的真空度来间接测量发动机吸入的空气量,广泛应用于德国大众系列车上。"D"是德文"压力"的第一个字母。由于空气在进气管内的压力波动,决定了该方法的测量精度较差。L型电控发动机是利用空气流量计直接测量发动机吸入的空气量。"L"是德文"空气"的第一个字母。其测量精度高于D型,故可更精确地控制空燃比。

1.3 电控发动机的优点

电控发动机与传统的化油器式发动机相比具有如下优点。

1.3.1 降低排放污染

汽油直接喷射系统,能根据发动机的各种不同工况迅速准确地提供与其相匹配的最佳空燃比,使汽油完全燃烧,同时与三元催化剂配合使用可以有效地减少CO、HC和NO_x有害气体的排放量。尤其是在发动机急减速时,具有断油的功能。急减速时,节气门关闭,但发动机仍高速旋转,进入汽缸内的空气量减少,进气歧管内的真空度增高。在化油器式的供油系统中,此时会使黏附在进气歧管内壁上的汽油,由于歧管内真空度急剧升高而蒸发后进入汽缸,使混合气变浓,造成燃烧不完全,使排气中的HC含量增加。而电控发动机在急减速时,发动机转速高于一定值(如 CHEROKEE 汽车转速高于 2000r/min；TOYOTA 汽车转速高于 2400r/min)，会自动切断供油，可完全排除 HC 排放，使得发动机的排放符合现行的排放法规要求。

1.3.2 提高发动机的最大功率

因为电控发动机的进气不必预热，进、排气管可以分别布置在发动机缸体的两侧，如为了结构紧凑，进、排气管可布置在发动机缸体的同侧，但二者之间需有良好的隔热，从而使吸入汽缸的空气密度较大。电控发动机的进气不受化油器喉管的限制，加之配备直径较大、过渡非常圆滑的进气管道，可大大减小进气阻力，提高充气效率，因此，提高了发动机的最大功率。据有关资料介绍，可提高发动机功率 10% 左右。

1.3.3 耗油量低，经济性能好

电控发动机可以做到使发动机在各种工况下，精确地控制混合气的空燃比为最佳值，并且汽油是在一定压力下喷出，雾化品质好。同时进气管道不受汽油雾化的限制，可以设计得更加合理，使混合气向各缸均匀分配，所以燃料消耗量低。据有关资料介绍，油耗可降低 10% 左右。

1.3.4 改善了发动机的低温起动性能

化油器式发动机起动时，进气流速低，汽油供给量少，且雾化不好，发动机起动不良。而电控发动机内设有补充空气调节器和冷起动喷油器(冷起动阀)，且汽油的供给量不受进气流速的限制，因此，可改善发动机的低温起动性能。

1.3.5 急速平稳，工况过渡圆滑，工作可靠，灵敏度高

电控发动机由于计算机的运算速度极快，它能根据各个传感器输入的电信号迅速作出反应，及时而准确地将适量汽油喷入进气门附近，所以发动机的急速稳定，加速性能好，工况过渡圆滑，操作灵敏度高，且故障率低，发动机电控单元在 10 万 km 内的故障率仅为千分之一。

1.4 电控发动机的组成

1.4.1 空气供给系统

空气供给系统主要由空气滤清器、空气流量传感器、(进气压力传感器)、急速阀、节气门体、进气总管、进气歧管等组成。其组成和空气流通路径如图 1-1 所示。

发动机工作过程中，空气经空气滤清器过滤后，由节气门控制、空气流量传感器计量，通过节气门体进入进气总管，再分配到各进气歧管。在进气歧管内与喷油器喷出的汽油混合形成可燃混合气，吸入汽缸内燃烧。发动机急速时，节气门就关闭，空气流经旁通气道进入汽缸，旁通气道流通截面的大小，由电控单元根据发动机实际工况通过急速阀控制。

发动机冷却水温度较低时，为加快暖机过程，电控单元控制急速阀加大旁通气道的通气截面，使满足快急速所需的空气量流经空气流量传感器计量后，绕过节气门直接进入进气管。随着发动机冷却水温度的升高，电控单元控制急速阀调节旁通气道的通气截面逐渐减小，则进气量随之减小，发动机水温正常后，其转速逐渐降低至正常急速。

1.4.1.1 进气管

进气管包括进气总管和进气歧管，如图 1-2 所示。

在单点喷射系统中，进气管的形状与化油器式发动机进气管的形状基本一致，称为耙型进气管，如图 1-2a)所示。

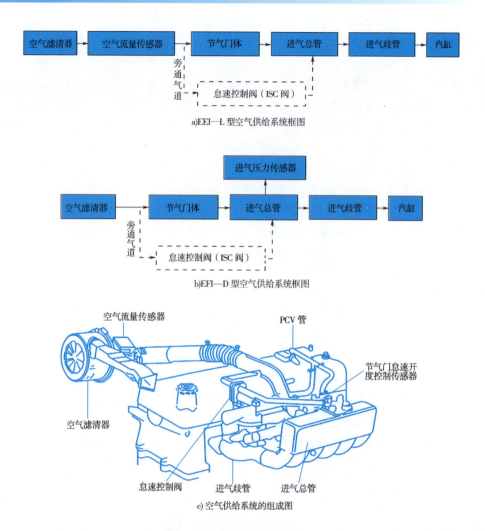

图1-1 空气供给系统的组成

在多点喷射系统中,为了消除进气脉动和使各缸配气均匀,对进气总管和进气歧管在形状、容积等方面都提出了严格的设计要求。进气总管容积大,进气歧管形状圆滑,称为香蕉型进气管,如图1-2b)、图1-2c)所示。发动机每缸分别设置独立的进气歧管,进气歧管和进气总管可制成如图1-2b)所示的整体形式,也可制成如图1-2c)所示的分体式,并用螺栓连接。

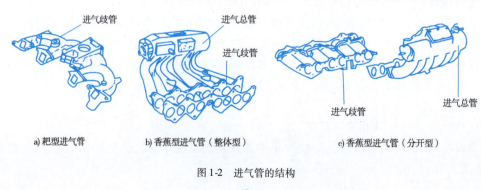

图1-2 进气管的结构

1.4.1.2 节气门体

节气门体是控制发动机进气量的主要部件之一,安装在空气滤清器(或空气流量传感器)与进气总管之间。节气门体的构造如图1-3所示,主要由节气门、怠速调整螺钉、节气门位置传感器、发动机冷却水道和真空管接头等组成。有些节气门体上还装有发动机怠速控制阀。驾驶员通过加速踏板控制节气门开度,进而控制发动机进气量。节气门位置传感器与节气门同轴转动,其作用是将节气门的开度转变成电信号输送到电控单元。为了避免冬季空气中的水分在节气门体上结冰,在节气门体上设有冷却水流经的通道,以使冷却水对节气门体加热。

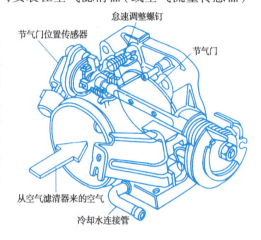

图1-3 节气门体的结构

1.4.2 燃油供给系统

燃油供给系统主要由汽油箱、电动汽油泵、汽油滤清器、燃油总管、油压调节器、喷油器和输油管道等组成,如图1-4所示。为了减小汽油在管道中的脉动,有些电控发动机上装有脉动阻尼器。

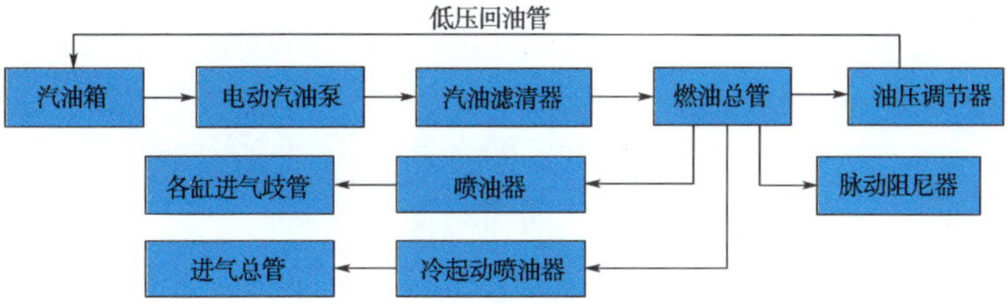

a) 燃油供给系统框图

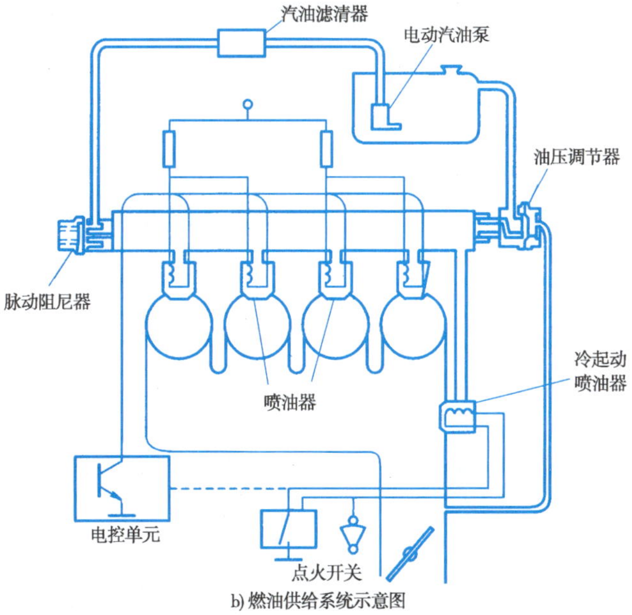

b) 燃油供给系统示意图

图1-4 燃油供给系统的组成

汽油储存在汽油箱中,首先由电动汽油泵泵出,然后经汽油滤清器过滤除去杂质并由脉动阻尼器消除油压脉动后,输送至输油总管,再配送给各缸喷油器及冷起动喷油器。喷油器根据电控单元发出的喷油指令,将适量的汽油喷入各缸进气歧管(MPI)或进气总管(SPI)。喷油压力由安装在输油总管上的油压力调节器调节,多余的汽油经回油管流回油箱。

此外,为了改善发动机的低温起动性能,有些电控发动机安装了冷起动喷油器,其喷油时间由温度—时间开关或电控单元控制。

1.4.2.1 汽油滤清器

汽油滤清器的作用是滤清汽油,把含在汽油中的氧化铁、粉尘等固体夹杂物除去,防止供油系统管路堵塞和减小机械磨损,确保发动机可靠运行。汽油滤清器可滤去直径大于0.01mm的杂质,主要由壳体和滤芯两部分组成,其结构如图1-5所示。滤芯一般采用滤纸叠成,使用到规定的里程后,需要更换或清洗。不同车型的滤芯更换周期不同,例如北京切诺基汽车一般为9600km;德国汽车一般规定为5000km;丰田汽车一般规定为4000km。若使用的汽油含杂质成分较多,则应适当缩短更换周期。

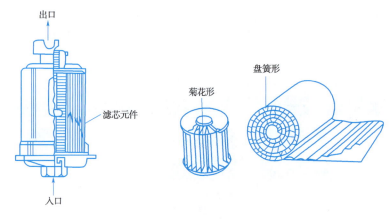

图1-5 汽油滤清器

1.4.2.2 电动汽油泵

(1)电动汽油泵的作用。

电动汽油泵的作用是将汽油从油箱中吸出,供给燃油系统足够的具有规定压力的汽油。电控汽油喷射系统压力一般为0.2~0.3MPa,机械控制或机电混合控制的汽油喷射系统压力一般为0.5MPa。

(2)电动汽油泵的类型。

按照安装位置的不同分为外装泵和内装泵两种。外装泵是将泵安装在汽油箱之外的供油管路,内装泵则是将泵安装在汽油箱内。与外装泵相比,内装泵不易产生气阻和燃油泄漏,且噪声小。目前广泛采用的是内装泵。

按照电动汽油泵泵体的不同又可分为滚子泵、齿轮泵(转子泵)、涡轮泵和侧槽泵等。滚子泵和齿轮泵多用于外装泵;涡轮泵和侧槽泵多用于内装泵。

(3)电动汽油泵的组成。

电动汽油泵主要由泵体、永磁直流电动机和壳体三部分组成,其结构如图1-6所示。电动机通电输出机械能带动泵体旋转,将经过集滤器清洁后的汽油从进油口吸入,加压后从出油口压出,向燃油系统供油。汽油流经电动汽油泵内部时,对电动机起到冷却作用,此种汽油泵又称湿式汽油泵。壳体除了安装固定电动机和泵体之外,其上还安装有安全阀和止回阀。

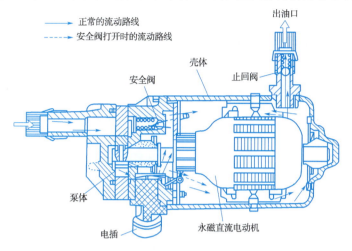

图1-6 电动汽油泵的结构

安全阀也称限压阀,主要由阀座、密封钢球和弹簧组成。其作用是将系统油压限定在规定的范围内,以防止系统压力过高造成输油管路泄漏,同时防止一旦输油管路堵塞引起的电动机过载。当系统压力超过规定值时,安全阀打开,使汽油在电动汽油泵总成内部循环。

止回阀安装在电动汽油泵的出油口处,其作用是在发动机熄火后,避免输油管路中的汽油倒流,保持油路中有一定的残余压力,以便于发动机再次起动。

1.4.2.3 油压调节器

油压调节器的作用是保持发动机在各种工况下汽油压力都在规定的范围内,同时保持汽油压力和进气真空度之间的压力差为恒定值(通常为250kPa)。

油压调节器主要由壳体、膜片、回油阀门和校正弹簧等组成,膜片将调节器分成上下两个腔,如图1-7所示。

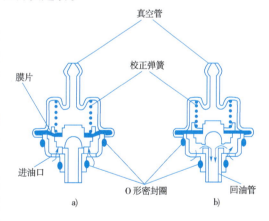

图1-7 油压调节器的结构与原理

高压油由进油口进入压力调节器下腔,油压作用在膜片的一侧,而弹簧的张力和进气真空度作用在膜片的另一侧。膜片上方的弹簧总是试图关闭通向回油管路的出口,作用在膜片下方的油压与弹簧力的作用相反,试图打开回油管路的出口。当系统油压增高时,在上下腔压力差的作用下,膜片压缩弹簧上行,回油管路出口打开,燃油经回油管流回油箱,油压下降;当系统油压降低时,在上下腔压力差的作用下,膜片下行,关闭或减小回油管路出口,回油量减小,油压升高。如此反复,将系统油压限制在规定的范围内。

燃油压力调节器上腔通过一软管获取节气门后进气歧管内的真空度,使发动机负荷变化时也能维持喷油压力与进气歧管间的压力差恒定不变,从而保证了燃油的喷射量与喷射时间的线性关系。

当汽油泵停止工作时（发动机停转），在弹簧张力作用下，阀门关闭，使系统内保持一定的残余压力，以利于发动机再次起动。

1.4.2.4 脉动阻尼器

喷油器工作时，油路中油压会产生微小的波动。脉动阻尼器的作用就是减小这种波动和降低噪声。脉动阻尼器由膜片和弹簧组成减振结构，如图1-8所示。其内部有膜片室和燃油室，中间以膜片隔开，并在膜片室内安装有弹簧，将膜片压向燃油室，当油压与弹簧张力相平衡时，膜片处于一定位置。

来自汽油泵的燃油首先通过脉动阻尼器进入燃油室，然后流向输油管路。当燃油压力增高时，膜片弹簧被压缩，使燃油室容积增大，压力下降；反之当燃油压力降低时，在弹簧张力的作用下，燃油室容积减小，压力增高，如此反复，从而使系统压力趋于稳定。

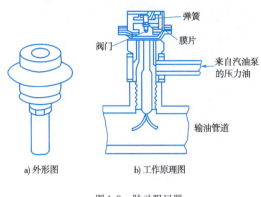

图1-8 脉动阻尼器

1.4.2.5 喷油器

喷油器实质上是一个电磁阀，其作用是根据电控单元发出的指令，将一定量的汽油适时喷入进气歧管内。其结构如图1-9所示，主要由电磁线圈、柱塞、复位弹簧、滤网和针阀等组成。

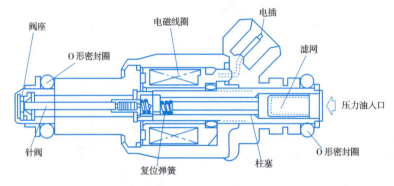

图1-9 喷油器的结构

喷油器不工作时，在复位弹簧张力作用下，针阀紧贴在阀座上，将喷油孔封闭。压力油经过滤网清洁后进入喷油器内腔。喷油器利用电磁吸力和弹簧张力来实现燃油计量柱塞的开与闭。当电控单元发出喷油控制指令，将喷油器的驱动电路接通时，电磁线圈通电并产生磁场，吸引衔铁带动针阀一起移动，克服弹簧张力使针阀离开阀座，燃油即开始喷射。当电控单元发出停止喷油指令时，切断喷油器的驱动电路，电磁吸力消失，在弹簧张力的作用下针阀关闭，喷射停止。

喷油器的喷油量取决于三个因素：喷油孔截面积、喷油压力和喷射持续时间。对于一个定型的喷油器来说，其喷油孔截面尺寸是固定不变的，喷油压力由燃油压力调节器保持恒定，因此，喷油量仅取决于喷射持续时间。喷油器针阀开启的持续时间则决定于电磁线圈通电脉冲

单元一　电控发动机的构造与维修

的宽度,其脉冲宽度由 ECU 根据各传感器输入的信号,通过分析、对比、计算后确定。

1.4.2.6　冷起动喷油器

在低温起动发动机时,由于汽油的汽化不良易造成起动时的混合气过稀,起动困难。为了对未汽化的汽油进行补偿,改善发动机的低温起动性能,必须在冷起动时附加地喷入一定量的汽油。在部分电控汽油发动机上,这部分附加的汽油量是由冷起动喷油器喷入进气管道的。只有低温起动(或发动机水温较低)时才投入工作,其喷油量取决于持续喷射时间,而持续喷射时间可以由温度—时间开关控制,也可由 ECU 控制。

冷起动喷油器也是一个电磁阀,主要由电磁线圈、电插、柱塞、阀门弹簧和涡流式喷嘴等组成,其结构如图 1-10 所示。

冷起动喷油器的柱塞即电磁阀的衔铁部分,安装在充满压力油的阀体内腔中。喷油器不工作时,在阀门弹簧张力的作用下,柱塞压紧在阀座上,封闭喷嘴的出口,燃油不喷出。当低温起动发动机时,电磁线圈通电产生电磁吸力,电磁吸力作用在柱塞上,克服阀门弹簧的张力,柱塞离开阀座,压力油通过涡流式喷嘴呈细雾状喷入节气门后的进气管道内,与空气混合形成可燃混合气后均匀地分配给各汽缸。

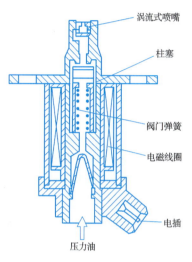

图 1-10　冷起动喷油器的结构

1.4.3　电子控制系统

电子控制系统的作用是根据发动机的工况和车辆运行状况确定汽油的最佳喷射量和点火提前角。该系统主要由传感器、ECU 和执行器三部分组成。随着计算机控制功能的不断拓展,其控制项目也在不断增加,如怠速控制、空燃比反馈的闭环工作控制、尾气排放控制等,形成多功能控制的发动机集中管理控制系统。

传感器是用来检测发动机的实际工况,将发动机各种工况下的性能参数转变成为电信号传输给电控单元。检测发动机工况的传感器主要有:空气流量传感器(EFI-L 型)、进气压力传感器(EFI-D 型)、发动机转速传感器、水温传感器、进气温度传感器、曲轴(凸轮轴)位置传感器、节气门位置传感器、氧传感器、爆震传感器等。电控单元输出的各种控制指令由执行器执行,如喷油脉冲宽度和喷油时刻的控制、点火提前角的控制、怠速控制、活性炭罐控制、自诊断、故障备用程序、起动和仪表显示等。

1.4.3.1　空气流量传感器

空气流量传感器也称空气流量计,其作用是将吸入汽缸内的空气量转换成电信号送至电控单元,其信号是电控单元确定基本喷油量的重要信号之一。按其结构的不同可分为:翼片式空气流量传感器、热线式空气流量传感器、热膜式空气流量传感器、卡门旋涡式空气流量传感器。

(1)翼片式空气流量传感器。

翼片式空气流量传感器主要由测量翼片、电位计、复位弹簧、补偿挡片和接线插头等组成,其结构如图 1-11 所示。

发动机工作时,空气通过推开测量翼片偏转,使其开启。翼片开启角度的大小取决于空气气流对翼片轴上复位弹簧的平衡状况。翼片轴上连着电位计,电位计把翼片开启角度的变化(即进气量的变化)转换成电压信号输送给电控单元。

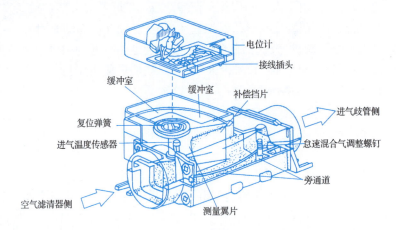

图 1-11 翼片式空气流量传感器结构

补偿挡片与测量翼片一同偏转,在缓冲室内的摆动对测量翼片产生一定的阻力,以避免测量翼片的不正常振摆,防止进气管内出现气流脉动,保证测量精度。

进气通道旁还有一个旁通空气通道,在旁通道上设有怠速混合气调整螺钉,可以改变旁通道的流通截面,以调整发动机怠速工况下的混合气浓度。

翼片式空气流量传感器内通常还设有一个电动汽油泵开关。当发动机运转时,翼片偏转,使开关触点闭合,从而使电动汽油泵电路接通。

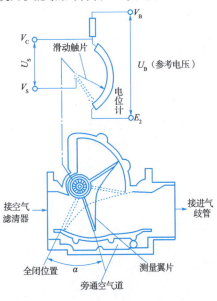

图 1-12 翼片式空气流量传感器工作原理

进气温度传感器用于测量进气温度。因不同温度下的空气密度不同,所以电控单元根据测得的进气温度,对进气量进行修正。

其工作原理如图 1-12 所示。来自空气滤清器的空气通过主通道时,空气推力使测量翼片打开一个角度 α,当吸入空气推开测量翼片的力与复位弹簧的复位力相平衡时,叶片停止转动。与测量翼片同轴转动的电位计滑动触片检测出叶片转动的角度,将进气量转换成电信号(U_S/U_B)送给电控单元。

(2)热线式空气流量传感器。

热线式空气流量传感器主要由感知空气流量的白金热线、根据进气温度进行修正的温度补偿电阻、控制热线电流并产生输出信号电压的控制线路板和壳体等组成。根据白金热线在壳体内的安装位置不同,可分为主流测量方式和旁流测量方式两种。图 1-13 所示为主流测量方式的热线式空气流量传感器的结构图。

旁流测量方式的热线式空气流量传感器与主流测量方式的相比,在结构上主要区别在于白金热线和温度补偿电阻安装在空气旁通道上。热线和温度补偿电阻用白金丝绕在陶瓷绕线管上制成。

其工作原理如图 1-14 所示。热线电阻 R_H、温度补偿电阻 R_K、精密电阻 R_A 以及调节电阻 R_B 分别是惠斯登电桥的一个臂。发动机运转时,空气流经取样管,使热线电阻和温度补偿电阻温度降低,从而其电阻值(R_H、R_K)相应降低。因此电桥失去平衡,控制电路将对电桥进行自动调节,增大流经热线电阻的电流,直到电桥从新平衡。在调节过程中,流过电桥 4 条臂的电流发生变化,从而使作为电桥一臂的精密电阻 R_A 两端输出一个与空气流量成比例的信号电压 U_O。

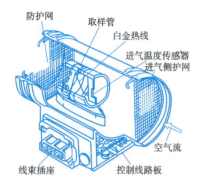

图 1-13 热线式空气流量传感器

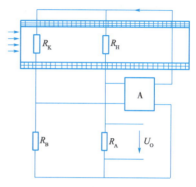

图 1-14 热线式空气流量传感器的工作原理

(3)热膜式空气流量传感器。

热膜式空气流量传感器的结构和工作原理与热线式空气流量传感器基本相同,如图 1-15 所示,不同的只是将发热体由热线改为热膜。热膜由固定在薄树脂膜上的发热金属铂构成。该结构由于发热体不直接承受空气流动所产生的作用力,从而提高了空气流量传感器的可靠性。

(4)卡门旋涡式空气流量传感器。

卡门旋涡式空气流量传感器通常与空气滤清器外壳安装成一体,在进气通道内设置一锥体状的卡门旋涡发生器,当空气流过发生器时,会在发生器后形成有规律的空气涡流,该涡流的频率与空气的流速成正比,与发生器的直径成反比,因此,测出卡门旋涡的频率即可感知空气流量的大小。根据信号采集方式的不同,卡门旋涡式空气流量传感器又可分为光电感应式和超声波式两种,如图 1-16、图 1-17 所示。

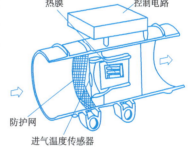

图 1-15 热膜式空气流量传感器

光电感应式又称反光镜检测式,其工作原理是把卡门旋涡发生器两侧的压力变化通过导压孔引向薄金属制成的反光镜表面,使其振动。反光镜振动时将发光二极管投射的光线反射给光敏元件,根据光电感应原理,光敏元件对反光信号进行检测,即可获知卡门旋涡的频率。

超声波式信号采集方式是利用卡门旋涡引起空气密度变化进行测量的。在卡门旋涡发生器的下游,空气流动的垂直方向装有超声波信号发生器,在其对面装有超声波信号接收器。从超声波信号发生器发出的超声波因受卡门旋涡造成的空气密度变化的影响,到达接收器时有的变早,有的变晚。测出其相位差,利用放大器使其形成矩形波,矩形波的脉冲频率即为卡门旋涡的频率。

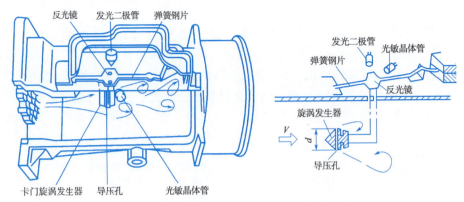

图1-16 卡门旋涡式空气流量传感器(光电感应式)

1.4.3.2 进气压力传感器

进气压力传感器是一种间接测量进气量的传感器。其作用是在发动机工作时,测量进气歧管内的绝对压力和环境大气压之间的差值,并将其转变成电信号输送至电控单元,以确定进气量。进气压力传感器种类很多,根据信号产生的原理不同有压敏电阻式、电容式、膜盒传动可变电感式等。

压敏电阻式进气压力传感器应用最为广泛,主要由压力转换元件和混合集成电路组成,其结构如图1-18所示。压力转换元件依靠硅膜片的压敏效应工作,硅膜片一侧受进气压力作用,另一侧是真空。在进气歧管压力变化时,硅膜片产生变形,使扩散在硅膜片上的电阻阻值改变,导致输出电压发生变化。集成电路将这一电压进行放大处理,作为进气歧管压力信号输送给电控单元。

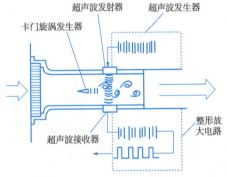

图1-17 卡门旋涡式空气流量传感器(超声波式)

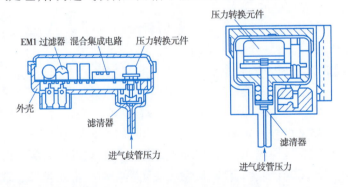

图1-18 压敏电阻式进气压力传感器

1.4.3.3 节气门位置传感器

节气门位置传感器安装在节气门体上,其作用是将节气门打开的角度转换成电信号传送到电控单元,以便在节气门不同开度状态时控制喷油量。节气门位置传感器有可变电阻式和开关式两种类型。

(1)可变电阻式节气门位置传感器。

可变电阻式节气门位置传感器的主要特点是,表示节气门开度的输出电压与节气门开度呈线性关系。传感器的结构、电路和输出特性如图 1-19 所示。

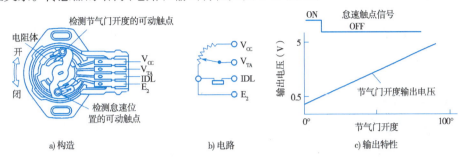

图 1-19　可变电阻式节气门位置传感器

V_{CC}-电源;V_{TA}-节气门开度输出信号;IDL-怠速触点信号;E_2-搭铁

传感器有两个与节气门联动的可动电刷触点。一个电刷触点在电阻体上滑动,利用变化的电阻值测得与节气门开度对应的线性输出电压,根据输出电压值可知节气门开度;另一个电刷触点在节气门全关闭时与怠速触点接触,给电控单元提供怠速信号,用于发动机急减速时断油控制和点火提前角的修正。

(2)开关式节气门位置传感器。

开关式节气门位置传感器的特点是,传感器仅以开和关两种输出信号向电控单元提供节气门位置状态信息。该传感器由一个可动触点和两个固定触点(功率触点和怠速触点)构成。其结构和输出特性如图 1-20 所示。可动触点可沿导向凸轮的沟槽移动,导向凸轮由固定在节气门轴上的控制杆驱动。

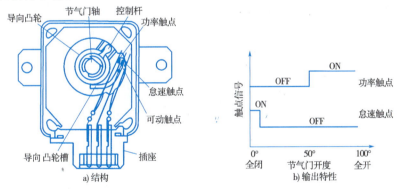

图 1-20　开关式节气门位置传感器

点火开关处于"ON"状态,电控单元向可动触点提供一参考电压。节气门全闭时,可动触点与怠速触点接触,怠速端子向电控单元反馈一电压信号,可检测到节气门的全闭状态。当节气门开度达 50°以上(大负荷)时,可动触点与功率触点接触,功率端子向电控单元反馈一电压信号,可检测到节气门的大负荷状态。在中间开度时,可动触点与两个固定触点都不接触,电控单元判断发动机处于中等负荷状态。

1.4.3.4　发动机转速传感器

发动机转速传感器的作用是检测发动机转速,确认活塞在汽缸内的实际位置,控制点火时刻和喷油时刻;产生并输送给电控单元的信号,包括活塞上止点位置信号和曲轴转角信号。

发动机转速传感器根据工作原理可分为电磁感应式、光电感应式和霍尔式3种类型。其安装部位有曲轴、凸轮轴飞轮和分电器内等。

（1）电磁感应式发动机转速传感器。

电磁感应式发动机转速传感器主要由永久性磁铁、信号线圈、转子等组成，如图 1-21 所示。

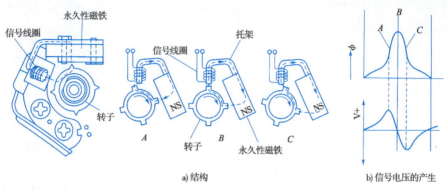

图 1-21　电磁感应式发动机转速传感器

永久性磁铁的磁感线经转子、信号线圈、托架构成回路。转子旋转时，不断改变凸齿与托架间的磁隙，通过信号线圈的磁通量不断变化，产生与发动机缸数相对应的感生电压。检测单位时间内感生电压的变化次数，即可得知发动机转速。

（2）霍尔式发动机转速传感器。

霍尔式发动机转速传感器的基本原理是：当电流通过放在磁场中的霍尔半导体基片，且电流方向与磁场方向垂直时，在垂直于电流和磁场的霍尔半导体基片的侧面上，便可产生一个与电流大小和磁场强度成正比的霍尔电压。

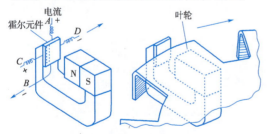

图 1-22　霍尔式发动机转速传感器

利用与发动机曲轴联动的触发叶轮间歇地遮蔽、导通经过霍尔半导体基片的磁场，使霍尔电压间歇产生，如图 1-22 所示。叶轮上的缺口对着空气隙时，磁场通过霍尔元件，传感器产生霍尔电压。叶轮上的叶片进入空气隙时，由于磁路被叶片旁通，传感器不产生霍尔电压。霍尔电压变化的时刻可供 ECU 判断活塞在汽缸内的实际位置，单位时间内霍尔电压变化的次数可供电控单元确定发动机的转速。

（3）光电感应式发动机转速传感器。

光电感应式发动机转速传感器主要由发光元件、光敏元件、遮光盘和控制电路等组成，如图 1-23 所示。

发光元件与光敏元件相对安装，发光元件发出的光线照射到光敏元件上，遮光盘置于发光元件与光敏元件之间，当遮光盘挡住光线时，光敏元件截止，控制电路输出低电平。当缝隙对准发光元件和光敏元件时，光线照射到光敏元件上，控制电路输出高电平。

遮光盘固定在分电器轴上，与分电器轴一起转动。遮光盘边缘分别刻有360 条光缝，每转过一条光缝对应凸轮轴1°转角。遮光盘边缘还刻有与缸数相同的,并对应各缸上止点位置的光孔。每转过一个光孔对应某缸上止点位置信号。

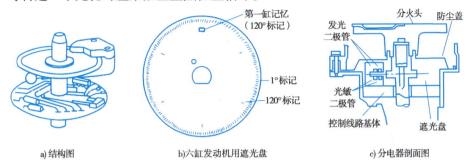

a) 结构图　　　　b) 六缸发动机用遮光盘　　　　c) 分电器剖面图

图 1-23　光电感应式发动机转速传感器

1.4.3.5　水温传感器

水温传感器的作用是将发动机冷却水的温度转变为电信号输送到 ECU,以便在发动机低温起动或升温暖机期间,根据冷却水的温度,对发动机的基本喷油量作进一步修正。

最常见的水温传感器为负温度系数的热敏电阻式,安装在发动机冷却水道上,其结构、特性及连接电路如图 1-24 所示。

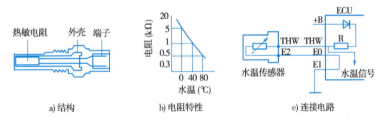

a) 结构　　　　b) 电阻特性　　　　c) 连接电路

图 1-24　水温传感器

冷却水温度较低时,汽油蒸发性差,应供给较浓混合气。由于水温低,负温度系数热敏电阻阻值大,电控单元检测到的分压值就高,并依次信号增加燃油喷射量,使发动机的冷机运转性能得以改善;冷却水温度高时,发动机已达正常工作温度,混合气形成条件较好,可燃用较稀混合气。这时电控单元检测到相应的分压值较小,并依次信号减小喷油量。

1.4.3.6　进气温度传感器

发动机在工作过程中,进气量的多少与吸入空气的密度有关,空气密度与进气温度相关。进气温度传感器的作用就是将吸入发动机汽缸内的空气温度转变为电信号输送到 ECU。以便确定空气密度的大小,控制喷油器适当地增加或减小喷油量,获得最佳的空燃比。

进气温度传感器的原理结构与水温传感器相同,也多采用负温度系数的热敏电阻式,与电控单元的连接方式也与水温传感器相同。

D 型 EFI 系统中的进气温度传感器安装在空气滤清器之后的进气总管上;L 型 EFI 系统中的进气温度传感器安装在空气空气流量传感器内。

1.4.3.7　氧传感器

为了提高发动机的排放性能,降低排放污染物,电控汽油喷射系统采用空燃比反馈的闭环控制系统,即在系统中增设一氧传感器,安装于发动机的排气管。其作用是在发动机工作过程中,向电控单元输送一个标志着排气中含氧量的电压信号,根据此信号,电控单元随时修正汽油的喷射量,以确保可燃混合气的空燃比始终稳定在理论空燃比附近。

氧传感器主要有氧化锆式和氧化钛式两种形式。

(1) 氧化锆式氧传感器。

传感器体内有一个氧化锆(ZrO_2)陶瓷制成的一端封闭的管状体,称为锆管,如图1-25a)所示。锆管内外表面各自覆盖一层透气的多孔性铂层,作为电极。锆管内表面与大气相通,外表面与发动机排气接触。锆管外部套有一个带缝槽的耐热金属套管,起保护作用。

发动机运转时,排气从氧传感器锆管外表面流过,在高温状态下氧分子发生电离。由于锆管两侧氧含量不一致,即存在着浓度差时,电解质内部的氧离子由高向低扩散,结果使锆管元件成了一个微电池,能够向外输出电压。当混合气稀时,排气中所含氧多,两侧氧浓度差小,产生的电压低,约0.1V;而当混合气浓时,排气中氧含量少,两侧氧浓度差大,产生的电压高,约0.9V。因此,氧传感器输出的电压信号随混合气成分不同而变化,并以理论空燃比为界产生突变,输出特性如图1-25b)所示。电控单元通过氧传感器输入信号电压的高低即可确定混合气的空燃比是否为最佳值,并发出指令对喷油器的喷油脉冲宽度进行修正。

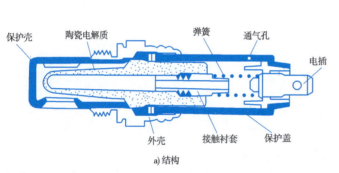

图1-25 氧化锆式氧传感器

氧化锆式氧传感器在温度超过300℃时,才能正常工作。可采用加热的方法来保证其工作温度,在传感器内设置一个加热元件。

(2) 氧化钛式氧传感器。

氧化钛式氧传感器是利用二氧化钛(TiO_2)材料的电阻值随排气中氧的浓度变化的特性制成的。二氧化钛是在室温下具有很高电阻值的半导体,随排气中氧含量减少(混合气变浓)时,材料的电阻值减小。该传感器的电阻特性还与工作温度有关,因此,在300~900℃的排气温度中连续使用时,必须进行温度补偿,即内装加热器,增设温度修正回路,使高温下二氧化钛式氧传感器性能稳定。

氧化钛式氧传感器的结构如图1-26所示。它有两个二氧化钛元件,一个是具有多孔性的用来检测排气中氧含量的二氧化钛陶瓷;另一个是实心二氧化钛陶瓷,用来作加热调节,补偿温度的误差。传感器外端用具有孔槽的金属管作为防护套,一方面让废气可以

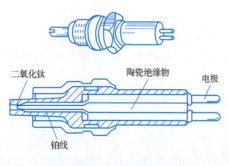

图1-26 氧化钛式氧传感器

进出,另一方面防止二氧化钛元件受到外物撞击。传感器接线端用橡胶材料密封,以防外界气体渗入。

1.4.4 电控制单元

电控单元是电控发动机的控制核心,是一种电子综合控制装置。其作用是按照预置程序对发动机传感器输入的各种信息进行运算、处理、判断,然后输出指令,控制有关执行器动作,达到快速、准确、自动控制发动机工作的目的。

电控单元主要由输入回路、A/D(模/数)转换器、微型计算机(微机)和输出回路4部分组成,如图1-27所示。

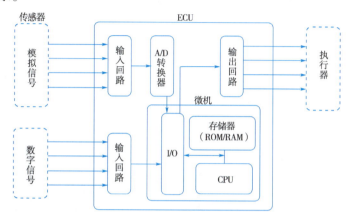

图1-27 电控单元的组成

1.4.4.1 输入回路

输入回路的作用是将传感器输入的信号,除去杂波和把正弦波转变为矩形波后,再转换成输入电平。

在控制过程中,需要检测与输入的传感器信号有两种,一种是模拟信号,如空气流量、空气温度、冷却水温度、发动机负荷、氧传感器反馈的电压信号等;另一种是数字信号,如曲轴位置等。

1.4.4.2 A/D(模/数)转换器

微机不能直接处理传感器输入的模拟信号,要用 A/D(模/数转换器)转换成数字信号后再输入微机。

1.4.4.3 微型计算机

微型计算机根据发动机工作的需要,把各种传感器(经输入回路及 A/D 转换器)送来的信号用内存中的程序进行运算处理,并把处理结果(如燃油喷射控制信号、点火控制信号等)送往输出回路。计算机由中央处理器(CPU)、存储器(ROM、RAM)、输入/输出接口和总线等构成。

1.4.4.4 输出回路

微型计算机输出的是低压数字信号,不能直接驱动执行元件。输出回路的作用就是将微型计算机输出的数字信号转换成可以驱动执行元件的输出信号。

输出回路多采用大功率晶体管,由微型计算机输出的信号控制其导通和截止,从而控制执行元件的搭铁回路。

2 电控发动机的控制电路分析

2.1 燃油系统控制电路

2.1.1 电动汽油泵的控制电路

电动汽油泵为容积泵,即在转速一定的情况下,单位时间内的泵油量不变。要实现其泵油量与发动机的工作情况相适应,必须对电动机的转速和工作时间进行控制。其控制方式有以下3种。

2.1.1.1 ECU 控制

电控单元对电动汽油泵的控制电路如图 1-28 所示。断路继电器是控制回路中重要的组成部分,其作用是在发动机运转时接通电源至油泵的电路。

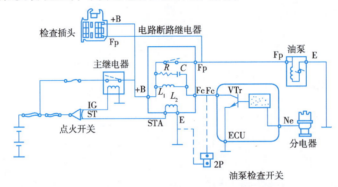

图 1-28 ECU 控制的油泵电路

当接通点火开关时,主继电器磁化线圈中有电流通过,触点闭合,电源向汽油喷射系统供电,电控单元接收到点火开关闭合信号后,由于无转速信号输入,只控制汽油泵短时间工作(2～4s),使供油管路中的油压增高,为发动机起动做好准备。

起动发动机时,将点火开关转到起动挡,接通断路继电器磁化线圈 L_2 的电路,在电磁吸力的作用下,使其触点闭合,电源通过主继电器和断路继电器向油泵供电。其电流为:蓄电池正极→主继电器触点→断路继电器触点→油泵电机→搭铁回到蓄电池的负极,电动汽油泵投入工作。

发动机在工作过程中,电控单元接收到来自转速传感器的信号,使晶体管 VTr 导通,断路继电器中的磁化线圈 L_1 通电,在电磁吸力的作用下,使其触点继续保持闭合状态,电动汽油泵继续工作。

发动机停止运转时,由于主继电器磁化线圈断电,触点打开,切断电源向汽油喷射系统的供电回路,同时电控单元中晶体管 VTr 截止,断路继电器触点打开,油泵电路中断,电动汽油泵停止工作。

2.1.1.2 油泵开关控制

油泵开关控制电路如图 1-29 所示。

接通点火开关,主继电器触点闭合,电源向燃油喷射系统供电。

起动发动机时,将点火开关转到起动挡,断路继电器磁化线圈 L_2 通电,使其触点闭合,电源通过主继电器和断路继电器向油泵供电,电动汽油泵投入工作。发动机在工作过程中,吸入发动机的空气流经空气流量计,空气流量计内的测量板转动,使油泵开关接通,断路继电器中的磁化线圈 L_1 通电,其触点继续保持闭合状态。发动机停止运转时,空气流量计测量板在复位弹簧张力的作用下复位,从而使油泵开关打开,断路继电器即刻切断油泵电路,电动汽油泵停止工作。

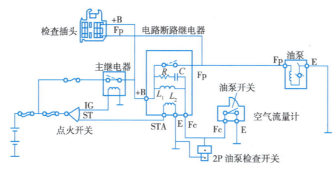

图1-29 油泵开关控制的油泵电路

2.1.1.3 具有转速控制的油泵控制电路

该控制电路如图1-30所示。电路特点是在电控单元控制电路的基础上增设了油泵控制继电器。

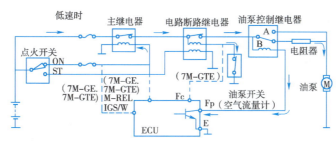

图1-30 具有转速控制的油泵控制电路

接通点火开关,主继电器触点闭合,电源向燃油喷射系统供电。

当发动机在怠速或中小负荷下工作时,电控单元发出指令接通油泵控制继电器磁化线圈的搭铁回路,磁化线圈通电,产生电磁吸力,使油泵控制继电器常开触点(B)闭合,此时的油泵电路为:电源正极→主继电器触点→断路继电器触点→油泵继电器触点B→附加电阻→电动汽油泵→搭铁回到电源的负极。由于附加电阻串入电路,故油泵以较低的转速运转,噪声和供油量均较小。

当电控单元通过接收的信号判断发动机为大负荷运转,需要适当加大供油量时,电控单元发出指令切断油泵控制继电器磁化线圈的搭铁回路,在弹簧张力的作用下,继电器常开触点(B)打开,而常闭触点(A)复位(由打开转变为闭合),短路附加电阻。由于油泵电机的电流加大,转速提高,泵油量加大,从而满足了发动机大负荷工作对供油量的要求。

2.1.2 喷油器的控制电路

电控单元对喷油器的控制形式有同时喷射控制、分组喷射控制和顺序喷射控制之分。控制内容主要有喷油时刻的控制和喷油量的控制。

2.1.2.1 喷油时刻的控制

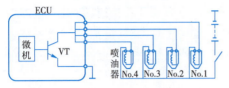

图1-31 同时喷射控制电路

（1）同时喷射控制。

同时喷射控制电路如图1-31所示。

由图1-31中可以看出，所有喷油器均为并联连接。当点火开关置于"ON"时，电源"＋"极便同时加到4个喷油器电磁线圈的一端。电控单元根据发动机转速传感器输送的喷油基准信号，向喷油器发出喷油控制指令，控制功率三极管的导通和截止，从而控制各喷油器电磁线圈的电路同时接通和切断，使各缸喷油器同时喷油。

通常曲轴每转360°，各缸喷油器同时喷油一次。由于在发动机的一个工作循环中各缸同时喷油两次，因此，这种喷射方式也称为同时双次喷射。两次喷射的汽油，在进气门打开时一起进入汽缸。图1-32所示为同时喷射控制的喷油正时。

由于这种喷射方式是所有各缸喷油器同时喷射，所以喷油正时与发动机进气、压缩、作功、排气的工作循环没有关系。其缺点是由于各缸所对应的喷射时间不可能最佳，会造成各缸的混合气形成不一样。但这种喷射方式不需要汽缸判别信号，且控制电路结构和软件较为简单，因此，目前这种喷射方式仍有一定的应用。

（2）分组喷射控制。

分组喷射控制电路如图1-33所示。

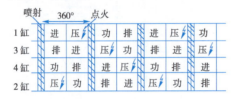

图1-32 同时喷射控制正时图

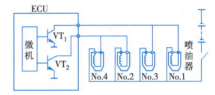

图1-33 分组喷射控制电路

由图1-33中可以看出，每组中的喷油器为并联连接，两组喷油器的搭铁回路分别由不同的功率三极管控制。一般是四缸发动机分成两组（1、3缸，2、4缸），六缸发动机分成两组或三组（1、5缸，3、6缸，2、4缸）。当电控单元从发动机转速传感器接收到某组喷油器的喷射控制信号时，便发出喷油控制指令，控制该组中的功率三极管导通，从而接通喷油器电磁线圈的电路，喷油器开始喷油。

发动机每一工作循环中，各缸喷油器均喷射一次或两次。一般多是发动机每转360°，只有一组喷油器喷油。图1-34所示为分组喷射控制的喷油正时。

（3）顺序喷射控制。

顺序喷射也称为独立喷射，它是指在发动机一个工作循环中，各缸喷油器顺序依次轮流喷油一次。由于顺序喷射的控制精度高，目前这种控制方式在汽车上得到广泛的应用。北京切诺基汽车发动机采用的就是顺序喷射控制。顺序喷射控制电路如图1-35所示。

由图1-35中可以看出，顺序喷射控制各缸喷油器分别由电控单元独立进行控制，控制电路数与发动机汽缸数相等。

单元一　电控发动机的构造与维修

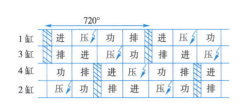

图1-34　分组喷射控制正时图

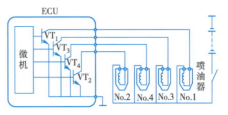

图1-35　顺序喷射控制电路

在顺序喷射控制中,电控单元通过发动机转速和曲轴位置传感器的信号,可以确定瞬间活塞在汽缸内的具体位置,即是哪一缸正在向上止点运动,是压缩行程还是排气行程。当确知某缸在排气行程上止点前一定角度时,便向该缸发出喷油控制指令,与其对应的功率三极管导通,接通喷油器电磁线圈的电路,喷油器开始喷油。北京切诺基汽车发动机喷油时刻为排气行程上止点前64°曲轴转角。喷油顺序为:四缸发动机1-3-4-2;六缸发动机1-5-3-6-2-4。图1-36所示为顺序喷射控制的喷油正时。

由于顺序喷射可以在最佳时间喷油,有利于混合气的形成,可提高发动机的动力性和燃油经济性,并降低排放污染,故目前在汽车发动机上得到广泛的应用。但是控制电路结构和软件较复杂。顺序喷射控制既适合于进气歧管内喷射,也适用于汽缸内喷射。

2.1.2.2　喷油量的控制

在系统压力和喷油器针阀升程一定的情况下,喷油量的大小取决于电磁线圈的通电时间,即喷油器喷射持续时间。喷油量的控制其目的是使混合气的空燃比符合发动机燃烧的要求,实际上是由电控单元根据发动机的运转工况及影响因素,发出控制指令实施控制。

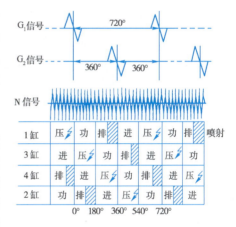

图1-36　顺序喷射控制正时图

ECU控制汽油喷射时间的对策、措施和方法,不同生产厂家是不一样的,但基本控制理论相同。

汽油喷射持续时间的控制大致可分为两大类:一是发动机起动后运行时的控制,它是根据发动机吸入的空气量计算得出的;二是发动机起动时的控制,它不是根据吸入空气量计算得出的。

(1)发动机起动后的控制。

发动机起动后,冷却水温度正常情况下的持续喷射时间,是以一个进气行程中填充汽缸的空气质量为基准而计算的。一个进气行程填充汽缸的空气量,由进气压力传感器(D型)或空气流量传感器(L型)信号检测确定。在基本喷油量被确定的基础上,电控单元在根据发动机转速传感器、冷却水温度传感器、进气温度传感器、氧传感器和爆震传感器等信号,对喷油量作进一步修正,既考虑到发动机动力性、经济性,又兼顾相应性和排气净化等性能。

(2)发动机起动时的控制。

发动机冷车起动过程中,由于冷却水温度和发动机转速均较低,加之润滑条件、混合气质量差,排放不彻底等因素的影响,会造成起动着车困难。因此,在起动发动机时,电控单元将暂时忽略经济性能,适当增大燃油喷射量。起动工况由起动信号确定,燃油修正信号主要有发动机转速、进气温度、冷却水温度等。

进行发动机性能检测时,应当注意在以下情况下电控单元将中断闭环控制:
①发动机起动时;
②起动后燃油增量修正(加浓)时;
③冷却水温度使燃油量修正时;
④节气门全开(大负荷、高转速)时;
⑤加、减速燃油量修正时;
⑥燃油中断供应时;
⑦氧传感器送来的混合气过稀信号持续时间大于规定值(如 10s 以上)时;
⑧氧传感器送来的混合气过浓信号持续时间大于规定值(如 4s 以上)时。

2.2 点火控制电路

普通电子点火系相对于传统点火系来说,由于利用晶体管的开关特性控制点火线圈初级电路的导通与切断,取消了分电器内的断电器触点,增加了闭合角控制,动、静态控制等,使点火系的性能有了很大的提高。但普通电子点火系对点火提前角的调整,仍采用真空和离心式机械点火提前机构控制,其调整精度距发动机最佳点火提前角的要求相差很远。离心和真空式点火提前角调整机构工作时,对点火提前角的调整量和发动机在转速和负荷变化时理想点火提前角的改变量如图 1-37 所示。从图 1-37 中可以看出,普通电子点火系不能很好地满足发动机对最佳点火提前角的要求。

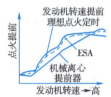
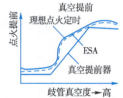

图 1-37 发动机转速及歧管真空度对点火提前角的影响

影响发动机点火提前角的因素除转速和歧管真空度以外,还有燃烧室的形状、发动机温度、空燃比、燃油品质、大气压力等。因此,在发动机工作过程中,调整点火提前角始终为最佳值,普通电子点火系是无法实现的。电子控制汽油机点火系统,废除了真空和离心式点火提前装置,提前角由电控单元控制,从而使发动机在各种工况下都有最佳的点火提前角,提高了发动机的动力性和经济性,且保证排放污染为最小。

2.2.1 微机点火系统的组成

微机控制点火系统主要由电控单元、执行器(电子点火器)、点火线圈、火花塞和各种传感器组成,如图 1-38 所示。它可以分为有分电器和无分电器两种点火系统。无分电器点火系统又有同时点火和单独点火方式之分。

2.2.2 点火提前角和闭合角的控制

点火控制包括点火提前角控制、闭合角控制和爆震控制三个方面。闭合角控制既是对点火线圈初级绕组通电时间的控制。下面分别讨论点火提前角控制和闭合角控制的控制方法。

2.2.2.1 点火提前角控制

在点火提前角控制系统中,根据有关传感器送来的信号,电控单元计算出最佳的点火时刻

（即点火提前角），输出点火正时信号（IG_t 信号），控制电子点火器实现点火。在发动机起动时，不经电控单元计算，点火时刻直接由传感器信号控制一个固定的初始点火提前角。当发动机转速达到一定值时，自动转换为由点火正时信号 IG_t 控制。

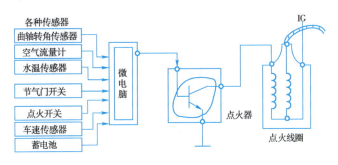

图 1-38　微机点火系统的组成

（1）初始点火提前角。

电控单元根据压缩行程上止点的位置确定点火时刻。在有些发动机中，ECU 把曲轴位置传感器中 G_1 或 G_2 信号后的第一个 Ne 信号过零点定为压缩行程上止点前 10°曲轴转角，在 ECU 计算点火时刻时，就把这一点作为参考点，这个角度就称作初始点火提前角，其大小随发动机不同而异，如图 1-39 所示。

（2）点火提前角的计算。

发动机工作时，电控单元根据进气歧管压力（或进气量）和发动机转速，从存储器储存的数据中找到相应的基本点火提前角，再根据有关传感器信号值加以修正，便得出实际点火提前角，计算方法如图 1-40 所示。

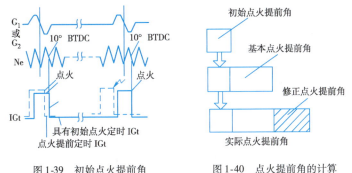

图 1-39　初始点火提前角　　　图 1-40　点火提前角的计算

实际点火提前角 = 初始点火提前角 + 基本点火提前角 + 修正点火提前角（或延迟角）

（3）点火提前角的控制。

点火提前角的控制包括两种基本情况：一是起动时的点火提前角控制，即发动机在起动时，以固定的初始点火提前角点火，与发动机的工况无关。二是起动后发动机正常工作期间的点火提前角控制，即正常工作中，点火时间由进气歧管压力（或进气量）和发动机转速确定基本点火提前角，并根据有关传感器的信号和发动机的特性曲线加以修正。修正项目随发动机不同而异。一般发动机的修正项目有：暖机修正、稳定怠速修正、空燃比反馈修正、过热修正、爆震修正和其他修正。

2.2.2.2 闭合角(通电时间)控制

所谓闭合角即点火线圈初级电路导通时所对应的凸轮轴轴角。通过对电子点火系的学习我们已经知道,对电感储能式电子点火系来说,当点火线圈的初级电路被接通后,初级电流是按指数规律增长的,变化关系为:

$$i_1 = \frac{U_e}{R}(1 - e^{-\frac{Rt}{L}})$$

从公式中可以看出,当时间趋于无穷大时,初级电流趋于一恒定值(也是最大值)。但在工作过程中,初级电路被切断时的电流并非是其最大值,电能转换成为磁场能的多少与电路切断时电流(称为初级断开电流)的平方成正比,初级断开电流的大小取决于初级电路的导通时间——闭合角的大小。初级电路导通时间(通电时间)越长——闭合角越大,初级断开电流越大,能量转换越多(即点火能量越大),点火越可靠。但闭合角不但影响点火电压的高低,而且对电子点火器(或电控单元内的开关控制电路)中的大功率晶体管的消耗和点火线圈的发热量有严重的影响。闭合角过大会由于功率管和点火线圈的发热量增加而带来一些负面影响。

然而发动机转速的变化,会带来点火周期的增长和缩短,从而使点火线圈的通电时间增长和缩短。同时,电源电压的变化也对初级断开电流的大小有影响,当蓄电池电压下降时,在相同的通电时间内,初级电流减小,因此在电源电压发生变化时,必须对闭合角(通电时间)进行修正。图1-41所示为蓄电池电压与通电时间之间的关系。

综上所述,为了消除由于发动机转速和电源电压的变化而带来点火特性的变化,点火控制系统应能在发动机工作过程中根据其实际工况自动调节点火线圈的通电时间,使发动机在任何转速下,都能保持有足够的点火能量,而又不会对控制电路和点火线圈造成威胁。

在电子控制点火系中,为了减小转速对点火电压的影响,提高点火能量,采用了初级线圈电阻很小的高能点火线圈,其电流最大值可达30A以上。为了防止初级电流过大烧坏点火线圈,在点火控制系统中增加了恒流控制电路,保证发动机在任何转速下初级电流都能达到规定值(7A),改善了点火性能。图1-42所示为具有恒流控制电路的电子控制系统。

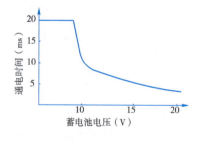

图1-41 蓄电池电压与通电时间之间的关系

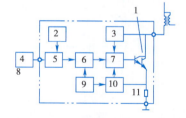

图1-42 具有恒流控制的点火控制电路
1-达林顿功率管;2-偏流回路;3-过电压保护电路;
4-电磁敏感元件;5-整形电路;6-通电率发生电路;
7-放大电路;8-发火器;9-通电率控制电路;10-恒定电流控制电路;11-电流检测电阻

2.2.3 发动机爆震的控制

汽油发动机是利用火花塞跳火将混合气点燃,火焰在燃烧室内不断传播进行燃烧。火焰在传播过程中,如果汽缸内压力出现异常升高,一些部位的混合气不等火焰到达,自行着火瞬间爆发燃烧,这种现象称为爆震燃烧(简称爆燃)。发动机爆燃的主要危害是:一是噪声大。爆震燃烧时,汽缸内伴随有压力波产生,当压力波与缸壁相撞时,便发出类似发动机敲缸的声音,使其工作噪声增大。二是发动机工作过程中如果持续产生爆震,火花塞电极或活塞就可能产生过热、熔损等现象,造成严重地机械损伤。爆震燃烧还会带来发动机动力性和经济性的下降,因此,必须防止发动机爆震的产生。

实验证明发动机发出最大功率时的点火时刻在开始产生爆震时刻的附近。无论传统点火系、电子点火系还是电子控制点火系,为了使发动机在最恶劣的条件下,也不产生爆震,其点火时刻均应设定在爆震边缘并留有一定的余量。无爆震控制的点火系统所留余量必须大些,但过大的余量会因点火过晚使发动机的功率降低,燃油消耗量增加。爆震控制系统则能实现使发动机发出最大功率而又避免爆震的发生。

避免发动机爆震的方法有:
①采用抗爆性能好的汽油;
②改进燃烧室的结构;
③加强冷却水循环;
④减小点火提前角等。

电子控制点火系统中,就是利用减小点火提前角的方法防止爆震的发生。爆震与点火时刻之间的关系如图1-43所示。

电控发动机是根据爆震传感器的信号确定爆震的发生和强度,进而发出指令调整点火提前角的方法来控制爆震的。控制原理如图1-44所示。

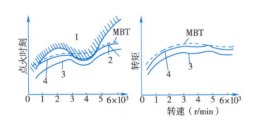

图1-43 爆震与点火时刻之间的关系
1-爆震范围;2-余量幅度;3-无爆震控制时;4-有爆震控制时

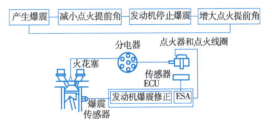

图1-44 爆震控制的基本原理

(1)爆震现象的判断及控制。

在发动机工作过程中,不同振动频率的振动,传感器产生不同的电压信号,当发动机发生爆震时,爆震传感器的感应性能最好,产生的信号电压最大,如图1-45所示。因来自爆震传感器的信号中含有各种不同的频率,因此,首先须经滤波电路将爆震信号与其他振动信号分离,只允许特定范围频率的爆震信号通过滤波电路,再将此信号的最大值与爆震强度基准值进行比较,如大于基准值,则将爆震信号电压输入到电控单元,表示已发生爆震,由电控单元进行处理后发出控制指令。电控单元对爆震现象的判断原理如图1-46所示。

在发动机强烈振动时,为了只检测爆震信号,防止发生错误的爆震判断,爆震信号的输入并非随时进行。它有一个判断范围,如图1-47所示,只限于判断发动机点火后爆震可能发生时的振动,在这个范围内,爆震传感器的信号才被输入比较电路。

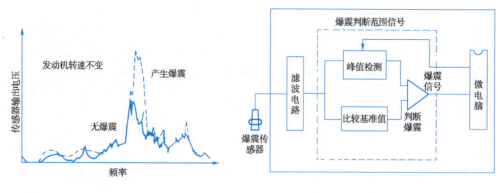

图1-45　爆震传感器检测频率与输出电压　　图1-46　爆震现象的判断原理

(2) 爆震强度的判断。

爆震强度以超过基准值的次数来衡量,超过次数越多,则爆震强度越大;反之,则爆震强度越小,电控单元对爆震强度的判断如图1-48所示。电控单元将根据爆震强度的大小确定点火提前角调整的幅度。当爆震消失后,恢复正常的点火提前角。

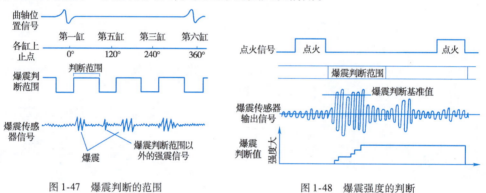

图1-47　爆震判断的范围　　图1-48　爆震强度的判断

2.2.4　典型电控点火系统

汽油发动机电控点火系统有无分电器点火和有分电器点火之分。无分电器点火(DLI)系统较有分电器点火系统性能优越,但有分电器点火系统较无分电器点火系统结构和工作原理简单。

无分电器点火系统又称直接点火系统,它取消了传统点火系统或普通电子点火系统中的分电器总成(包括分火头和分电器盖等),直接将点火线圈次级绕组的高压输出端与火花塞相连接,即把点火线圈产生的高压电直接送至火花塞进行点火。

(1) 优点。

无分电器点火系统有如下优点:

①点火电压高,火花能量大;

②点火电压上升速度快,受火花塞积炭影响较小;

③改善了传统点火系的点火特性,在发动机低速起动和高速运转时间,均能供给足够高的点火电压;

④维护频率低,寿命长;

⑤由于废除了分电器,所以节省了安装空间;

⑥由于废除了配电器,不存在分火头与分电器旁电极间的电火花,因此,可有效地降低点火系对无线电的干扰,同时因点火系高压电路中的阻抗减小,点火更加可靠。

(2)方式。

无分电器点火系统目前通常采用以下两种方式:

①同时点火方式,即一个点火线圈的两个高压输出端分别与两个火花塞相连,负责对两个缸进行点火,即两个缸共用一个点火线圈。

②单独点火方式,即每个汽缸配用一个点火线圈单独进行点火。

2.2.4.1 无分电器同时点火方式

下面以丰田(TOYOTA)皇冠汽车为例分析无分电器同时点火系统的基本控制原理。其控制电路如图1-49所示。曲轴位置传感器可向电控单元输出 G_1、G_2 和 Ne 三个信号,用于判别汽缸、检测曲轴转角和确定初始点火提前角。

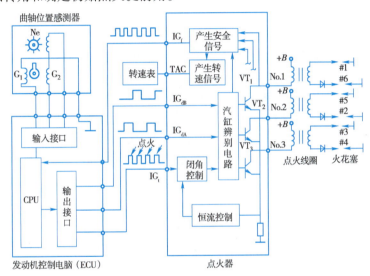

图1-49 丰田(TOYOTA)皇冠汽车无分电器点火系统

(1)G_1 信号的作用是用来判别六缸压缩行程上止点的位置:G_1 信号线圈产生电压波形的时刻设定在六缸压缩行程上止点附近,因此只要 G_1 信号出现,电控单元即可断定为六缸处在压缩行程上止点附近,其点火提前角和闭合角仍由ECU根据Ne信号决定。

(2)G_2 信号与 G_1 信号波形相同,但两信号相隔180°(360°曲轴转角)。因此,其作用是用来判别一缸压缩行程上止点的位置,即当 G_2 信号出现时,表示一缸在压缩行程附近,点火提前角和闭合角由电控单元Ne信号决定。

(3)Ne信号的转子上有24个齿,每旋转一周(发动机旋转两周)产生24个信号,其波形与 G_1 和 G_2 信号波形基本相同。每个Ne信号波形表示15°凸轮轴转角(即30°曲轴转角),由于每个波形表示的曲轴转角过大,点火控制会引起较大误差,因此需要通过转角脉冲发生器将传感器一转24个脉冲转变成为1440个脉冲,即每个Ne波形表示0.5°曲轴转角,从而提高了点火提前角和闭合角的控制精度。实际点火控制就是以G信号为基准信号,根据Ne信号确定点火提前角和闭合角。

在起动发动机的瞬间,如果已超过了 G_1 信号的产生期,而 G_2 信号的产生期又未到,此时电控单元将无法判别汽缸,因此,必须等到 G 信号产生判别汽缸的信号后,电控单元才能执行点火控制。

(4)电控单元通过曲轴位置传感器接收到 G_1、G_2、Ne 信号后,向电子点火器输出 IG_t、IG_{dA}、IG_{dB} 三个信号。其中 IG_t 信号是点火正时信号,IG_{dA} 和 IG_{dB} 信号是 ECU 输送给点火器的判断信号,它存于电控单元的存储器中,如图 1-50 所示。电控单元根据 G_1、G_2、Ne 信号查表选择 IG_{dA} 和 IG_{dB} 的信号状态(见表 1-1),以确定各缸的点火顺序。

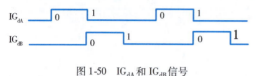

图 1-50 IG_{dA} 和 IG_{dB} 信号

表 1-1 IG_{dA} 和 IG_{dB} 的信号状态

点火线圈	信号状态		结果	点火线圈	信号状态		结果
	IG_{dA}	IG_{dB}			IG_{dA}	IG_{dB}	
No.1、No.6	0	1	点火	No.3、No.4	1	0	点火
No.5、No.2	0	0	点火				

电子点火器中的汽缸判别电路根据输入的 IG_{dA} 和 IG_{dB} 的信号状态,决定接通哪条驱动电路,并将点火正时的 IG_t 信号送往与此驱动电路相连接的点火线圈,由点火线圈产生高电压完成某缸的点火。例如,当输入的 IG_{dA} 和 IG_{dB} 的信号状态分别为 0 和 1 时,汽缸判别电路使 VT_1 管导通,ECU 将点火正时信号送往一缸和六缸的点火线圈。当输入的 IG_{dA} 和 IG_{dB} 的信号状态都为 0 时,汽缸判别电路使 VT_2 管导通,ECU 将点火正时信号送往五缸和二缸的点火线圈。同样当输入的 IG_{dA} 和 IG_{dB} 的信号状态分别为 1 和 0 时,汽缸判别电路使 VT_3 管导通,ECU 将点火正时信号送往三缸和四缸的点火线圈。

在点火系完成正常点火的同时,电子点火系向电控单元反馈 IG_f 点火确认信号,即将点火线圈初级电路通、断的信号反馈给电控单元。在发动机工作过程中,当 IG_f 点火确认信号连续 3~5 次无反馈时,电控单元则判断为点火系有故障,发出指令强制停止喷油器工作,以免造成缸内喷油过多,使发动机再次起动困难或加大三元催化系统的负荷。

无分电器点火系统采用小型闭磁路点火线圈,次级绕组的两端分别与两个汽缸上的火花塞相连接。汽缸的组合原则为:其中一缸活塞处在压缩行程上止点时,另一缸活塞处在排气行程上止点,曲轴旋转 360°后两缸活塞所处的行程正好相反。由此可得,六缸发动机的点火组合方式为:1、6 缸一组,2、5 缸一组,3、4 缸一组,如图 1-51 所示。

当点火线圈初级电路被切断时,两缸火花塞同时跳火,但由于压缩缸的汽缸压力较高,击穿火花间隙放电较为困难,排汽缸的压力接近大气压力,击穿火花塞间隙放电容易,因此,虽然同时击穿两个火花塞间隙,但所需要的击穿电压增高却较低。

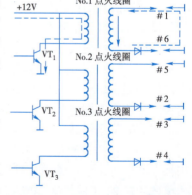

图 1-51 六缸发动机的点火组合方式

在点火系初级电路导通的瞬间,点火线圈次级绕组内产生 1500V 左右的高电压,此时活塞正处在进气行程末期与压缩行程初期之间,汽缸内压力较低,火花塞间隙容易击穿,若火花塞在此时跳火,则发动机不能正常运转,并会产生回火现象。

为了避免此现象的发生,电路中设置有高压二极管。当初级电路导通时,次级绕组产生的1500V高压反向加在二极管的两端,二极管截止,高压无法使火花塞跳火。当大功率管截止时,次级绕组产生高电压,二极管导通,可使火花塞顺利地跳火。

2.2.4.2 无分电器单独点火方式

无分电器单独点火方式1983年在德国开发并采用。这种点火方式特别适合在四气门发动机上应用,如图1-52a)所示。从图中可以看出,火花塞安装在两根凸轮轴的中间,每缸火花塞上直接压装一个点火线圈,在布局上很容易实现。

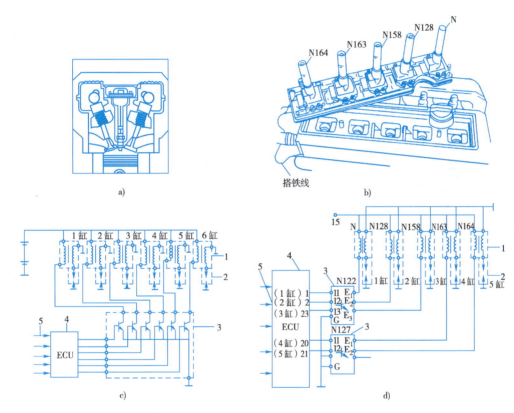

图1-52 无分电器单独点火系统
1-点火线圈;2-火花塞;3-点火器;4-发动机ECU;5-各传感器和开关输入信号

图1-52b)所示为奥迪汽车四气门5缸发动机点火线圈的安装情况。每个点火线圈通过导向座用螺钉固定在汽缸的盖板上,然后再扣压到各缸火花塞上。

无分电器单独点火方式的控制电路基本相同,但随车型不同也存在一些差异。图1-52c)所示为日产公司无分电器点火系的电路控制原理图。它主要由各缸分别独立的点火线圈和电子点火器及电控单元、火花塞等所组成。各缸点火线圈的初级绕组分别由电子点火器中的一个大功率管控制。整个点火系统的工作由ECU控制。发动机工作时,电控单元根据曲轴位置及发动机转速传感器、空气流量传感器、冷却液温度传感器、爆震传感器、点火开关等有关输入信号,与存储器中储存的数据相比较,并经分析、计算后适时地向电子点火器输出点火信号,由电子点火器中的大功率管分别接通与切断各缸点火线圈的初级电路,在点火线圈次级绕组中产生出高电压,击穿火花塞间隙,点燃可燃烧混合气。

图1-52d)所示为奥迪5缸发动机采用的无分电器点火系统的电路控制原理图。该点火系中的5个点火线圈分别由两个电子点火器N122和N127控制。其中N122控制1、2、3缸的点火,N127控制3、4缸的点火。两电子点火器由电控单元控制。控制原理与日产公司无分电器单独点火系统基本相同,不再重复。

单独点火方式的优点有以下几个方面。

(1)由于无机械分电器和高压导线,因而能量损失、漏电损失小,各缸的点火线圈和火花塞均由金属罩包覆,其电磁干扰大大减小。

(2)由于采用了与汽缸数相同的特制点火线圈,该点火线圈的充放电时间极短,能在发动机转速高达9000r/min时,提供足够的点火电压和点火能量。

(3)由于无机械分电器,又恰当地将点火线圈安装在双凸轮轴的中间,充分利用了有限空间,因而节省了发动机周围的安装空间,使其结构更加紧凑,安装更加合理。

2.3 发动机怠速控制电路

所谓发动机怠速是指发动机在无负荷情况下的最低稳定转速。发动机在怠速工况下工作时,只需克服其内部各运动副之间的摩擦阻力,而对外无输出功率。但发动机怠速的高低,不但对燃油消耗有严重的影响(实践证明,在交通密度大的道路上行车,怠速油耗约占30%),而且对发动机的排放污染、暖机时间和使用寿命等也有一定程度的影响。因此使发动机在各种工况下能自动调节其怠速具有十分重要的意义。一般在以下几种情况下需要提高发动机怠速(也称发动机快怠速)。

(1)发动机起动后,冷却水没有达到正常温度之前,应自动提高发动机的怠速,以免发动机运转发抖、不稳或停转,同时缩短暖机时间。

(2)在发动机怠速运转使用空调时,由于发动机负荷加大,需要自动提高发动机怠速,以免发动机由于负荷加大而停转。

(3)对动力转向伺服机构来说,在发动机低速转向行驶时,需自动提高发动机怠速,使转向轻便、可靠。

(4)在发动机转速急剧降低到怠速时,需要不同程度地自动提高发动机怠速,以免急抬加速踏板时发动机停转,同时减少排放污染。

2.3.1 发动机怠速控制的组成及分类

怠速控制的实质是对怠速时新鲜充量的控制。燃油喷射量按照充气量的多少增减,以达到适宜的空燃比。

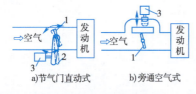

图1-53 发动机怠速控制方式
1-节气门;2-节气门操纵臂;3-执行元件

怠速控制的方式随车型有所不同,对电控发动机来说,目前可分为两种类型:一是控制旁通空气道的空气流量,称之为"旁通空气道式";二是直接控制节气门的开度,称之为"节气门直动式"。怠速控制方式如图1-53所示。

发动机怠速控制系统的组成见表1-2。

单元一 电控发动机的构造与维修

发动机怠速控制系统的组成　　　　　　　　　　　　表 1-2

组　件		功　能
传感器	转速传感器(Ne)信号	检测发动机转速
	节气门位置传感器	检测发动机怠速状态
	冷却水温度传感器	检测发动机冷却水温度
	起动开关信号	检测发动机的起动工况
	空调开关(A/C)信号	检测空调的工作状态(ON 或 OFF)
	车速传感器	检测汽车行驶速度
	空挡起动开关(P/N)	检测换挡手柄位置
	液力变矩器负荷信号	检测液力变矩器的负荷变化
	动力转向开关信号	检测动力转向装置的工作状态
	发电机负荷信号	检测发电机负荷的变化
执行器	怠速控制阀	控制节气门旁通空气道的流通面积
电控单元 ECU		根据各传感器输入的信号,把发动机的实际转速与各传感器信号所确定的目标转速进行比较。根据比较得出的差值,确定相当于目标转速的控制量,驱动执行机构,使怠速保持在目标转速上

2.3.2 发动机怠速控制的工作原理

2.3.2.1 旁通空气道式

图 1-54 所示为旁通空气道式怠速控制原理图,在节气门附近的旁通空气道内设置有一阀门(怠速阀)。阀门(怠速阀)的开度直接控制旁通空气道的流通面积,阀门开度增大,旁通空气道截面积增大,则怠速提高;反之,则怠速降低。怠速阀的控制方式如图 1-55 所示。

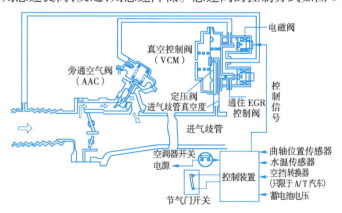

图 1-54　发动机怠速控制原理图

下面对步进电机式、真空控制式和旋转滑阀式怠速控制原理分别进行分析。

(1)真空控制式。

在日本生产的汽车上,发动机怠速控制常采用真空控制方式。发动机怠速控制装置主要由旁通空气阀和真空电磁控制阀所组成,如图 1-54 所示。真空电磁阀由电控单元控制。

旁通空气阀的作用是增大或减小旁通空气道的流通面积,以改变发动机怠速时的旁通空气流量,该阀在日产汽车上称为 AAC 阀(丰田汽车上称为 ACV 阀)。从图 1-54 中可以看出,旁通空气控制阀内腔中间用一膜片分开,膜片下侧与大气相通;膜片上侧称为膜片室,它通过管路与真空电磁控制阀相通。在真空吸力和复位弹簧张力的共同作用下,膜片上下运动,从而带动阀芯上下运动。当膜片室的真空度增大时,膜片压缩弹簧向上运动,阀门的开度减小,流过旁通空气道的空气量减少,发动机怠速降低;反之,当膜片室的真空度减小时,在复位弹簧张力的作用下,膜片下移,阀门开度增大,流过旁通空气道的空气量增加,发动机怠速增高。因此,控制膜片室真空度的大小,即可改变阀门的开度,也就可以控制流经旁通空气道的空气量,进而控制发动机的怠速。

真空电磁控制阀的作用是控制膜片室内的真空度。该阀在日产汽车上称为 VCM 阀(丰田汽车上称为 VSV 阀)。真空电磁控制阀由电控单元根据水温等传感器的信号进行控制,其结构如图 1-56 所示,主要由定压阀和电磁阀两部分所组成。

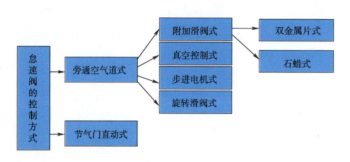

图 1-55　怠速阀的控制方式

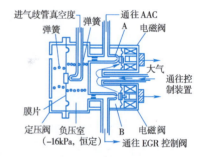

图 1-56　真空电磁控制阀的结构和工作原理

定压阀中的左半部内设置有一个靠压力差开闭的膜片阀。膜片左边与大气相通,右边与进气歧管相通。当膜片右边的真空度低于一定值时(-16kPa),在左右弹簧张力的作用下,膜片向左运动,使阀门开度增大,膜片右边真空度增加;当膜片右边的真空度高于 -16kPa 时,在弹簧张力的作用下,膜片向右移动,阀门开度减小,膜片右边的真空度减小。如此反复,将膜片右边的真空度保持在 -16kPa。

电磁阀由 A、B 两个组成。它们分别用来操纵旁通空气控制阀和废气再循环控制阀(EGR 阀)。电磁阀 A 的作用实际上是控制通往旁通空气控制阀空气膜片室的真空度。电磁阀由电控单元控制,电磁阀线圈通电时,电磁阀打开,阀口与大气相通,此时通往旁通空气阀管道内的真空度相对减小,使旁通空气控制阀的开度减小,发动机转速降低;电磁阀线圈断电时,电磁阀关闭,管道内的真空度增大,在真空吸力的作用下,使旁通空气控制阀的开度增大,发动机转速升高。

电磁阀线圈的通电时间由电控单元根据相关输入的信号确定,通过占空比(一个脉冲循环内,通电时间所占的比例)进行调整。一般汽车占空比等于基本特征值、空调和自动变速器挡位修正系数、减速修正系数、起步修正系数及起步后修正系数之和,即:

占空比 = 基本特征值 + 空调和自动变速器挡位修正系数 + 减速修正系数 +
起步修正系数 + 起步后修正系数

基本特征值的大小取决于发动机冷却水的温度。在使用空调和自动变速器空挡继电器断开时,由于发动机负荷增加,需要相应提高其怠速转速,因此需要对占空比加以修正。当发动机从高速减速时,若节气门突然关闭,附着在进气管道内壁上的汽油,会因进气真空度突然增大而急剧蒸发,出现短时混合气过浓的现象,增大排放污染,加大三元催化剂的负荷。因此,发动机减速时应对占空比加以修正。当汽车速度在8km/h以下、节气门位置传感器怠速触点由接通变为断开,即汽车起步时,为了避免负荷加大造成发动机熄火,因此,起步时也应对占空比加以修正。为了消除汽车起步后发动机的"喘气"现象(燃烧不稳定),使发动机转速圆滑上升,也应对起步后的进气量做进一步的修正。上述修正内容均是通过调整旁通空气道的流通面积实现的。

(2)步进电机控制式。

步进电机式的发动机怠速控制系统目前在汽车上有广泛的应用,它能使发动机在各种情况下都有最佳的怠速。步进电机由电控单元控制,如图1-57所示为步进电机式怠速控制的控制原理。

电控单元进行怠速控制时,一般控制程序如图1-58所示。电控单元首先根据节气门全关信号(节气门位置传感器提供)、车速信号,来判断发动机处于怠速状态。然后再根据发动机水温传感器、空调器、动力转向及自动变速器等负荷情况,按照存储器中储存的参考数据,确定相应的目标转速。再根据发动机转速传感器的信号,使发动机的实际转速与目标转速进行比较,由比较所得的差值确定目标转速的控制量,驱动步进电机,改变旁通空气道的流通面积(或节气门位置),

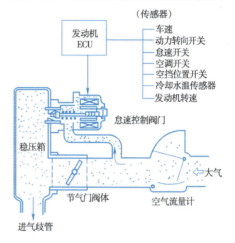

图1-57 步进电机控制式怠速控制系统

实现怠速控制。步进电机的控制电路如图1-59所示。电控单元按照一定顺序使晶体管$VT_1 \sim VT_4$适时导通,分别给步进电机定子绕组供电,驱动步进电机旋转,使其前端的阀门移动,改变阀门与阀座之间的间隙,调节旁通空气道的空气流量,使发动机怠速转速达到所要求的目标转速。

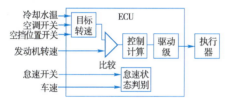

图1-58 步进电机式怠速控制程序图

(3)旋转滑阀式。

旋转滑阀式怠速控制方式是:在发动机工作过程中,由电控单元将检测到的怠速转速实际值与其所储存的设定目标值相比较,随时通过旋转滑阀校正怠速旁通空气道的流通截面积,使发动机的怠速转速实际值与其所储存的设定目标值相一致。

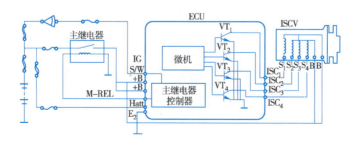

图1-59 步进电机控制原理电路

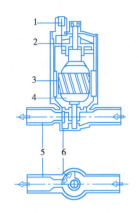

图1-60 旋转滑阀式怠速控制阀
1-电插;2-外壳;3-永久性磁铁;4-电枢;5-旁通空气道;6-旋转滑阀

图1-60所示为旋转滑阀的结构。主要由永久性磁铁3、电枢4、旋转滑阀6、螺旋复位弹簧和电刷及电插等所组成。旋转滑阀固装在电动机的电枢轴上,与电枢轴一起转动,用于控制通过旁通空气道的空气量。电枢位于永久性磁铁的磁场中,电枢铁芯上绕有绕向相反的电磁线圈 L_1 和 L_2,当线圈 L_1 通电时,电枢带动滑阀顺时针方向旋转,旁通空气道的截面积增大;当线圈 L_2 通电时,电枢带动滑阀逆时针方向旋转,使旁通空气道的截面积减小。线圈 L_1 和 L_2 的两端分别与电刷滑环相连,经电刷引出接向电控单元,其工作原理如图1-61所示。

接通点火开关,蓄电池的电压通过电刷"2"加到线圈 L_1 和 L_2 的公共端,但其搭铁回路受电控单元的控制。当晶体管 VT_1 导通时,线圈 L_2 通电,其电流方向为:B+→电刷→滑片→线圈 L_2→滑片、电刷→晶体管 VT_1 的集电极→发射极→搭铁,回到蓄电池的负极。电枢带动滑阀逆时针方向转动,使旁通空气道的截面积减小,发动机的转速降低。当晶体管 T_2 导通时,线圈 L_1 通电,电流方向为:B+→电刷→滑片→线圈 L_1→滑片、电刷→晶体管 VT_2 的集电极→发射极→搭铁,回到蓄电池的负极。电枢带动滑阀顺时针方向转动,使旁通空气道的截面积增大,发动机转速升高。由控制电路可以看出,占空比信号与晶体管 VT_1 的基极之间接有反向器,因此两个电枢线圈不可能同时导通,总是交替地通过电流,又因两线圈绕向相反,故电枢上交替产生方向相反的电磁力矩。由于电磁力矩交变的频率较高(约250Hz),且电枢转动具有一定的惯性,所以旋转滑阀将根据控制信号的占空比转动一定的角度而稳定。旋转滑阀式的怠速控制原理电路如图1-62所示。

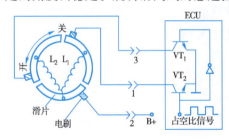

图1-61 旋转滑阀的怠速控制原理

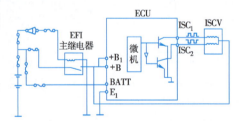

图1-62 旋转滑阀式怠速控制电路

在电控单元的存储器中预存有不同发动机水温所对应的占空比。所谓占空比是指线圈 L_2 与 L_1 平均通电时间之比。由此可见,占空比的大小,决定着滑阀的旋转方向和旋转角度。当占空比为50%时,线圈 L_1 和 L_2 的平均通电时间相等,二者产生的电磁力矩大小相等,方向相反,电枢轴停止旋转。当占空比小于50%时,线圈 L_1 的平均通电时间长,合成电磁力矩使电枢带动旋转滑阀顺时针旋转,旁通空气道的流通面积增大,发动机怠速升高。反之,则发动机怠速升高。

在整个怠速范围内,电控单元根据冷却水温度等传感器输入的信号,确定发动机所处怠速工况的占空比,对怠速转速进行控制。

2.3.2.2 节气门直动式

节气门直动式怠速控制,是通过控制节气门开启程度,调节空气通道的面积,达到控制进气量,从而实现怠速控制的,目前在单点喷射系统中最为常见。节气门直动式的控制结构如图1-63所示。

从图1-63中可以看出,怠速执行机构由直流电动机、减速齿轮、丝杠等部件组成。怠速执行机构的传动轴与节气门操纵臂的全闭限制器相接触。当电控单元控制直流电动机通电时,直流电动机产生旋转力矩,通过减速齿轮后,旋转力矩被增大。最后通过丝杠变角位移为传动轴的直线运动。通过传动轴的旋入或旋出,调整节气门全闭限制位置,达到调节节气门开度,进而实现怠速控制的目的。

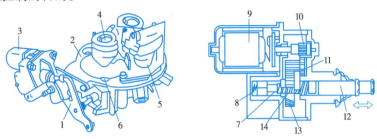

图1-63 节气门直动式怠速控制执行机构

1-节气门操纵臂;2-节气门体;3-怠速执行机构;4-喷油器;5-压力调节器;6-节气门;7-防转动角孔;8-弹簧;9-直流电动机;10、11、13-减速齿轮;12-传动轴;14-丝杠

这种节气门直动式怠速控制机构,具有较强的工作能力,控制位置稳定性好。但由于为了克服节气门关闭方向复位弹簧的作用力,使用了减速机构,使节气门的变位速度下降,从而造成响应性能不太好,同时怠速执行机构的外形尺寸也较大,所以目前较少采用。

2.4 进、排气控制电路

2.4.1 排气净化与排放控制

在大气污染中,汽车排放所造成的污染占有相当的比重。据有关部门资料介绍,大气中所含CO的75%、HC和NO_x的50%来源于汽车的排放。特别是在一些汽车保有量大的国家,其排放污染早已成为严重的社会公害。为此,发达国家均建立了严格的排放法规加以限制。汽车排放中的有害物质主要是CO(汽油不完全燃烧的产生)、HC(汽油不完全燃烧和缸壁淬冷产生)、NO_x(高温条件下,氧和氮反应产生),除此而外,汽油蒸发对大气也会造成一定程度的污染。CO、HC和NO_x与空燃比之间的关系如图1-64所示。

汽车发动机作为一大气污染源,应该采取各种有效的措施加强治理和改进。关于汽车发动机排放的控制与净化问题,各国都进行了大量的研究工作,研制了不少切实可行的技术措施,例如三元催化转

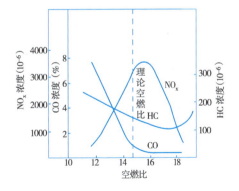

图1-64 CO、HC和NO_x与空燃比之间的关系

换器、废气再循环(EGR)、二次空气喷射和活性炭罐系统等。下面分别以上排放控制系统的构造、工作原理和控制方法进行讨论。

2.4.1.1 三元催化转换器、氧传感器与闭环控制系统

现代汽车发动机上普遍采用三元催化转换器,它不仅能促使CO、HC的氧化反应,也能促

使 NO_x 的还原反应,从而使 CO、HC 和 NO_x 三种有害气体都得到净化。三元催化转换器安装在排气管中,其结构如图 1-65 所示。外观像排气消声器,壳体由耐高温、耐腐蚀的材料制造而成,内部设置有催化床(催化剂),装在靠近发动机的位置上。在较好的使用条件下,其寿命可达 8 万~10 万 km。

三元催化剂是金属铂(或钯)和铑的混合物,它能够与 HC、CO 和 NO_x 发生反应。但是只有当空燃比保持稳定时,其转换效率才得到精确控制。图 1-66 所示为三元催化转换器转换效率与空燃比的关系曲线。从图中可以看出,在理论空燃比(14.7:1)时,三元催化转换器的转换效率最佳,因此,为了保持有良好的废气转换效率,必须对空燃比进行精确地控制,即把空燃比保持在理论空燃比附近很窄的范围内。

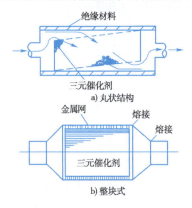

图 1-65 三元催化转换器的构造

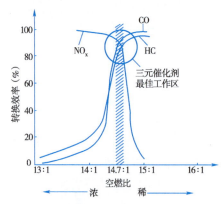

图 1-66 三元催化转换器转换效率与空燃比之间的关系

在电控发动机开环控制系统中,电控单元只是根据转速、进气量、进气压力、温度等信号,从理论上确定汽油的喷射量,即控制混合气空燃比。但对实际空燃比的控制不是很精确的,很难将实际空燃比控制在理论空燃比 14.7 附近很窄的范围内。

为了将实际空燃比精确地控制在 14.7 附近,在电控发动机喷射系统中普遍采用由氧传感器组成的空燃比反馈控制方式,即闭环控制方式。在三元催化转换器前面(或前、后)的排气歧管或排气管内装有氧传感器,其功能是用来检测排气中的氧气含量,以确定实际空燃比比理论空燃比大还是小,并向电控单元反馈相应的电压信号。ECU 根据氧传感器反馈的信号,对喷油量做进一步修正,确保实际空燃比能够在 14.7 附近。

氧气传感器的结构和工作原理相关课程已经学习,这里不再重复。在闭环控制过程中,当实际空燃比比理论空燃比小(混合气浓)时,氧气传感器向电控单元输送的是高电压信号(0.75~0.9V),此时电控单元将发出指令减小喷油量,空燃比增大。当空燃比增大到理论空燃比 14.7 时,氧传感器输出电压信号将突然下降至 0.1V 左右,电控单元接收此信号电压后立即发出控制指令增加喷油量,空燃比减小。如此反复,将空燃比精确地控制在理论空燃比 14.7 附近一个极小的范围内,保证三元催化转换器工作在最佳状态。

催化剂的表面活性作用是利用排气本身的热量激发的,其使用温度范围,应以活化开始温度为下限,以过热导致转换器出现故障的极限温度为上限。一般排气中有害成分的开始转化温度高于 250℃。发动机起动预热 5min 后才能达到此温度,一旦转换反应开始,催化床便因反应放热而自动地保持高温。使用最佳温度范围为 400~1000℃,在此温度范围内,既能保持有高的净化率,又能延长转换器的使用寿命。当温度超过 1000℃ 时,催化剂会由于过热而加快老化,以至于完全丧失催化功能。因此,使用中必须保证点火系可靠地工作,如火花塞缺火或点火不正时,未燃烧的混合气进入转换器,使催化床温度急剧升高(可达 1400℃),转换器负荷加大,寿命降低。另外,排气中的铅化物、炭烟、焦油等物质也会造成转换器过早的损坏,因此,为了提高三元催化转换器的使用寿命,汽油发动机应使用无铅汽油。

2.4.1.2 废气再循环控制系统

废气再循环(EGR)是在发动机工作过程中,将一部分废气引到吸入的新鲜空气(或混合气)中,返回汽缸内进行再循环的方法,其作用是用来减少 NO_x 的排放量。NO_x 化合物是一种对人体危害极大的气体,主要是在高温富氧的条件下生成的。在发动机工作过程中,如适时、适量地将部分废气再次引入汽缸内,废气可将燃烧产生的部分热量吸收并带出汽缸,并对混合气有一定的稀释作用,降低发动机燃烧的最高温度和氧含量,从而减少 NO_x 化合物的生成量。

但是过度的废气再循环将会影响发动机的正常工作,特别是在怠速、低转速小负荷及发动机处于冷态运行时,再循环的废气将对发动机的性能产生严重的影响。因此,应根据发动机的实际工况及工作条件的变化,能够自动调整参与再循环的废气量。实践证明,根据发动机结构的不同,参与再循环的废气量一般在 6%~13% 之间变化为宜。

在废气再循环系统中,通过一个特殊的通道将排气歧管与进气歧管接通,在该通道上安装有废气再循环控制阀(称为 EGR 阀),通过控制 EGR 阀的开度,控制参与再循环的废气量。EGR 阀的结构如图 1-67 所示,主要由膜片、复位弹簧、阀门和阀座等组成。阀门的开启与关闭由膜片上方真空气室的真空度控制,当真空度增大时,膜片压缩弹簧上移,阀门打开;反之在复位弹簧张力的作用下阀门关闭。EGR 阀气室内的真空度受废气再循环真空电磁阀(称之为 EGR 真空电磁阀)控制。废气再循环控制系统如图 1-68 所示。图中 CVC 阀的作用是保持进入 EGR 电磁阀的真空度恒定不变。下面对废气再循环控制系统的工作原理分析讨论如下。

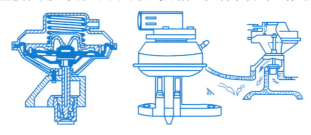

图 1-67 废气再循环控制阀(EGR 阀)

在发动机工作过程中,电控单元根据发动机转速、空气流量、冷却水温度、点火等信号,控制 EGR 电磁阀磁化线圈通电时间的长短,从而控制 EGR 控制阀真空气室上方的真空度,间接地使 EGR 控制阀的开启状态发生变化,改变参与再循环的废气量。从图 1-68 中可知,在 EGR 控制阀上还装有一个 EGR 阀位置传感器,其作用是检测 EGR 阀的开度,并利用电位计将开启位置转变为电压信号,反馈给电控单元,作为其控制废气再循环的参考信号。

图 1-69 为装有背压修正阀的废气再循环系统。背压修正阀安装在 EGR 真空电磁阀与 EGR 控制阀之间的真空管路中,其作用是根据排气歧管中的背压,附加控制废气再循环。即当发动机在小负荷排气背压低时,背压修正阀使 EGR 控制阀保持关闭状态,不进行废气再循环;只有在发

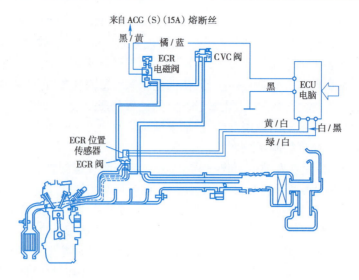

图1-68 废气再循环控制系统

动机负荷增大,排气歧管背压增大时,背压修正阀才允许EGR控制阀打开进行废气再循环。

背压修正阀的工作原理如下:排气歧管的背压通过管路作用在背压修正阀的背压气室下

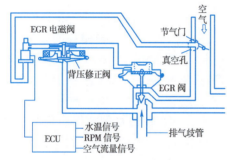

图1-69 装有背压修正阀的废气再循环系统

方。当发动机小负荷排气背压低时,在阀门弹簧张力的作用下,气室膜片向下移动使修正阀门关闭真空通道。此时EGR控制阀在其弹簧的作用下保持关闭状态,废气再循环系统停止工作。

当发动机负荷增大,排气歧管内背压增高时,修正阀背压气室下方的背压升高,使膜片克服阀门弹簧张力向上运动使修正阀门打开。由EGR真空电磁阀控制的真空度通过背压修正阀进入EGR控制阀的真空气室内,EGR控制阀打开废气再循环的通道,系统再次投入工作。

2.4.1.3 二次空气喷射系统

二次空气喷射系统是为了消除从燃烧室到排气管中未完全燃烧的HC和CO而设置的。为了区别于发动机的正常进气,把这种向排气系统中供给空气的装置称为二次空气喷射系统。

二次空气喷射系统的布置如图1-70所示,主要由空气泵1、空气分流阀2、空气转向阀4和真空开关7等所组成。空气泵为叶片式,由发动机驱动,在发动机工作过程中,空气经分流阀、转向阀等到达各缸的排气门附近(或排气管道),利用燃烧后的高温,使废气中残留的HC和CO与空气相混合后再次燃烧,以达到排气净化的目的。

通常二次空气喷射系统需要与热反应器配合使用,以达到更好的排气净化效果。

热反应器也是一种用来降低HC和CO排放量的后处理装置。它安装在发动机排气道的出口处。其结构如图1-71所示。主要由壳体、外筒和内筒三层壁组成,壳体与外筒之间是保温层,其间填充有绝热材料,使其内部保持有一定的高温,以利于HC和CO的再燃烧。

二次空气与废气相混合初步燃烧后,进入内筒,又进入热反应器的中心,使其利用本身的余热而保持反应所需要的高温。而足够大的反应器容积和气流的曲折途径,使废气有足够的停留时间进行反应,促使排气中的 HC 和 CO 在反应器中再次进行氧化和燃烧,从而进一步降低这两种成分的排放量。一般在浓混合气的工作条件下,供给二次空气的反应器效率最高。

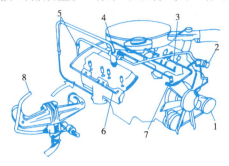
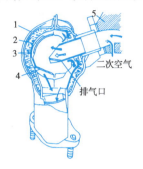

图 1-70　二次空气喷射系统简图
1-空气泵;2-空气分流阀;3-真空度传感管路;4-空气转向阀;5-止回阀;6-空气喷射入口;7-真空开关;8-来自空气转向阀

图 1-71　热反应器的结构
1-外壳;2-绝热材料;3-外筒;4-内筒;5-汽缸盖

2.4.1.4　活性炭罐蒸发污染控制装置

为了防止汽油箱向大气排放燃油蒸气而产生污染,在电控发动机控制系统中普遍采用了由电控单元控制的活性炭罐蒸发污染控制装置。

活性炭罐的功能就是储存汽油蒸气,炭罐本身是一个抗油性的尼龙或塑料容器,里面装满了活性炭颗粒,其结构如图 1-72 所示。

图 1-73 所示为活性炭罐蒸发污染控制装置图。油箱的燃油蒸气通过止回阀进入活性炭罐上部,空气由活性炭罐下部进入清洗活性炭。在炭罐右上方有一定量排放小孔及受真空控制的排放控制阀,排放控制阀上部的真空度由炭罐控制电磁阀控制,而炭罐控制电磁阀受电控单元控制。

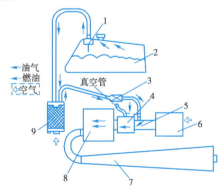
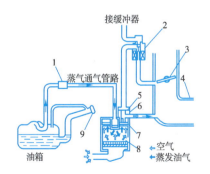

图 1-72　活性炭罐的构造
1-油气分离器;2-油箱;3-油气清除控制阀;4-节流阀体;5-空气导管;6-空气滤清器;7-排气管;8-发动机;9-活性炭罐

图 1-73　活性炭罐蒸发污染控制装置
1-单向阀;2-EGR 和炭罐控制电磁阀;3-节流孔;4-进气歧管;5-主节气门;6-排放控制阀;7-定量排放小孔;8-活性炭罐;9-油箱盖附真空泄放阀

发动机工作时,电控单元根据发动机转速、冷却水温度、空气流量等信号,控制炭罐电磁阀的开闭,进而控制排放控制阀上部的真空度,从而达到控制排放控制阀开度的目的。当排放控制阀打开时,汽油蒸气将通过排放控制阀被吸入进气歧管,随进气一起进入汽缸内燃烧。

2.4.2 进气控制

为了改善发动机的动力性能,使其输出功率能够根据负荷的变化在一定范围内自动调整,采用了发动机进气控制系统。它主要有动力阀控制系统、进气谐波增压控制系统和废气涡轮增压控制系统等。下面分别讨论各系统的控制原理。

2.4.2.1 动力阀控制系统

动力阀控制系统能够根据发动机的不同负荷,改变进气量进而改变发动机的动力性能,其控制原理如图1-74所示。

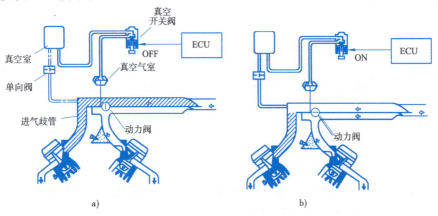

图1-74 动力阀控制系统

控制进气道空气流通截面大小的动力阀多装在进气管上,动力阀的开闭由膜片真空气室控制,ECU根据各传感器信号通过真空电磁阀(VSV阀)控制真空罐与真空气室的真空通道。发动机小负荷运转时,ECU控制信号使真空电磁阀关闭,真空室的真空度不能进入膜片真空气室,动力阀处于关闭位置,进气通道变小,发动机输出小功率,如图1-74a)所示。当发动机谪速大负荷运转时,ECU使真空电磁阀打开,真空室中的真空度经真空电磁阀进入膜片真空气室,动力阀开启,进气通道变大,发动机输出较大的转矩和功率,如图1-74b)所示。动力阀控制系统的主要控制信号有发动机转速、空气流量及节气门开关等。

2.4.2.2 进气谐波增压控制系统

在发动机工作过程中,进气歧管内不断地有高速流动的空气(或混合气)流。当气体高速流向进气门时,如果进气门突然关闭,进气门附近的气体流动将会突然停止,但由于惯性,仍有气体继续冲进进气管内,于是进气门附近的气体便被压缩,压力升高。当流动气体的惯性过后,被压缩的气体开始膨胀,向着进气流相反的方向流动,进气门附近的压力开始下降。膨胀气体的压力传到进气管口时,又被反射回来,在进气管内从而形成一定的压力波,称之为进气谐波。进气谐波对可燃混合气(或空气)在各缸分配的均匀程度有严重的影响,会形成进气干涉。但如果这一脉动压力波与进气门的开闭相配合,即使被反射的压力波集中于将要打开的进气门旁,进气门打开时就会有增压进气的效果。进气谐波增压控制系统正是根据这一原理工作的。

进气谐波的波长与进气管道的长度有密切的关系,进气管道越长,则波长越长,进气管道越短,则波长越短。大量实践证明,压力波越长,越有利于发动机在中低速范围内功率的提高。

而压力波越短,则越有利于发动机在高速时功率的提高。但由于进气管道的长度是不可改变的,为了达到兼顾发动机低速和高速时谐波进气增压的效果,在电控汽油喷射式发动机进气系统中设置有一大容量的空气室,空气室与进气管道在发动机工作过程中不断地接通与切断,从而改变了进气通道的长度。大容量空气室是否参与进气,受进气增压控制阀的控制。进气增压控制阀的开启由真空电机驱动,电磁阀控制着真空系统的通断,该系统工作原理如图1-75所示。

当进气室出口的控制阀关闭时,进气管道内脉动压力波的传递路线由空气滤清器到进气门,由于这一距离较长,波长较大,因此适应于发动机在中低速区域内形成气体动力增压效果。当空气室阀门打开时,由于大容量空气室的参与,使进气脉动压力波只能在空气室出口与进气门之间传播,这样便缩短了压力波的传递距离,使发动机在高速区也能得到较好的气体动力增压效果。

进气谐波增压系统的控制原理如图1-76所示。电控单元根据转速信号控制真空电磁阀的开闭。

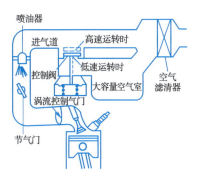

图1-75 进气谐波增压系统原理图

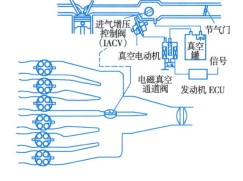

图1-76 进气谐波增压系统控制原理图

发动机低速运转时,电控单元切断真空电磁阀的电路,真空通道关闭,真空罐的真空度不能进入真空电机的气室,受真空电机控制的进气增压阀处于关闭状态。此时进气管的长度较大,压力波长大,以适应发动机低速区域形成气体动力增压的效果。发动机高速运转时,电控单元接通真空电磁阀的电路,真空阀打开,真空罐的真空度进入真空气室,在真空吸力的作用下,从而将真空增压控制阀打开,由于大容量气室的参与,缩短了压力波的传播距离,使发动机在高速区也能得到了良好的气体动力增压效果。

2.4.2.3 废气涡轮增压控制系统

废气涡轮增压控制系统的组成和工作原理如图1-77所示。控制废气流动路线的切换阀受驱动气室的控制,在涡轮增压器出口与驱动气室之间的管路上,装有受电控单元控制的释压电磁阀。释压电磁阀控制进入驱动气室的气体压力,当电控单元检测到进气压力在98kPa以下时,受ECU控制的释压电磁阀的搭铁回路切断,释压电磁阀关闭。此时由涡轮增压器出口引入的进气压力,经释压阀进入驱

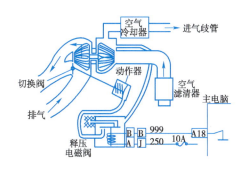

图1-77 废气涡轮增压控制系统的组成和工作原理

动气室,克服气室弹簧的压力推动切换阀将废气进入涡轮室的通道打开,同时将旁路通道关闭,此时,废气流经涡轮室使进气增压。当电控单元检测到进气压力高于98kPa时,电控单元将释压电磁阀搭铁回路接通,释压电磁阀打开,通往驱动气室的压力空气被切断,在气室弹簧张力的作用下,驱动切换阀关闭废气进入涡轮室的通道。同时将排气通道口打开,废气不经涡轮室直接排出,增压器停止工作,进气压力将下降,直到进气压力降低到规定的压力时,电控单元又将释压阀关闭,切换阀又将废气进入涡轮室的通道口打开,增压器又开始工作。如此反复,从而提高了发动机的进气压力,使其动力性能得到了有效的改善。

3 电控发动机的维修

3.1 电控发动机各传感器的性能检测

3.1.1 发动机水温和进气温度传感器

3.1.1.1 结构与原理

发动机冷却液温度对可燃混合气的形成质量及浓度有一定的影响,而发动机工作中进气量的多少又与当时吸入空气密度有关。水温和进气温度传感器的作用就是将温度转变成电信号,从而使ECU能够根据其信号电压的高低对喷油量作进一步的修正。水温传感器一般安装在缸体水道或节温器上,进气温度传感器安装在空气滤清器、进气管道或空气流量计内,如图1-78所示。

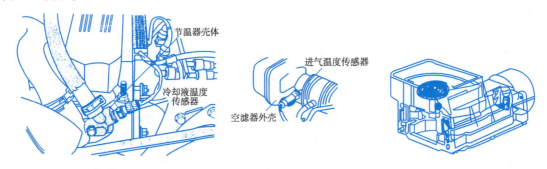

图1-78 水温传感器和进气温度传感器的安装位置

水温和进气温度传感器的控制电路如图1-79所示。

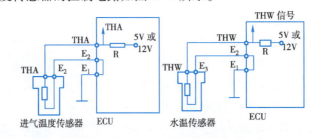

图1-79 水温和进气温度传感器的控制电路

水温和进气温度传感器多采用负温度系数的热敏电阻。电控单元中的固定电阻R与传感器的热敏电阻串联组成一分压器。接通点火开关,电控单元首先通过固定电阻R给传感器输出一个5V(或12V)的参考电压,热敏电阻的阻值变化时,固定电阻R所分得的电压值(即传感器信号电压)随之变化。

温度低时,热敏电阻的阻值大,电路中的电流减小,固定电阻上的电压降较小,电控单元检测到高的信号电压;随着温度的增高,热敏电阻的阻值逐渐减小,电路中的电流增大,固定电阻上的电压降逐渐增大,因此电控单元检测到的信号电压逐渐降低,根据此信号,ECU将适当修正喷油量。

3.1.1.2 性能检测

(1)就车检测。点火开关OFF,拔下传感器上的电插,用数字式高阻抗万用表电阻挡,按图1-80所示的方法检测传感器两端子间的电阻值,其电阻值应与温度成反比。

(2)车下检测。从发动机上拆下传感器,将其置于烧杯内的水中,加热杯中的水,同时用万用表电阻挡测量在不同水温条件下,传感器两端子间的电阻值,如图1-81所示。将测得的值与标准值相比较。若不符合标准,则应更换水温传感器。

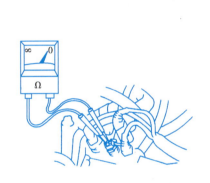

图1-80 就车检测水温和进气温度传感器

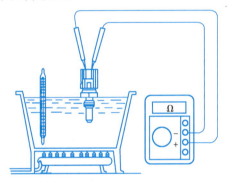

图1-81 车下检测水温和进气温度传感器

3.1.1.3 传感器输出信号电压的检测

点火开关置于"OFF",插好传感器上的电插,点火开关置于"ON",用数字万用表电压挡测量传感器或电控单元(ECU)上"THW"、"THA"与"E_2"端子之间的电压信号,不同温度下的信号电压值应符合规定。

3.1.1.4 水温和进气温度传感器的示波器检测

用汽车专用示波器检测,按使用说明书进行示波器的初始设定和测试接线。起动发动机后,持续观测温度变化时电压信号的变化情况,其电压显示线条应平顺地向下移动。如果有波纹出现的干扰反应,表示传感器的热敏电阻反应不良,如图1-82所示。

3.1.2 空气流量传感器

空气流量传感器是L型电控燃油喷射系统确定喷油量的重要传感器之一,安装在空气滤清器和节气门体之间,有翼(叶)片式、热线式、热膜式、卡门旋涡(光电感应和超声波)式。其作用是将吸入发动机汽缸内空气量转变成为电信号输送到ECU。

3.1.2.1 翼片式空气流量传感器

(1)丰田车翼片式空气流量传感器的检测。

图1-83所示为丰田2TZ—FE发动机用翼片式空气流量传感器原理电路图,有5端子(没设油泵开关)和7端子(内置油泵开关)之分,其检测方法有就车检测和单件检测两种。

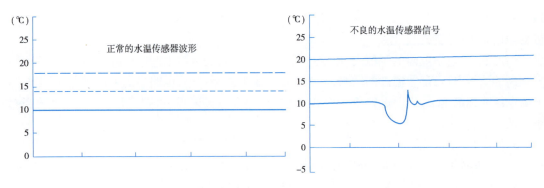

图1-82 水温传感器信号电压波形

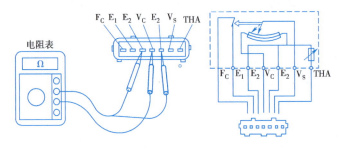

图1-83 丰田2TZ—FE发动机用翼片式空气流量传感器原理电路

①就车检测。将点火开关置于"OFF",拔下该流量传感器上的电插,用万用表电阻挡测量电插内各端子间的电阻。其阻值应符合表1-3中的规定,否则,应更换空气流量传感器。

丰田2TZ—FE发动机用翼片式空气流量传感器各端子间的电阻　　　　表1-3

端 子	标准电阻(kΩ)	温度(℃)
$V_S - E_2$	0.20～0.60	—
$V_C - E_2$	0.20～0.60	—
$TH_A - E_2$	10.00～20.00	-20
	4.00～7.00	0
	2.00～3.00	20
	0.90～1.30	20
	0.40～0.70	60
$F_C - E_1$	不定	—

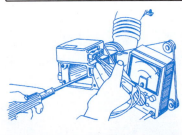

图1-84 翼片式空气流量传感器电位计的检查

②单件检测。将点火开关置于"OFF",拔下空气流量传感器上的电插,拆下与空气流量传感器与空气滤清器和节气门体之间的连接软管,取下空气流量传感器。

汽油泵开关的检查:用万用表电阻挡测量E_1-F_C端子。在测量片全关闭时,E_1-F_C间不应导通,在测量片开启后的任一位置上,E_1-F_C端子间均应导通。

电位计的检查:用螺丝刀推动测量片,同时用万用表电阻挡测量电位计滑动触点V_S与E_2端子间的电阻(图1-84)。在测量片由全闭至全开的过程中,电阻值应连续无跳跃的逐渐变小,且符合表 1-4 中规定,否则,须更换空气流量传感器。

丰田车 2TZ-FE 发动机用翼片式空气流量传感器各端子间的电阻　　　　表 1-4

端　子	标准电阻(Ω)	测量片位置
$F_C - E_1$	∞	测量片全关闭
	0	测量片开启
$V_S - E_2$	20～600	全关闭
	20～1200	从全关到全闭

(2) 日产车翼片式流量传感器的检测。

图 1-85 所示为日产车翼片式空气流量传感器的检测(端子"标记"有新旧两种)。用万用表电阻挡测量各端子之间的电阻时,旧"标记"端子之间应符合表 1-5 中的规定,新"标记"端子之间应符合表 1-6 中的规定。否则,应更换空气流量传感器。

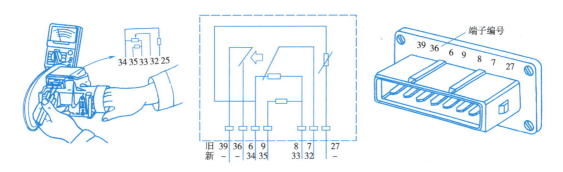

图 1-85　日产车空气流量传感器的检测

日产车空气流量传感器旧"标记"各端子间电阻值　　　　表 1-5

触　点	端　子	标准电阻值(Ω)	测量片位置
电动汽油泵开关	36-39	∞	测量片关闭(触电打开)
		0	测量片打开(触电关闭)
电位计	6-9	250～350	—
	6-8	150～250	—
	8-9	50～150	—
	7-8	0～∞	测量片由全闭到全开

(3) 五十铃车翼片式空气流量传感器的检测。

电位计与空气流量计的内部接线如图 1-86 所示。工作时,滑动臂在电位计的电阻片上滑动,端子 7 与端子 8 之间的电压 U 和端子 6 与 9 之间的电压 U_B 作为输出信号输送到电控单元中。

日产车叶片式空气流量传感器新"标记"各端子间电阻值　　　表1-6

端　子	电阻值(Ω)	测量片位置
33-35	约100	—
33-34	约200	—
32-33	0~∞	测量片滑动时
32-34	0~∞	测量片滑动时
25-34	阻值随外界温度而定	

在检查时，取下空气流量传感器上的电插，将万用表(电阻挡)接在(端子6)端子7上，使测量片平稳的张开，其间的电阻值是逐渐变化的；端子6与端子9之间的电阻值为350~400Ω，进气温度传感器端子27与端子6之间的电阻值为0.3~10kΩ。

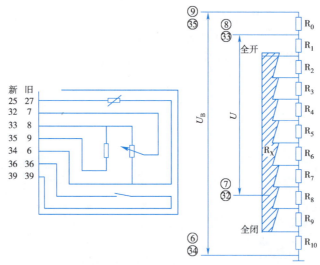

图1-86　五十铃翼片式空气流量传感器的电路图和内部接线

电动汽油泵触点39和端子36之间在测量片全闭时不导通(断开)；测量片只要稍一转动，端子39和端子36之间便导通。

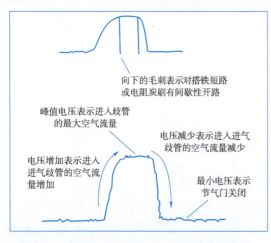

图1-87　翼片式空气流量传感器的示波器检测波形

(4)翼片式空气流量传感器的示波器检测。

连接示波器至翼片式空气流量传感器的电位计端子，起动发动机并怠速运转，缓慢地增加发动机转速，同时观测显示结果。测试波形如图1-87所示。测试中可利用螺丝刀柄轻轻敲击传感器壳体，如传感器内部的连接有松动，将会造成提速不顺或迟滞。

3.1.2.2　卡门旋涡式空气流量传感器

以丰田雷克萨斯LS400轿车1UZ—FE发动机用卡门旋涡光电感应式空气流量传感器为例，介绍卡门旋涡式空气流量计的性能检测内容和方法。该传感器的控制电路如图 1-88 所示。

(1) 电阻的检测。

将点火开关置于"OFF",拨下空气流量传感器上的电插,用万用表电阻挡测量传感器上"THA"与"E_1"端子之间的电阻,其标准值如表 1-7 所示,如果电阻值与标准值不符,则应更换空气流量传感器。

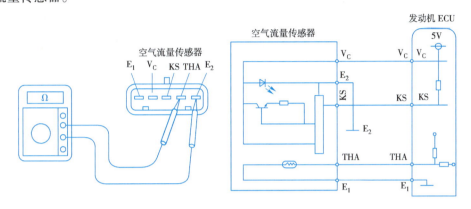

图 1-88 雷克萨斯 LS400 车卡门旋涡式空气流量传感器的控制电路

卡门旋涡式空气流量传感器 THA-E_1 端子间的电阻(雷克萨斯 LS400 轿车)　　　表 1-7

端　子	标准电阻(kΩ)	温　度(℃)
THA-E1	10.0~20.0	-20
	4.0~7.0	0
	2.0~3.0	20
	0.9~1.3	40
	0.4~0.7	60

(2) 空气流量传感器的电压检测。

插好此空气流量传感器上的电插,用万用表电压挡检测发动机 ECU 端子 THA-E_2、V_c-E_1、K_s-E_1 之间的电压,如图 1-89、图 1-90 所示,其测量应符合表 1-8 中的规定。

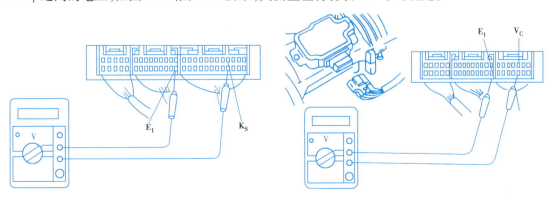

图 1-89 K_S-E_1 间的电压检查　　　　　　　　图 1-90 V_C-E_1 间的电压检查

表 1-8　雷克萨斯 LS400 轿车 1UZ—FE 发动机 ECU 端子的电压

端　子	电　压（V）	条　件
THA-E$_2$	0.5 ~ 3.4	急速进气温度 20℃
K$_S$-E$_1$	4.5 ~ 5.5	点火开关 ON
	2.0 ~ 4.0（脉冲发生）	急速
V$_C$-E$_1$	4.5 ~ 5.5	点火开关 ON

3.1.2.3　热线式空气流量传感器

（1）日产 VG30E 发动机热线式空气流量传感器的检测：

图 1-91 所示为日产 VG30E 发动机热线式空气流量传感器的控制电路。检查空气流量传感器输出信号，拔下此空气流量传感器上的电插，拆下空气流量传感器；按图 1-92 所示的方法，将蓄电池的电压施加于空气流量传感器的端子 D 和 E 之间（电源极性应正确），然后用万用表电压挡测量端子 B 和 D 之间的电压。其标准电压值应为 1.6V±0.5V，如果不符合规定，则需更换空气流量传感器。

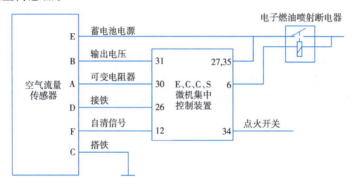

图 1-91　日产 VG30E 发动机热线式空气流量传感器的电路

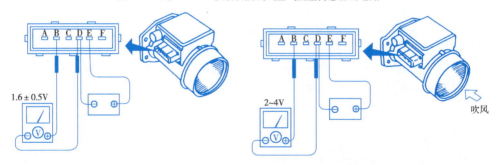

图 1-92　热线式空气流量传感器输出信号的检查

在进行上述检查之后，要向空气流量传感器的进气口吹风，同时测量端子 B 和 D 之间的电压，在吹风时，电压应上升至 2 ~ 4V。如电压值不符，则需更换空气流量传感器。

检查自清洁功能：装好热线式空气流量传感器及其连接电插，拆下此空气流量传感器的防尘网，起动发动机并加速到 2500r/min 以上。当发动机停转后 5s，从空气流量传感器进气口处，可以看到热线自动发出的光亮（加热到 1000℃ 左右）约 1s。如无此现象发生，则需检查自清洁信号或更换空气流量传感器。

(2) 日产 CA18E 型发动机热线式空气流量传感器的检查：

①就车检查。先拆下空气流量传感器上的电插，检查线束一侧 B 端子与搭铁间的电压，其基准电压为 12V，如图 1-93 所示。其次，则按单件检查方法检查端子 31 与搭铁端之间的电压。

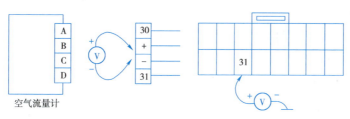

图 1-93 热线式空气流量传感器就车检查

②单件检查。如图 1-94a）所示，在 B、C 两端子间加上 12V 电压，然后检查 D、C 两端子间的输出电压。此时应该注意，外加电源的极性不能接错（B 端子与蓄电池正接线柱相连，C 端子与蓄电池的负接线柱相连）。否则，就有可能损坏空气流量传感器。按图 1-94b）所示，在吹入空气的情况下，测量空气流量传感器输出电压的变化，其标准为：当没有空气吹入时，电压约为 0.8V；有空气吹入时，电压约为 2.0V。

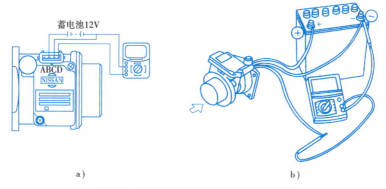

图 1-94 热线式空气流量传感器的单件检查

3.1.3 进气压力传感器

进气压力传感器是 D 型电控燃油喷射系统中确定燃油喷射量的主要传感器之一。它安装在发动机室内振动较小的地方，其作用是将发动机进气歧管内的绝对压力转变成为电信号输送到 ECU，据此间接确定发动机的进气量。应用较为广泛的有半导体压敏电阻式、三线高灵敏度可变电阻式和真空膜盒传动式等。

3.1.3.1 皇冠 3.0 轿车 2JZ—GE 发动机用进气压力传感器的检测

皇冠 3.0 轿车 2JZ—GE 发动机用进气压力传感器的控制电路如图 1-95 所示。

(1) 传感器参考电压的检测。将点火开关置于"OFF"位置，拔下进气压力传感器上的电插，然后将点火开关置于"ON"位置（不起动发动机），用万用表电压挡测量电插中的 V_{CC} 和 E_2 端子之间的电压（图 1-96），其电压值应为 4.5～5.5V。如有异常，应检查进气压力传感器与 ECU 之间的线路是否导通。若不导通，应更换或修理线束。

(2) 传感器输出电压的检测。将点火开关置于"ON"位置（不起动发动机），拆下进气压力传管器与进气歧管间的真空软管（图 1-97）。在 ECU 导线插接器一侧用万用表电压挡测量进气压力传感器 PIM-E$_2$ 端子间的输出电压(图 1-98),并记录所测电压值;然后用真空泵向进气压力传感器内施加真空,从 13.3kPa(100mmHg)起,每次递增 13.3kPa(100mmHg),一直增加 66.7kPa(500mmHg)为止,然后测量在不同真空度下进气压力传感器(PIM – E$_2$ 端子间)的输出电压。该电压应能随真空度的增大而不断下降。将不同真空度下的输出电压下降量与标准值相比较,如不符合规定或有跳跃性的变化,应更换进气压力传感器。丰田 2JZ—GE 和 2RZ—E 发动机进气压力传感器的标准输出电压值如表 1-9 所示。

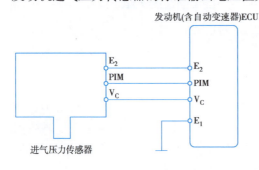

图 1-95 进气压力传感器的控制电路

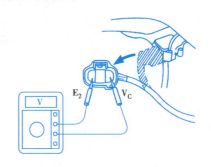

图 1-96 传感器参考电压的检测

图 1-97 拆下传感器真空软管

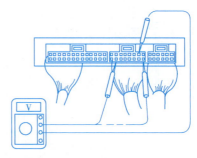

图 1-98 测量传感器的输出信号

进气压力传感器的真空度与输出电压的关系   表 1-9

真空[kPa(mmHg)]	13.3(100)	26.7(200)	40.0(300)	53.5(500)	66.7(500)
电压值(V)	0.3~0.5	0.7~0.9	1.1~1.3	1.5~1.7	1.9~2.1

3.1.3.2 北京切诺基轿车用进气压力传感器的检测

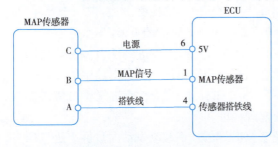

图 1-99 进气压力传感器的控制电路

北京切诺基轿车用进气压力传感器的控制电路如图 1-99 所示。传感器与 ECU 之间有三根连接导线,即 ECU 向传感器提供的参考电压线(为 4.8~5.1V),传感器的信号输出线和搭铁线。在发动机怠速运转时,进气歧管的真空度高(绝对压力低),传感器的电阻值大,如图 1-100 所示,传感器输出 1.5~2.1V 的低电压信号;当节气门全开时,歧管真空度低(绝对压力高),传感器电阻小,传感器输出 3.9~4.8V 的高电压信号。

(1)传感器参考电压的检测。点火开关置于"ON",用万用表测试传感器端子 C 的电压值,正表笔接端子 C,负表笔搭铁。电压表指示应为 5V±0.5V。否则为传感器参考线断路或电插接触不良。

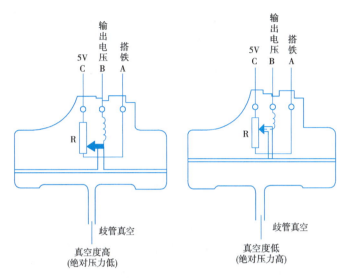

图 1-100 进气压力传感器的工作示意图

(2)传感器输出电压的检测。用万用表的电压挡测试传感器端子 B 的输出电压。当点火开关接通而发动机未起动时,传感器的输出电压值应为 4~5V;当发动机在热机空挡怠速运转时,输出电压应降到 1.5~2.1V。此时,如从 ECU 线束侧 1 端子处测试,其电压值也应是上述数值;如不符,则为信号线路、传感器有故障或电插接触不良。发动机节气门开度发生变化时,电压表指示信号电压的数值应圆滑无跳跃的变化。否则,说明传感器有故障。

3.1.3.3 真空膜盒式进气压力传感器

由于这种传感器(早期博世 D—Jetronic 系统用)是利用 12V 电源完成变压作用的,所以拔下插座就无法检测传感器的好坏。检测时,将万用表(电压挡)的表笔分别插入电插内与两端子连线接触(图 1-101),测量其输出电压。测量方法如下:在不动插座的情况下闭合点火开关,将万用表表笔与 Vs、E 端子接触。拔下真空管,电压值约为 1.5V,而在真空源的作用下,电压值应从 1.5V 逐渐无跳跃的下降;发动机怠速运转时,电压值约为 0.4V,而当发动机转速升高时,此电压值逐渐升高。

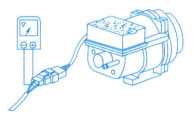

图 1-101 真空膜盒式进气压力传感器输出电压的测量

3.1.3.4 进气压力传感器的示波器检测

进气压力传感器有半导体压敏电阻式、真空膜盒传动式、电容式和表面弹性波式等。当压力变化时,压电晶体的电阻发生变化产生模拟信号。而电容陶瓷装置则利用进气歧管真空来改变两块板之间的距离,输出数字信号。测试时,起动发动机,检测由怠速逐渐加速的信号。测试波形如图 1-102 所示。

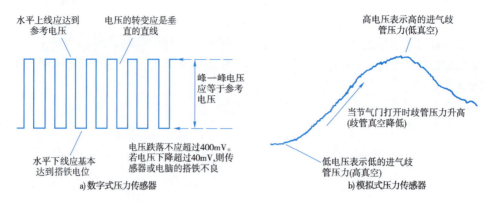

图1-102 进气压力传感器的示波器检测

3.1.4 节气门位置传感器

节气门位置传感器安装在节气门体上,其作用是将节气门的开度转换成电信号传送给ECU,有开关(三端子)式和可变电阻(四端子)式两种。下面分别对两种不同形式节气门位置传感器的检测进行讨论。

3.1.4.1 开关(三端子)式节气门位置传感器的检测

以丰田1S—E和2S—E发动机为例,介绍开关节气门位置传感器的检测方法和检测内容。

(1)就车检查端子间的导通性。点火开关置于"OFF",拔下节气门位置传感器上的电插,在节气门限位螺钉和限位杆之间插入适当厚度的厚薄规;如图1-103所示,用万用表电阻挡在节气门位置传感器的各端子上测量急速触点和全负荷触点的导通情况。

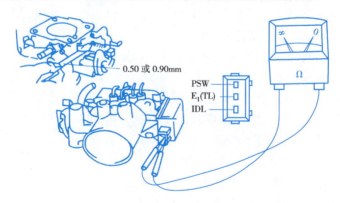

图1-103 节气门位置传感器端子间导通性检查

当气节门全闭时,急速触点(IDL)应导通;当节气门全开或接近全开时,全负荷触点(PSW)应导通;在其他开度下两触点均应不导通。具体情况如表1-10所示。否则,应调整或更换节气门置传感器。

(2)节气门位置传感器的单体检查。作如图1-104所示的直角坐标图,使节气门处于下列开度位置:有三元催化转换器的为71°或81°,无三元催化转换器的为41°或51°(节气门完全关闭时的度数为6°)。然后用万用表的电阻挡(图1-104a),检查各端子间的导通性,其结果应如表1-11所示。

单元一 电控发动机的构造与维修

端子间导通性检查要求 表1-10

限位螺钉和限位杆之间的间隔	端子		
	IDL-E(TL)	PSW-E(TL)	IDL-PSW
0.5mm	导通	不导通	不导通
0.9mm	不导通	不导通	不导通
节气门全开	不导通	导通	不导通

注：车型不同，插入厚薄规厚度不同，可参考有关维修手册。

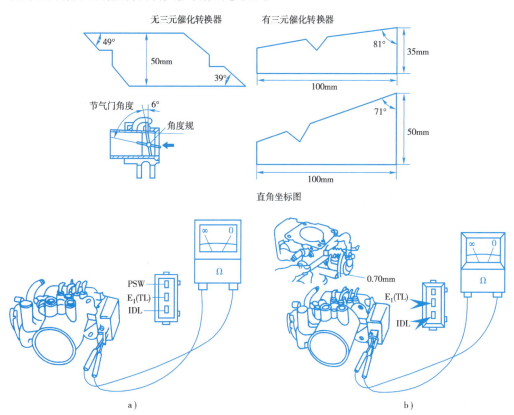

图1-104 直角坐标图与端子间的导通性检查

端子间的导通性检查要求（丰田1S—E和2S—E） 表1-11

节气门开度	有三元催化转换器			节气门开度	无三元催化转换器		
	IDL-E(TL)	PSW-E(TL)	IDL-PSW		IDL-E(TL)	PSW-E(TL)	IDL-PSW
从垂直位置起71°	不导通	不导通	不导通	从垂直位置起41°	不导通	不导通	不导通
从垂直位置起81°	不导通	导通	不导通	从垂直位置起51°	不导通	导通	不导通
从垂直位置起小于7.5°	导通	不导通	不导通	从垂直位置起小于7.5°	导通	不导通	不导通

(3) 开关式节气位置传感器的调整。如果检查结果不符合要求可进行如下调整：松动节气门位置传感器的两个固定螺钉，在节气门限位螺钉和限位杆之间插入 0.7mm（丰田 1G—EU 车为 0.55mm）的厚薄规，并将万用表电阻挡的表笔连接节气位置传感器的端子 IDL 和 E（TL），如图 1-104b 所示，逆时针平稳地转动节气位置传感器，直到万用表有读数，再检查端子 IDL 和 E（TL）之间的导通性：限位杆与限位螺钉之间的间隙为 0.5mm（丰田 1G—EU 车为 0.44mm）时导通；间隙为 0.9mm（丰田 1G—EU 车为 0.66mm）时不导通。

3.1.4.2 可变电阻（四端子）式节气门位置传感器的检测（皇冠 3.0 车）

(1) 怠速触点导通性检测。点火开关置于"OFF"，拔下节气门位置传感器上的电插，用万用表电阻挡在节气门位置传感器的电插上测量怠速触点"IDL"的导通情况，如图 1-105 所显示，将两个固定螺钉固定；然后再换用 0.50mm 或 0.9mm 的厚薄规当节气门全闭时，IDL-E_2 端子间应导通；当节气门打开时，IDL-E_2 端子间应不导通。否则应更换节气门位置传感器。

(2) 测量线性电位计的电阻。点火开关置于"OFF"，拔下节气门位置传感器上的电插，用万用表的电阻挡测量线性电位计的电阻（图 1-106 中 E_2 和 V_{TA} 之间的电阻），该电阻应能随节气门开度增大而呈线性增大。

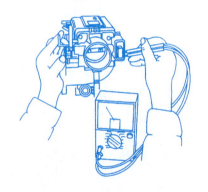
图 1-105 怠速触点导通情况检查

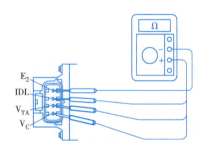
图 1-106 可变电阻式节气门位置传感器的检测

在节气门限位螺钉和限位杆之间插入适当厚度的厚薄规，用万用表电阻挡测量此传感器电插上各端子间的电阻，其电阻值应符合表 1-12 所示。

表 1-12 可变电阻式节气门位置传感器各端子间的电阻（皇冠 3.0）

限位螺钉与限位杆间隙（或节气门开度）	端子名称	电阻值
0mm	V_{TA}-E_2	0.36 ~ 6.30kΩ
0.45mm	IDL-E_2	0.50kΩ 或更小
0.55mm	IDL-E_2	∞
节气门全开	V_{TA}-E_2	2.40 ~ 11.20kΩ
—	V_c-E_2	3.10 ~ 7.20kΩ

(3) 电压的检查。插好节气门位置传感器上的电插，点火开关置于"ON"，用万用表电压挡检测电控单元（ECU）插接器上 IDL-E_2、V_c-E_2、V_{TA}-E_2 间的电压，数值应符合表 1-13 所示。

可变电阻式节气门位置传感器各端子间的电压　　　　表1-13

端　子	条　件	标准电压	端　子	条　件	标准电压
IDL-E_2	节气门全开	9～14V	V_{TA}-E_2	节气门全闭	0.3～0.8V
V_c-E_2	—	4.0～5.5V		节气门全开	3.2～4.9V

(4) 可变电阻式节气门位置传感器的调整。松动传感器上的两个固定螺钉,如图1-107a) 所示,在节气门限位螺钉和限位杆之间插入 0.50mm 厚薄规,同时用万用表电阻挡测量 "IDL" 和 "E_2" 的导通情况,如图1-107b) 所示。逆时针转动位置传感器,使怠速触点断开,再顺时针方向转动传感器,至怠速触点闭合为(由万用表显示),拧紧传感器上的两个固定螺钉。再先后用 0.45mm 和 0.55mm 的厚薄规插入节气门限位螺钉和限位杆之间,测量怠速触点 "IDL" 和 "E_2" 之间的导通情况。当厚薄规为 0.45mm 时, "IDL" 和 "E_2" 端子间应导通;当厚薄规为 0.55mm 时, "IDL" 和 "E_2" 端子间应不导通。否则,应重新调整节气门位置传感器。

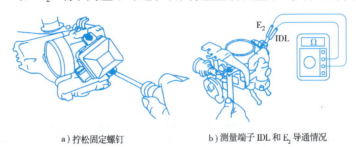

a) 拧松固定螺钉　　　　b) 测量端子 IDL 和 E_2 导通情况

图1-107　节气门位置传感器的调整

(5) 节气门位置传感器的示波器检测。按要求连接好示波器,点火开关置于 "ON",但发动机停转,将节气门转到全开的位置,然后再转到全关的位置(或将节气门由全闭的位置转到全开的位置)。开关式节气门位置传感器的波形如图1-108 所示。可变电阻式节气门位置传感器的波形如图1-109 所示。

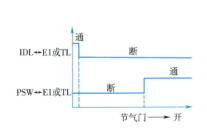

图1-108　开关式节气门位置传感器的波形　　　图1-109　可变电阻式节气门位置传感器的波形

3.1.5　曲轴位置、发动机转速传感器

曲轴位置传感器(也称曲轴转角传感器)是发动机电子控制系统最主要的传感器之一,它能提供点火和喷油时刻、确认活塞位置的信号,用于检测活塞上止点、曲轴转角及发动机转速。曲轴位置传感器分为磁脉冲式、光电感应式和霍尔式三大类,通常安装在曲轴前端、凸轮轴前

端、飞轮壳上或分电器内。

3.1.5.1 磁脉冲式曲轴位置传感器的检测

以丰田2JZ—GE型发动机电子控制系统中使用的磁脉冲式曲轴位置传感器为例讨论其检测方法，控制电路如图1-110所示。

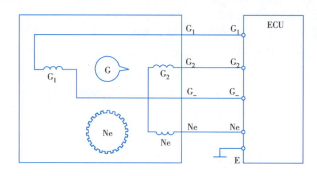

图1-110 曲轴位置传感器控制电路

（1）曲轴位置传感器的电阻检测。将点火开关置于"OFF"，拔下曲轴位置传感器上的电插，用万用表的电阻挡测量曲轴位置传感器上各端子间的电阻，电阻值应符合表1-14中的规定。如电阻值不在规定的范围内，需更换曲轴位置传感器。

曲轴位置传感器的电阻值　　　　　　表1-14

端　子	条　件	电阻值(Ω)	端　子	条　件	电阻值(Ω)
G_1-G-	冷态	125~200	Ne-G-	热态	160~235
	热态	160~235		冷态	155~250
G_2-G-	冷态	125~200		热态	190~290

（2）曲轴位置传感器输出信号的检查。拔下曲线位置传感器上的电插，当发动机转动时，用万用表的电压挡检测曲轴位置传感器上 G_1—G-、G_2—G-、Ne—G-端子间是否有脉冲电压信号输出。如没有脉冲电压信号输出，则须更换曲轴位置传感器。

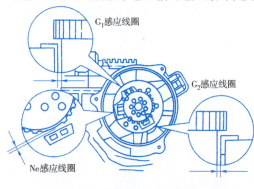

图1-111 感应线圈与正时转子间隙的检查

（3）感应线圈与正时转子间隙的检查。用厚薄规测量正时转子与感应线圈凸出部分的空气间隙，如图1-111所示，其间隙应为0.2~0.4mm。若不合要求，则须调整或更换分电器总成。

（4）磁脉冲式曲轴位置传感器的示波器检测。磁脉冲式曲轴位置传感器若以电压表测量，只能获得平均电压数值，而用示波器检测则能得到感应波形。图1-112所示是磁脉冲式曲轴位置传感器的波形。图中显示发动机转速881r/min时，频率为5.96Hz，峰值17.3V，脉宽158ms。

良好的波形在0V上下的幅值应基本一致，且随发动机转速增加而增大，幅值、频率和形状在确定的条件（等转速）下是一致的、可重复的、有规律的和可预测的。

用双通道示波器,可在显示屏上同时显示被检测的曲轴位置传感器和凸轮轴位置传感器两个波形,从而可检查凸轮轴与曲轴之间的正时关系。

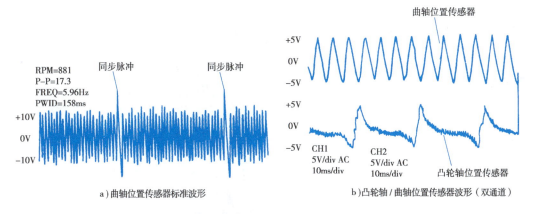

图 1-112　磁脉冲式曲轴位置传感器的波形

3.1.5.2　光电感应式曲轴位置传感器的检测

(1)曲轴位置传感器线束的检测。图 1-113 所示为韩国现代 SONATA 汽车光电感应式曲轴位置传感器电插的端子位置和检查方法。检查时,拔下曲轴位置传感器上的电插,将点火开关置于"ON",用万用表的电压挡测量线束侧 4 号端子与搭铁间的电压应为 12V,线束侧 2 号端子和 3 号端子与搭铁间电压应为 4.8~5.2V,用万用表的电阻挡测量线束侧 1 号端子与搭铁间应为 0Ω(导通)。

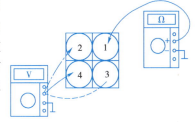

图 1-113　光电感应式曲轴传感器线束的测量

(2)光电感应式曲轴位置传感器输出信号的检测。用万用表的电压挡检测传感器侧 3 号端子和 1 号端子的电压,在起动发动机时,电压应为 0.2~1.2V。在起动发动机后的怠速运转期间,用万用表电压挡检测 2 号端子和 1 号端子电压应为 1.8~2.5V。否则应更换曲轴位置传感器。

(3)光电感应式曲轴位置传感器的信号波形。光电感应式曲轴位置传感器和凸轮轴位置传感器信号波形如图 1-114 所示。

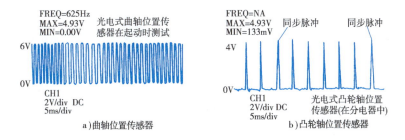

图 1-114　光电感应式传感器波形

3.1.5.3　霍尔式曲轴位置传感器的检测

霍尔式曲轴位置传感器是利用霍尔效应的原理,产生与曲轴转角相对应的电压脉冲信号的。它是利用触发叶片或轮齿改变通过霍尔元件的磁场强度,从而使霍尔元件产生脉冲的霍尔电压信号,经放大整形后即为曲轴位置传感器的输出信号。

霍尔式曲轴位置传感器的检测方法有一个共同的特点,即主要通过测量有无输出脉冲信号来判断其工作性能是否良好。下面以北京切诺基的霍尔式曲轴位置传感器为例来说明其检测方法。

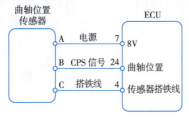

图1-115 霍尔式曲轴位置传感器控制电路

曲轴位置传感器的控制电路如图1-115所示。3个端子分别为:电源、信号和搭铁。当飞轮齿槽通过传感器时,霍尔传感器输出脉冲信号,高电位为5V,低电位为0.3V。

(1)传感器电源电压的测试。将点火开关置于"ON",用万用表电压挡测量ECU一侧7号端子与搭铁之间的电压应为8V,在传感器导线连接器"A"端子处测量电压也应为8V,否则为电源线断路或接头接触不良等。

(2)端子间电压的检测。用万能表的电压挡,对传感器的ABC三个端子间进行测试,当点火开关置于"ON"时,A-C端子间的电压值约为8V;B-C端子间的电压值在发动机转动时,应在0.3~5V之间变化,且数值显示呈脉冲性变化,最高电压5V,最低电压0.3V。如不符合以上结果,应更换曲轴位置传感器。

(3)电阻的检测。将点火开关置于"OFF",拔下曲轴位置传感器上的电插,用万能表电阻挡跨接在传感器一侧的端子A-B或A-C间,此时万用表应显示读数为∞(开路),如果指示有电阻,则应更换曲轴位置传感器。

(4)霍尔式曲轴位置传感器的示波器检测。霍尔式曲轴位置传感器的信号波形如图1-116所示。

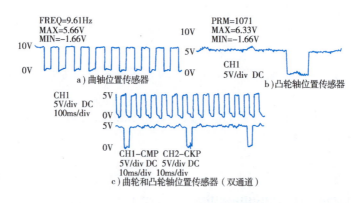

图1-116 霍尔式曲轴位置传感器的信号波形

3.1.6 氧传感器

氧传感器的基本电路图1-117所示。

3.1.6.1 氧传感器加热器电阻的检测

点火开关置于"OFF",拔下氧传感器上电插的,用万用表电阻挡测量氧传感器接线端中加热器端子与搭铁端子间的电阻(图1-118),其电阻值应符合标准值(一般为4~40Ω;具体数值参见具体车型的说明书),否则,应更换氧传感器。

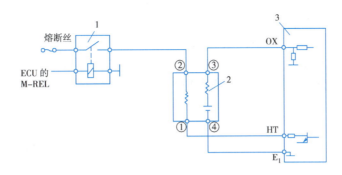

图 1-117 氧传感器的基本电路图
1-主继电器;2-氧传感器;3-发动机 ECU

3.1.6.2 氧传感器信号电压的检测

点火开关置于"OFF",拔下氧传感器上的电插,从氧传感器信号电压的输出端引出一导线,然后插好电插,起动发动机,从引出线上测量信号电压。某些车型也可以从故障诊断插座内测得氧传感器的反馈电压,如丰田汽车公司生产的轿车,可以从故障诊断插座内的 OX_1 或 OX_2 插孔内直接测得氧传感器的信号电压(丰田 V6 发动机两侧排气管上各有一个氧传感器,分别和故障诊断插座内的 OX_1 和 OX_2 插孔连接)。在对氧传感器的信号电压进行检测时,最好使用指针型的电压表,以便直观地反映出信号电压的变动情况,应采用低量程(通常为 2V)和高阻抗的电压表。

3.1.6.3 丰田 V6 发动机氧传感器信号电压的检测

(1)将发动机热车至正常工作温度(或起动后 2500r/min 的转速连续运转 2min)。

(2)把电压表的负表笔接故障诊断插座内的 E_1 插孔或蓄电池负极,正表笔接故障诊断插座内的 OX_1 或 OX_2 插孔或氧传感器电插上的引出线(图 1-119)。

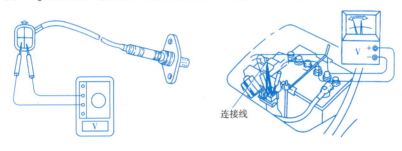

图 1-118 氧传感器加热器电阻的测量　　图 1-119 氧传感器信号电压的测量

(3)让发动机以 2500r/min 左右的转速保持运转,同时检查电压表指针能否在 0~1V 之间来回摆动,记下 10s 内电压表指针摆动次数。在正常情况下,随着反馈控制的进行,氧传感器的信号电压将在 0.4V 上下不断变化,10s 内反馈电压的变化次数应不少于 8 次。

(4)若电压表指针在 10s 内的摆动次数等于或多于 8 次,说明氧传感器及反馈控制系统工作正常;电压表指针若在 10s 内的摆动次数少于 8 次,则说明氧传感器及反馈控制系统工作不正常,可能是氧传感器表面有积炭而使灵敏度降低,此时应让发动机以 2500r/min 的转速运转 2min,以清除氧传感器表面的积炭,若电压表指针变化依旧缓慢,则为氧传感器或 ECU 反馈控制电路有故障。

3.1.6.4 氧传感器的示波器检测

（1）氧化锆式氧传感器。若汽车排放或行驶性能出现异常，可首先用示波器检测氧传感器的信号波形。氧化锆式氧传感器的波形如图 1-120 所示。起动发动机，传感器输出电压逐渐达到 450mV 时，系统进入闭环控制（图 1-120a）。带加热器的氧传感器从冷车到进入闭环状态需 23s。图 1-120b）所示为良好的氧传感器信号波形。

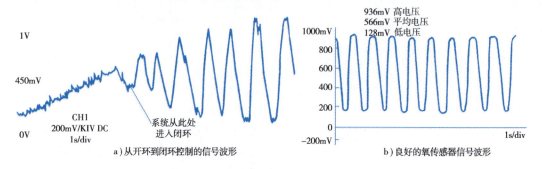

图 1-120　氧化锆式氧传感器的信号波形

用急加速的方法可判定氧传感器的性能，方法如下。

① 发动机运转到正常温度，稳定怠速；

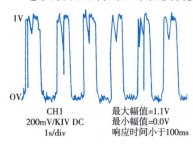

图 1-121　急加速测试氧传感器的信号波形

② 在 2s 内将加速踏板从怠速加至节气门全开（发动机转速一般不超过 4000r/min），再立即放开加速踏板使节气门全闭，连续 5~6 次，可得到如图 1-121 所示的波形。

急加速波形上升，急减速波形下降。图 1-121 中最大幅值应达 800mV 以上，最小幅值应小于 200mV，响应时间应小于 100ms，峰—峰值信号电压至少应大于 450mV，说明传感器性能良好。

有主、副两个氧传感器的汽车，分别安装在三元催化转换器的前后，提供净化之前和净化之后的氧含量。主氧传感器用作空燃比控制的反馈信号，副氧传感器用于测试催化净化的效率，图 1-122 所示为主、副氧传感器正常和非正常的信号波形，当催化器净化效率降低时，副氧传感器的信号幅值将增大。

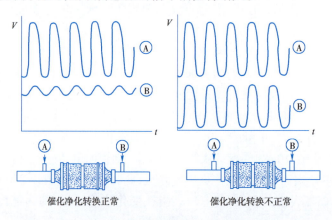

图 1-122　主、副氧传感器的信号波形

(2) 氧化钛式氧传感器。氧化钛式氧传感器信号波形如图 1-123 所示。传感器信号在 0~5V 间变化，与氧化锆式氧传感器的输出电压信号相反，混合气浓时信号电压低，混合气稀时信号电压高。

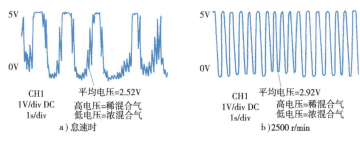

图 1-123 氧化钛式氧传感器信号波形

3.1.7 爆震传感器

以丰田 2JZ—GE 型发动机为例，介绍爆震传感器的检测方法和检测内容。传感器控制电路如图 1-124 所示。

(1) 爆震传感器电阻的检测。将点火开关置于"OFF"，拔下爆震传感器上的电插，用万用表电阻挡检测爆震传感器的接线端子与外壳间的电阻，应为 ∞（不导通）；否则须更换爆震传感器。对于磁伸缩式爆震传感器，还可应用万用表电阻挡检测线圈的电阻，其阻值应符合规定值（具体数值见具体车型维修手册），否则更换爆震传感器。

(2) 爆震传感器输出信号的检查。拔下爆震传感器上的电插，在发动机怠速时用万用表电压挡检查爆震传感器的接线端子与搭铁间的电压，应有脉冲电压输出。否则，应更换爆震传感器。

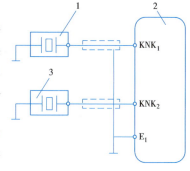

图 1-124 爆震传感器的控制电路
1-1 号爆震传感器；2-电控单元；3-2 号爆震传感器

(3) 爆震传感器的示波器检测。当发动机产生敲缸、振动、爆震时，爆震传感器输出波形的峰值电压和频率将会突然增加，爆震波形如图 1-125 所示。

示波器检查爆震传感器的方法是：将点火开关置于"ON"，不起动发动机，用金属物敲击传感器附近的缸体，示波器上应有一突变波形，敲击力越大，峰值也越大，如图 1-126 所示。若波形显示为一条直线，说明爆震传感器没有信号输出，应检查导线和爆震传感器本身的性能。

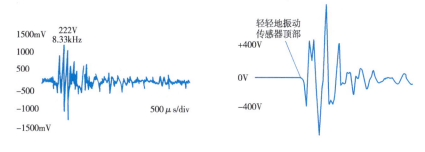

图 1-125 爆震传感器波形　　图 1-126 轻击爆震传感器产生的波形

3.1.8 各种开关信号

3.1.8.1 车速传感器的测试

车速传感器的作用是用来测量汽车的行驶速度。车速信号主要用于发动机怠速和汽车加速、减速期间的空燃比控制。

常见的车速传感器有两种：一种是舌簧开关型车速传感器，装在组合仪表内，其结构如图1-127所示，磁铁由转速表的软轴驱动，舌簧开关相对固定，永久性磁铁随软轴一起转动。软轴转一圈磁铁的极性变换4次，而极性的变换使舌簧开关的触点不断打开与闭合，从而将汽车的行驶速度转变成为电信号输送到电控单元。车速传感器的控制电路如图1-128所示。

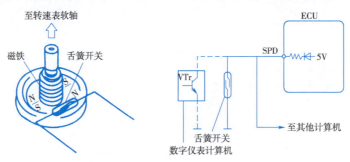

图1-127 舌簧开关型传感器　　图1-128 舌簧开关型传感器控制电路

另一种是光电耦合型车速传感器，装在组合仪表内，由装在转子上的光栅和光电耦合器组成，转子由转速表软轴驱动。当转子转动时，光栅间断地遮挡发光二极管光源，使光敏三极管的输出电压发生变化，软轴转一圈，输出20个脉冲，经分频后变为4个脉冲，送给电控单元。

车速传感器的检测：如指示表工作不正常，先检查车速表电路。找出ECU连接器，用电压表测量SPD端电压。将换挡杆置于"N"挡，慢慢转动驱动车轮，测量电压值应时而低电平（小于0.8V），时而高电平（大于4.5V）交替变化。

3.1.8.2 起动信号的测试

起动信号（STA）用来判断发动机是否处于起动状态。在起动时，进气管内混合气流速慢、温度低、汽油雾化差。为了改善起动性能，在起动发动机时必须使混合气加浓。ECU利用STA信号，确认发动机处于起动状态，自动增加喷油量。下面以皇冠3.0轿车为例，介绍起动信号的测试方法。

图1-129所示为皇冠3.0轿车的起动电路图，STA信号和起动机的电源连在一起，由空挡起动开关控制。

起动信号的检测方法：当点火开关位于起动位置"STA"时，用万用表电压挡检测ECU的STA与E_1端子间的电压（图1-130），其标准电压值应为6~14V。

3.1.8.3 驻车/空挡开关信号（NSW）

在装有自动变速器（A/T）的汽车中，电控单元利用驻车/空挡信号来区别变速器是处于"P"或"N"（停车或空挡），还是处于"L"、"2"、"D"或"R"状态（行驶状态）。NSW信号主要用于怠速系统的控制。其电路如图1-131所示。

当点火开关在ST位置时，空挡起动开关NSW端与蓄电池正极相连。若自动变速器处于"L"、"2"、"D"或"R"等行驶挡位时，空挡起动开关断开，NSW端是高电位；若自动变速器处于

"P"或"N"挡位时,空挡起动开关闭合,由于起动机的阻抗很小,NEW 端是低电位。

检测方法:在检测空挡起动开关信号时,可用万用表电压挡测量 NSW 与 E_1 端的电压。当点火开关位于"ST"位置,变速器操纵手柄置于"L"、"2"、"D"或"R"挡位时,NSW-E_1 端子之间的电压降低,说明空挡起动开关损坏。亦可用万用表电阻挡测量空挡起动开关两端子间的导通性,在变速操纵手柄置于"P"或"N"位时,应导通;在变速操纵手柄置于"L"、"2""D"或"R"挡位时,应不导通。否则,更换空挡起动开关。

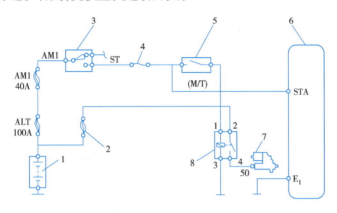

图 1-129　皇冠 3.0 轿车的起动电路图

1-蓄电池;2-主易熔线;3-点火开关;4-起动机继电器熔断丝;5-空挡起动开关(自动变速器);6-发动机(含自动变速器)ECU;7-起动机;8-起动继电器

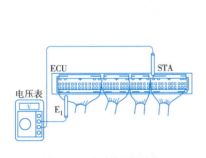

图 1-130　起动信号的检查

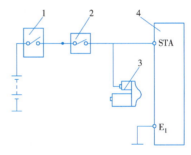

图 1-131　空挡起动开关信号电路

1-点火开关;2-空挡起动开关;3-起动机;4-电控单元

3.1.8.4　动力转向压力开关信号的测试

动力转向压力开关用于有动力转向系统的车上,一般是安装在动力转向系统的高压回路中,其工作电路如图 1-132 所示。当转向泵高负荷或发动机低转速,转向系统的压力高于 $1896kPa \pm 1kPa$ 时,其动力转向压力开关闭合,向电控单元输入一个信号,此时如果是停车状态或发动机怠速运转,ECU 将通过怠速步进电机提高发动机的转速,以防止发动机在增加负荷时熄火。

检测方法:拔开动力转向压力开关连接器,在转向泵高

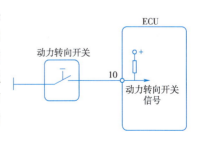

图 1-132　动力转向压力开关信号电路

负荷或发动机低转速时,用万用表测动力转向压力开关能否接通。

3.1.8.5 空调需求信号的测试

空调需求信号(A/C)用来检测空调压缩机是否工作。

空调信号与空调压缩机电磁离合器的电源接在一起,电控单元根据空调开关信号确认空调压缩机是否工作,进而控制发动机的怠速和怠速时的点火提前角等。如空调工作,则应适当增加发动机的怠速转速。

检测方法:接通点火开关,并起动发动机。用电压表测量电控单元 A/C 端子的电压。当空调开关接通时,测量电压值应低于 2V;断开时电压值应为 5V。测量电压值正常,则表明空调开关信号线路正常。关闭点火开关,卸下空调控制部件和其上的电插。接通点火开关,测量该电插上端子 MGC 的电压,正常值应为 4~6V。若电压值正常,则应检查或更换空调控制部件。

3.1.8.6 制动器开关信号

制动器开关信号,表示制动器是否工作(接通或断开)的信号。电控单元将根据此信号进行一系列的控制(包括电控发动机和自动变速器等方面)。制动器开关信号电路如图 1-133 所示(切诺基越野车)。

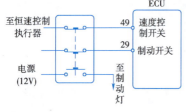

图 1-133 制动器开关信号电路

当驾驶员踏下制动踏板时,制动器开关的中间触点断开,信号送到 ECU,ECU 即认为是减速工况,并通过怠速步进电机,使怠速保持在预置转速;当驾驶员踏下制动踏板时,如果巡航系统在工作,则巡航控制系统即被解除;另外,当驾驶员踏下制动踏板时,制动灯电路被接通,制动灯点亮。

检测方法:用万用表测量制动器开关三对触点在踏下和抬起制动踏板时的通断情况,从而判断制动器开关的好坏。

3.2 电控发动机的故障诊断与排除

3.2.1 故障码的读取与清除

3.2.1.1 自诊断系统组成及警告灯的功能

电控发动机自诊断系统可以监测、诊断发动机控制系统的工作情况及工作中出现的故障。当发动机检测到来自传感器和执行器的故障信息时,立即将"CHECK ENGINE"警告灯点亮,同时将故障信息以故障码的形式存入 ECU 的存储器中。对车辆进行检修时,可通过一定的程序将存储器中的故障信息(即故障码)读出,协助维修人员判断故障的类别和范围,以便及时进行维修。

不同的电控汽油发动机系统,其故障码的读取和清除方法也不同,但自诊断系统组成基本相同,主要由电控单元、"CHECK ENGINE"警告灯、触发器和显示器件等所组成。

"CHECK ENGINE"警告灯的功能是:

(1)检查功能:当接通点火开关时,警告灯应点亮。起动发动机转速高于 500r/min 时,警告灯应熄灭。此时说明指示灯显示正常,发动机工作无故障。

(2)警告显示功能:当电控单元的任何一个输入、输出信号出现故障时,警告灯点亮,告知驾驶员电控系统出现故障。

(3)闪烁输出故障码:在一些电控汽油发动机上,储存在存储器中的故障码,通过一定的读取程序输出,由警告灯以闪烁的形式显示出来。

自诊断系统按照触发和显示方式的不同可进行如下分类:

(1)按触发方式的不同有:跨接"诊断插座"触发、按压"诊断按钮"或拧动"诊断开关"触发、点火开关"通—断"触发、空调控制面板触发。

(2)按显示方式的不同有:灯光闪烁显示式、数字显示式、电压脉冲显示式。

3.2.1.2　自诊断系统的工作原理

电子控制系统工作时,正常的输入、输出信号都是在规定范围内变化。当某一电路出现异常值或输入电控单元不能识别的信号时,电控单元就可以判定为发生故障。如发动机冷却水温度传感器正常工作时,水温工作范围设定在 -30~120℃(各车可能有所不同),其输出电压值在 0.3~4.7V 范围内变化,如图1-134所示。当水温传感器发生故障(断路或短路)时,水温传感器向电控单元输出的信号电压就会小于0.3V 或大于4.7V。检测到信号电压超出规定范围时,即判定为水温传感器信号电路有故障,并以代码的形式将此故障存储的储存器中。再如发动机正常工作中,ECU 在 1min 以上检测不到氧传感器的信号或氧传感器信号在 0.3~0.6V 之间 1min 没有变化,即判断为氧传感器电路有故障,并设定一故障码。

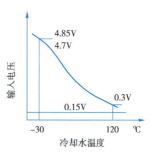

图1-134　冷却水温度传感器信号特征

对执行器的故障进行诊断,多数需要增加专用电路来监测执行器的工作信息,图1-135所示为点火系控制电路中电子点火器的故障诊断示意图。

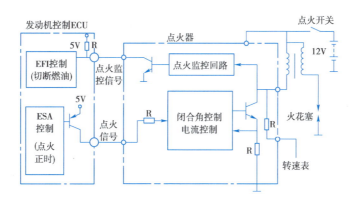

图1-135　电子点火器故障诊断示意图

当电子点火器回路中的功率三极管不能正常工作时,点火器内的点火监视器就不能得到功率三极管的正常工作信号(不断地交替导通与截止),因此,点火监视器就不能把正常信号反馈到电控单元。如果电控单元得不到点火器的反馈信号(IG_f),就判定为点火系统发生故障。此时 ECU 发出指令控制喷油器停止喷油。

发动机在正常工作中,如果偶然出现一次不正常的信号,电控单元自诊断系统不会判断为故障。只有当不正常信号持续一定时间或多次出现时,才判定为故障。如发动机转速在1000r/min 时,转速信号(Ne信号)丢失 3~4 个脉冲,ECU 不会判定为转速信号故障,警告灯也不会点亮,转速信号的代码同样也不会存入储存器中。

故障信号的出现,不只是与传感器或执行器本身出现的故障有关,而且还与相应的配线电路有关。因此,在查找故障原因时,除了查找传感器之外,还要查找线束、插接件以及传感器与ECU之间的有关电路。

3.2.1.3 几种典型车辆故障码的读取与清除

(1) 丰田(TOYOTA)系列汽车。

丰田(TOYOTA)系列汽车都设置了使用方法基本相同的电控发动机自诊断系统。故障码是通过触发诊断插座中的指定端子,由"CHECK ENGINE"灯的闪烁读取的,"CHECK ENGINE"灯的闪烁情况如图1-136所示。诊断插座安装在发动机舱内或驾驶室内的仪表板下。诊断插座的结构如图1-137所示。故障码的读取方法有两种,下面分别叙述如下。

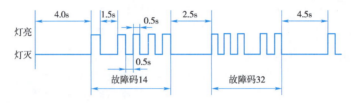

图1-136 丰田(TOYOTA)系列汽车"CHECK ENGINE"灯的闪烁情况

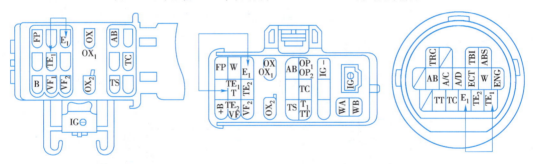

图1-137 丰田(TOYOTA)系列汽车诊断插座及触发形式

① 普通方式读取故障码。

a. 将点火开关置于"ON",不起动发动机。

b. 用自诊断连接线(SST)短接诊断插座中的"TE_1"和"E_1"端子。

c. 根据"CHECK ENGINE"灯的闪烁特征读取故障码。

若在电控单元中记录有多个故障码,不管故障发生的先后次序如何,故障码总是从小到大依次输出。若电子控制系统中未出现故障,触发自诊断系统后,"CHECK"灯将一直闪烁,灯光闪烁及间隔时间为0.25s。

d. 完成检查后,拆下诊断跨接线。

② 试验方式读取故障码。

与普通读取码的方式相比,试验方式检测故障的能力和灵敏度较高。它还能检测起动信号、节气门怠速触点信号、空调信号和空挡开关信号等。而且普通方式中可以检测到的项目,在试验方式中同样可以检测到。

试验方式是在汽车运行状态下读取故障码,其程序如下。

a. 关闭点火开关后,用自诊断连接线跨接诊断插座中的"TE_2"和"E_1"端子。

b. 将点火开关置于"ON",此时"CHECK ENGINE"故障指示灯将快速闪烁(灯光闪烁及间隔时间为0.13s)。

c. 起动发动机,模拟驾驶员所描述的故障状态行驶,车速不低于10km/h。

d. 路试之后,用自诊断连接线再跨接诊断插座中的 TE_1 和 E_1 端子,即"TE_1"、"TE_2"和"E_1"端子相互短接,如图1-138所示。

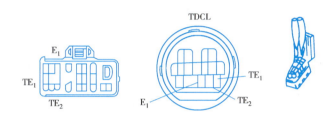

图1-138 TE_1、TE_2 和 E_1 三端子相互短接

e. 根据"CHECK ENGINE"灯的闪烁特征读取故障码。

若在电控单元中记录有多个故障代码,不管故障发生的先后次序如何,故障码总是从小到大依次输出。若电子控制系统中未出现故障,触发自诊断系统后,"CHECK ENGINE"灯将一直闪烁,灯光闪烁及间隔时间为0.25s。

f. 完成检查后,拆下诊断跨接线。

注意事项:

a. 如果在点火开关接通的情况下,将"TE_2"和"E_1"端子短接,那么,"试验方式"的测试将不能开始;

b. 道路试验时,如果车速低于5km/h,读取故障码"42"(车速信号)属正常现象;

c. 当发动机未起动时,读取故障码"43"(起动信号)也属正常现象。

③故障码的清除。

故障码的清除方法是:关闭点火开关,从配电中心拔下"EFI"熔断丝,或拆下蓄电池负极搭铁线10s以上,均可将存储器中的故障码清除。但后种方法将会使时钟和音响等装置中存储的信息清除丢失。

(2)日产(NISSAN)系列汽车。

日产(NISSAN)系列汽车发动机故障码的读取方式有两种:一种是利用电控单元侧面指示灯的闪烁读取;另一种是利用仪表板上"CHECK ENGINE"灯的闪烁读取。故障码的显示方式不同,读取程序也不相同。下面对两种故障码的读取程序分述如下。

①利用电控单元侧面指示灯读取故障码。

在电控单元侧面有红、绿两个指示灯,故障码的读取方法为:

a. 将点火开关置于"ON"状态。

b. 将"TEST"开关拨至"ON"位置。

c. 直接由电控单元侧面指示灯的闪烁次数读取故障码,红灯闪烁次数为十位数;绿灯闪烁次数为个位数。

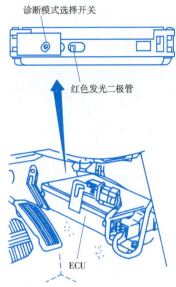

图 1-139 ECU 及诊断模式选择开关的安装位置

d. 将"TEST"开关拨至"OFF"位置,同时关闭点火开关,故障码即可被清除。

在电控单元侧面只有一红色发光二极管,另有一诊断模式选择开关,如图 1-139 所示。

故障码的读取方法为:

a. 将点火开关置于"ON"状态。

b. 用螺丝刀将诊断模式选择开关顺时针拧到底,2s 后再逆时针拧回原位,发光二极管闪烁输出故障码。较慢的闪烁为十位数,较快的闪烁为个位数。发光二极管的闪烁情况如图 1-140 所示。

c. 发光二极管将连续不断地循环闪烁示出 ECU 所储存的故障码。当故障码重复显示时,说明所储存的故障码已全部显示过。

d. 用螺丝刀将诊断模式选择开顺时针拧到底,15s 后再逆时针拧到底,2s 后将点火开关置于"OFF"状态,即可清除故障码。

② 利用仪表板上"CHECK ENGINE"灯的闪烁读取故障码。

a. 将点火开关置于"ON"状态。

b. 用自诊断连接线短接诊断插座上的"4"、"5"端子或"6"、"7"端子,2s 后切断,"CHECK ENGINE"灯即会闪烁输出故障码。诊断插座位于熔断丝盒的下面,有 12 孔或 14 孔两种,如图 1-141 所示。

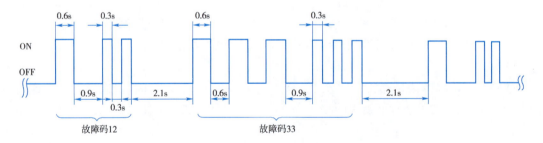

图 1-140 日产(NISSAN)汽车故障代码的显示

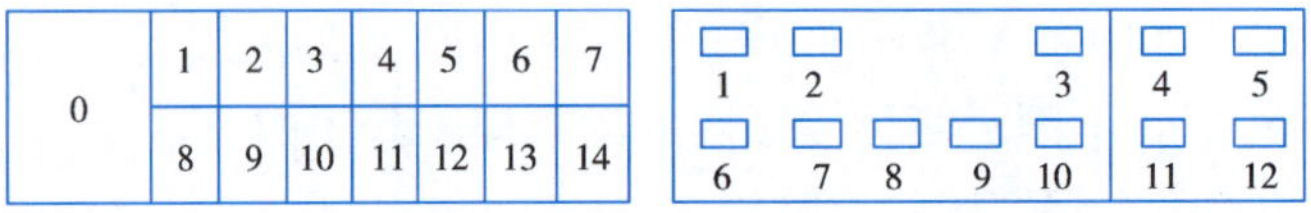

图 1-141 日产(NISSAN)汽车的诊断插座

c. 短接诊断插座上的"4"、"5"端子或"6"、"7"端子 15s 以上,将点火开关置于"OFF"状态,即可清除故障码。

(3) 韩国现代(HYUNDAI)轿车。

韩国现代(HYUNDAI)轿车故障码的读取方法如下。

①故障码的读取。

a. 将电压表或专用测试仪连接在自诊断插座上,自诊断插座是一个12孔插座,安装在仪表板左下侧。

b. 将点火开关置于"ON"状态,电压表即开始显示故障码,根据电压表指针摆动的次数读取故障码。例如:电压表指针摆动两次后,暂停一下,再摆动5次,即指示故障代码为"25"。若发动机电子控制系统工作正常,则电压表指针以固定的频率连续摆动。

c. 如有故障存在,电压表指针摆动显示故障码。如有多个故障存在,ECU则按一定的优先输出次序逐个显示故障码。

②故障码的清除。韩国现代(HYUNDAI)轿车故障码的清除方法为:拆除蓄电池负极搭铁线15s以上,即可清除故障码。

(4)福特(FORD)轿车自诊断系统。

福特(FORD)轿车自诊断系统的诊断模式分为KOEO(点火开关"ON",发动机不运转)和KOER(点火开关"ON",发动机运转)两种。故障码可通过电压表的摆动读取,也可利用发动机故障指示灯"CHECK ENGINE"的闪烁读取。

①故障码的读取。

a. 利用电压表读取故障码。首先将电压表的量程选择在"DC"0~15V,然后将电压表的正表笔与蓄电池的"+"极相连,电压表的负表笔与诊断插座的"STO"端子相连,如图1-142所示。选择并进入测试模式,用自诊断连接线短接诊断插的信号返回端子和自诊断输入接头"STI"。此时,电压表开始摆动指示故障码。如输出故障代码"121",电压表的指针摆动1次,停2s,再摆动2次,再停2s,再摆动1次,即表示故障码为"121"。若有多个故障码输出,代码与代码之间将间隔4s。

b. 利用故障指示灯"CHECK ENGINE"的闪烁读取故障码。仪表板上的故障指示灯"CHECK ENGINE"是与自诊断输出端"STO"相连的,因此,利用故障指示灯"CHECK ENGINE"读取故障码的方法同于电压表读取,只是将指示灯的闪烁看作电压表指针的摆动即可。

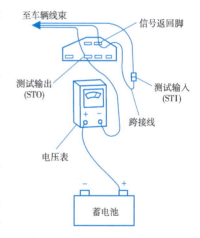

图1-142 福特(FORD)轿车故障码的读取

②故障码的清除。福特(FORD)轿车故障码的清除方法为:先将测试系统进入"KOEO"测试状态,当故障码刚要被显示时,立即拆下短接线,即可清除故障码。有时会因为拆线时机把握不好,需反复几次。

(5)宝马(BMW)轿车。

宝马(BMW)轿车的故障码均为4位,除12缸M70发动机外,第一位都是"1";12缸M70发动机的故障码第一位都是"2"。

①故障码的读取。

a. 将点火开关置于"ON",发动机不起动,在5s内踩加速踏板5次。

b. 故障指示灯"CHECK ENGINE"将先点亮5s,然后闪烁一次,继而开始闪烁输出故障码,故障码的位与位之间大约间隔 2.5s,一个故障码输出后,故障指示灯将常亮。每次只输出一个故障码。要输出下一个故障码,必须再次在 5s 内踩加速踏板 5 次。

c. 如果输出的第一个故障码是"1444"或"2444",说明无故障码输出。当输出代码为"1000"或"2000"时,表明故障码已全部输出。

②故障码的清除。宝马(BMW)轿车故障码的清除方法为:踩下加速踏板,使全负荷开关闭合 10s 以上,即可清楚故障码。

3.2.1.4　OBD—Ⅱ自诊断系统

电控发动机自诊断系统中均设有诊断插座,以供检修人员读取故障信息和数据资料。从上述内容中可以看出,诊断插座的外形、大小、端子数和在车上的安装位置因车型不同而异,在车辆检修时,从电控单元中读取故障码的程序和故障码的含义以及故障码的清除,各制造厂商的定义也不相同。基于以上原因,在检修车辆时,需要积累大量不同车型的资料、仪器及所配置的接口和软件等,给车检带来很大的不便。OBD—Ⅱ自诊断系统使电控发动机自诊断系统逐步走向统一。

20 世纪 90 年代初期,美国汽车工程师学会(SAE)提出了新一代随车自诊断系统 OBD—Ⅱ(On-Board Diagnostics)。该标准经美国环保局(EPA)和美国加州资源协会(CARA)认证通过。20 世纪 90 年代后期,在美国本土生产的汽车以及进口到美国的汽车,随车自诊断系统必须符合 OBD—Ⅱ的标准,由于美国的市场经济地位,该标准相对具有权威性,到目前为止,世界上各大汽车公司基本上全面采用了 OBD—Ⅱ自诊断系统。由于标准的统一,只需要通过一台仪器即可对各种车辆进行检修,从而提高了故障诊断的准确性和车辆的检修速度及检修质量。

OBD—Ⅱ自诊断系统主要有以下特点。

(1)采用统一形式的 16 端子诊断插座,并统一将诊断插座安装在驾驶室仪表板的下方。OBD—Ⅱ诊断插座的结构如图 1-143 所示。

图 1-143　OBD—Ⅱ诊断插座的结构

OBD—Ⅱ诊断插座中各端子所代表的含义如下表 1-15 所示。

OBD—Ⅱ诊断插座各端子代号的用途　　　　　　　表 1-15

端子	用途	端子	用途
1	制造厂用	9	制造厂用
2	美国款车诊断用	10	美国款车诊断用
3	制造厂用	11	制造厂用
4	直接在车身上搭铁	12	制造厂用
5	信号回路搭铁	13	制造厂用
6	制造厂用	14	制造厂用
7	欧洲款车诊断用	15	欧洲款车诊断用
8	制造厂用	16	接蓄电池"+"极

(2)采用统一含义的故障码。统一的故障码由4部分组成。

例如:P　　0　　1　　20

第一部分用英文字母表示:

P——发动机和变速器的控制电脑;

C——底盘的控制电脑;

B——车身控制电脑;

U——暂时未规定。

第二部分用数字表示:

0——美国汽车工程师学会(SAE)定义的故障码;

1,2,3,…,8——汽车制造厂自行定义的故障码。

第三部分用数字表示:

1和2——表示燃料和进气系统的故障;

3——表示点火系统的故障;

4——表示废气控制系统的故障;

5——表示怠速控制系统的故障;

6——电脑和执行元件的故障;

7和8——电控自动变速器系统的故障。

第四部分用数字表示:

01,02,03,…表示汽车制造厂对故障编制的顺序号。

(3)具有数据通信传输和分析功能DLC(Data Link Connector)。OBD-II配有两种标准型式的资料传输线:

ISO——欧洲统一标准,用"7"、"15"号端子;

SAE——美国统一标准,用"2"、"10"号端子。

利用OBD—II自诊断系统的DLC功能,能够了解该车型各种控制系统的有关资料,方便维修中资料的查找。

(4)OBD—II自诊断系统具有行车记录功能。检修人员从车辆上读取故障码,只能告知故障的性质和范围。利用OBD—II自诊断系统的行车记录功能,在提供故障码的同时,还能获得故障车辆行驶过程中的有关数据资料,通过与基本数据资料的对比,便可快捷的分析出故障原因。

(5)OBD—II自诊断系统具有利用仪器读取和清除故障码的功能。

(6)OBD—II自诊断系统具有记忆和重新显示故障码的功能。

3.2.1.5　备用功能

备用功能也称为备用系统。当电控单元内的微处理器控制程序出现故障时,电控单元把燃油喷射和点火正时控制在预定水平上,作为一种备用功能强制发动机工作,使车辆继续行驶。但备用系统只能维持基本功能,而不能保持正常的运行功能。

当电控发动机中的主要传感器出现故障时,如进气压力传感器信号电路断路或短路时,电控单元就不能检测发动机的进气量,因此,就无法计算喷油器的基本喷射时间,或者电控单元停止输出点火信号(IG_t信号),发动机将停止工作,造成车辆无法行驶。若此时汽车处于行驶途中,又远离维修服务站,将会使驾驶员和乘客陷入十分困难的境地。在这种情况下,为了使汽车能够继续行驶,可启动备用系统。

图1-144所示为电控单元备用系统的工作原理框图。

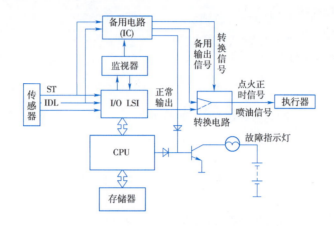

图1-144　电控单元(ECU)备用系统的原理框图

从图1-144中可以看出,电控单元备用系统为一专用的后备电路,由备用集成电路(IC)组成。当监视器监测出电控单元出现异常情况而满足启用后备系统的条件时,首先发动机故障灯"CHECK ENGINE"点亮,告诉驾驶员应及时将汽车送往维修站检修;与此同时,电控单元自动转换成简易控制的后备系统。后备系统只能维持基本功能,可使车辆能继续行驶,而不能保持正常运行的最佳状态。在简易控制中,ECU输出的燃油喷射信号和点火信号为一固定值,取代正常控制时的最佳喷射时间和最佳点火提前角,能够满足发动机继续运转即可。后备集成电路(IC),根据起动信号(ST)和怠速(IDL)触点状态,选择设定的固定数值。固定值的大小,取决于发动机的型号。

3.2.2　电控发动机的故障诊断与排除

3.2.2.1　电控发动机故障诊断的基本程序

电控发动机故障诊断的基本原则是从简到繁、由表及里,参照检测仪器提供的故障信息,结合具体车型,综合分析到故障排除。

故障诊断的基本程序如图1-145所示。

3.2.2.2　常见故障的检查与排除

(1)发动机不能起动。发动机不能起动故障的诊断步骤如图1-146所示。

(2)发动机冷车起动困难。冷起动困难的根本原因是混合气过稀或过浓。故障原因:冷起动喷油器不喷油、水温传感器及控制电路的故障、进气温度传感器及控制电路的故障、主喷油器雾化不良、进气管积炭、点火能量不够、火花塞或怠速控制阀故障等。诊断方法步骤如图1-147所示。

(3)发动机热车起动困难。发动机热车起动困难的根本原因是混合气过浓。故障原因:水温传感器及控制电路故障、进气温度传感器及控制电路故障、喷油器漏油或严重雾化不良、冷起动喷油器故障、怠速控制阀的故障、系统油压过高或点火系故障等。诊断方法步骤如图1-148所示。

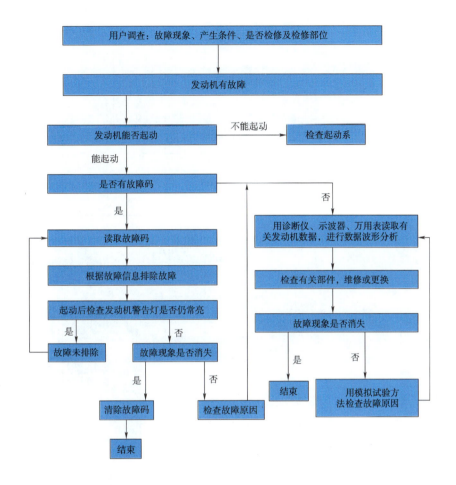

图 1-145　故障诊断的基本程序

(4)发动机怠速过低。发动机怠速与温度、负荷、换挡杆位置(自动变速器)及是否打转向(动力转向系统)有关。故障原因:怠速阀及控制电路故障、旁通空气道堵塞、节气门位置传感器信号不正确、空气流量计或进气压力传感器信号不良、氧传感器信号错误、系统油压过低、喷油器故障、点火不正时、真空管差错、废气再循环系统故障和发动机机械故障等。诊断方法步骤如图 1-149 所示。

(5)发动机怠速过高。发动机怠速过高主要是怠速时进气量过多或发动机控制信号错误。故障原因:进气温度传感器及控制电路故障、水温传感器及控制电路故障、节气门位置传感器及控制电路故障、空气流量计或进气压力传感器故障、怠速控制阀故障、节气门体故障、喷油器或 ECU 故障等。诊断方法步骤如图 1-150 所示。

(6)发动机怠速抖动不稳。诊断方法步骤如图 1-151 所示。

(7)发动机动力不足、加速不良。诊断方法步骤如图 1-152 所示。

(8)发动机减速或停车熄火。诊断方法步骤如图 1-153 所示。

(9)耗油量过大。诊断方法步骤如图 1-154 所示。

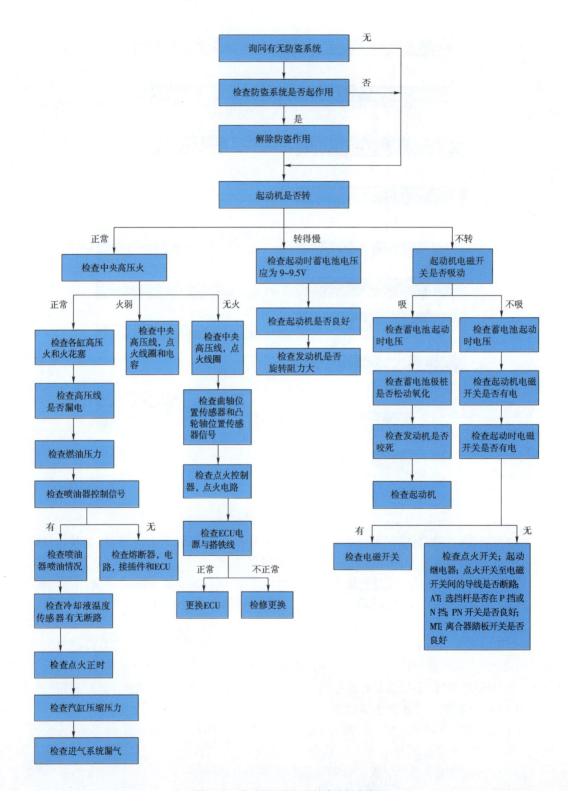

图 1-146 发动机不能起动故障诊断步骤

单元一 电控发动机的构造与维修

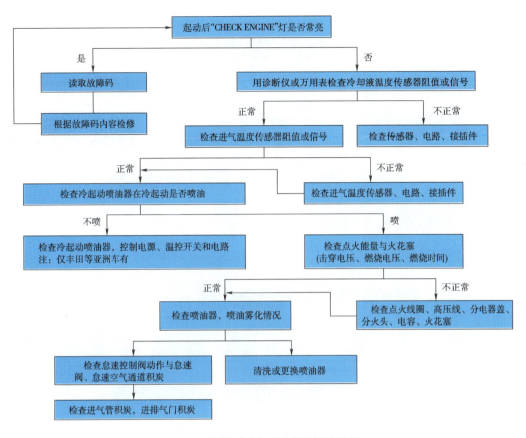

图 1-147　发动机冷车起动困难故障诊断步骤

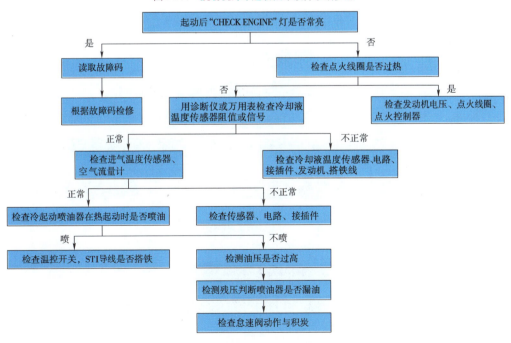

图 1-148　发动机热车起动困难故障诊断步骤

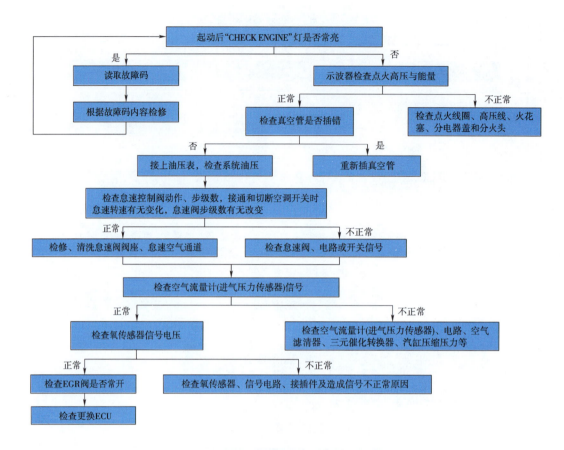

图 1-149　发动机怠速过低故障诊断步骤

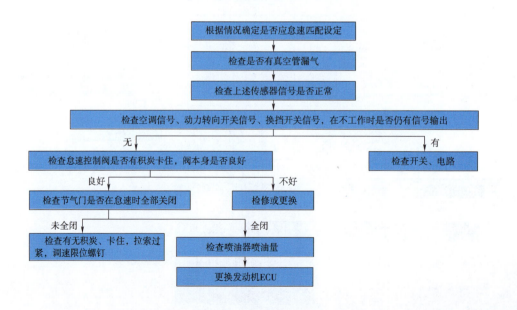

图 1-150　发动机怠速过高故障诊断步骤

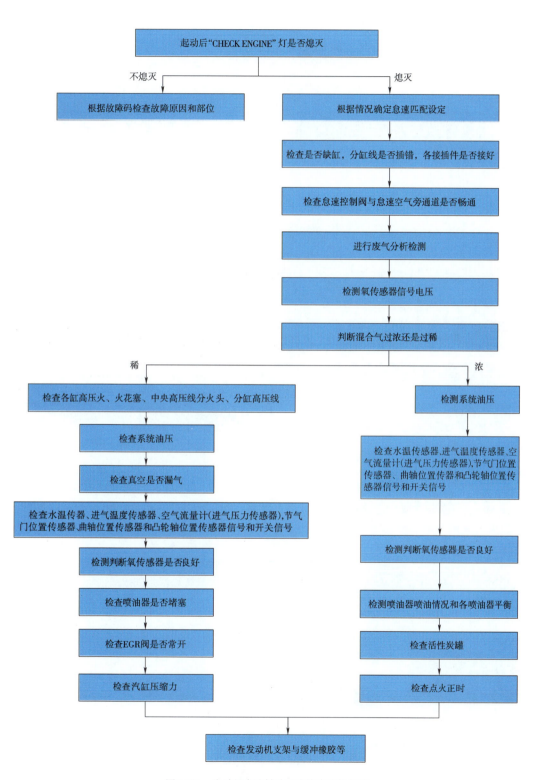

图 1-151　发动机怠速抖动不稳故障诊断步骤

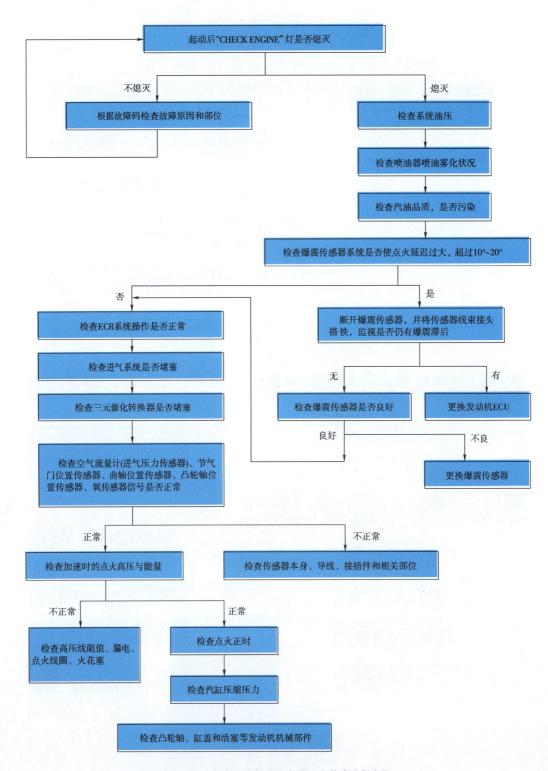

图1-152　发动机动力不足、加速不良故障诊断步骤

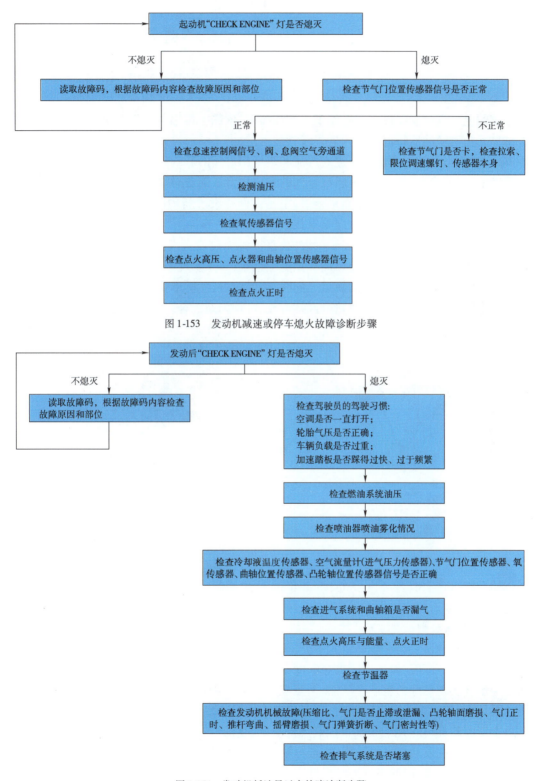

图 1-153　发动机减速或停车熄火故障诊断步骤

图 1-154　发动机耗油量过大故障诊断步骤

4 缸内喷射电控发动机的维修

4.1 缸内喷射技术概述

传统的电控汽油发动机采用缸外多点燃油喷射，依靠各传感器采集发动机相关工况参数，由控制单元控制喷油器将汽油喷入进气歧管。但是，由于喷射位置在缸外，距离燃烧室有一定的距离，汽油与空气的混合情况受进气气流和进气门启闭的影响较大，并且微小的油颗粒会吸附在管壁上，影响汽缸内最终的可燃混合气的形成质量。随着对能源和环保要求日趋严格，汽油机缸外多点燃油喷射技术难以满足要求，于是人们探索了新的高压缩比、稀薄燃烧、快速燃烧的方案，开发出了更为精确的缸内喷射技术。

缸内喷射就是将燃油喷嘴安装于汽缸内，直接将燃油喷入汽缸内与进气混合，如图1-155所示。喷射压力也进一步提高，使燃油雾化更加细致，真正实现了精准地按比例控制喷油并与进气混合，并且消除了缸外喷射的缺点。同时，喷嘴位置、喷雾形状、进气气流控制以及活塞顶形状等特别的设计，使油气能够在整个汽缸内充分、均匀地混合，从而使燃油充分燃烧，能量转化效率更高。

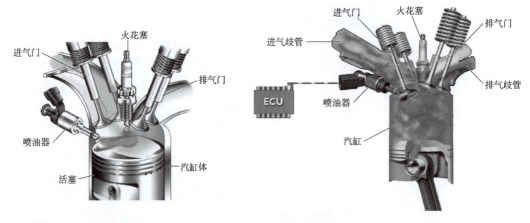

图1-155 汽油发动机缸内喷射

燃油分层直喷 FSI(Fuel Stratified Injection) 技术按照可燃混合气形成的控制方式可分为油束控制燃烧、壁面控制燃烧和气流控制燃烧三类。

4.1.1 油束控制燃烧系统

该系统的喷油器安装在燃烧室的中央，火花塞安装在喷油器附近，油束控制对空气的利用率依靠油束的贯穿深度，而油束的贯穿深度受喷油器的喷油压力控制。这种方式可以在低负荷的分层燃烧实现良好的燃油经济性，而当发动机处于中高负荷工况时，电控单元 ECU 调节高压油泵压力，使油束贯穿深度增大，从而实现均质加浓燃烧。

日本三菱的 GDI 采用的是油束控制燃烧系统，喷油器布置在汽缸顶部离火花塞和进气门都很近的地方。在发动机进气行程中，进行第一次喷油，喷油量少，在活塞向下运动到底部再向上进行压缩时，汽缸内的空气已经得到完全混合。但这时的混合气因为浓度太低而不能被点燃，预先达到这种浓度，是为第二次喷油点燃缸内气体，并充分燃烧做准备。当活塞即将到达上止点,喷油器开始第二次喷油,因为喷出的燃油是漏斗形,越是靠近喷油器的地方,浓度就越高,而火花塞离喷油器很近,此时在火花塞附近的混合气浓度比其他部位高,从而实现了不同区域出现不同浓度的混合气,也就是所谓分层。火花塞附近的混合气较浓,很容易被点燃,这部分点燃的气体会继续引燃剩余的混合气,从而达到分层点火燃烧的目的。

4.1.2 壁面控制燃烧系统

该系统的喷油器和火花塞相距较远,喷油器把燃油喷入活塞凹坑中,然后依靠进气流的惯性将可燃混合气送往火花塞。为了避免喷油器的温度过高,一般安置在进气门侧,活塞凹坑开口对向进气门,油气混合后直接流向火花塞。这种类型形成混合气的时间较长,易于形成较大区域的可燃混合气。

丰田 D—4 发动机采用的是壁面控制燃烧系统,在压缩行程末期燃油喷入深碗形活塞顶的燃烧室,与挤气涡流混合成层化,进行分层燃烧。

4.1.3 气流控制燃烧系统

该系统利用轮廓特殊的活塞表面形状形成的缸内气流和油束相互作用。特殊形状的进气道与喷油器成一定的夹角,给可燃混合气在汽缸内一定的回旋力,汽缸内形成的气流使油气不是直接喷向火花塞,而是在汽缸内形成涡流围绕火花塞旋转。这样就使大部分工况都能实行恰当的可燃混合气分层和均质化。

大众的 FSI 把喷油嘴安装在进气门附近上,同样是两次喷油,但喷油方向是对准活塞,而且在活塞上有 1 个 U 形槽,燃油喷射出来后,会随着凹槽转变方向,到达火花塞附近。因此,也实现了在火花塞附近形成较浓的可燃混合气,达到了燃油分层的目的。活塞上的 U 形槽,有助于产生更多的缸内涡流,使混合更充分。

4.2 缸内喷射技术的特点

采用缸内喷射技术的发动机,能够在火花塞点火之前把汽油直接喷射到燃烧室,同时在 ECU 的精确控制下,使可燃混合气体分层燃烧,既可保证火花塞稳定点火,又不至于造成过多 NO_x 生成和冒烟现象的发生,可使靠近火花塞的可燃混合气相对较浓,远离火花塞的可燃混合气相对较稀,从而更有效地实现"稀薄"点火和分层燃烧。

4.2.1 燃烧效率高

进气不加热提高了进气充量,在部分负荷时也没有因为要用节气门进行调节发动机的功率而减小了进气气阻。采用缸内直喷技术的汽油机的空燃比可以调节到 14.7∶1 以及更稀薄的状态,从而能够将发动机的燃料效率提高 20%。在分层充气工作模式下,燃烧主要在以火花塞为中心的区域内进行,减少了汽缸壁的热量损失,提高了热效率。在稀薄燃烧模式下,由于可燃混合气燃烧后在其周围有回流气体形成的隔热层,使得向缸壁传导的热量减少,能量转化率提高。

4.2.2 燃油经济性高

采用缸内直喷技术,燃油以细微滴状的薄雾方式进入汽缸,而不是以蒸汽的方式。这也就意味着当燃油雾滴吸收热量变为可燃蒸汽时,实际上对发动机的汽缸起到了冷却的作用。这种冷却作用降低了发动机对辛烷值的要求,所以其压缩比可以有所增加。采用较高的压缩比可以提高燃料的效率。同时,缸内直喷技术能够加快可燃混合气的燃烧速度,有利于废气再循环。让发动机燃烧非常稀薄的可燃混合气体也就意味着其每个燃烧行程燃烧的燃料量更少,因而产生的功率也就更小。当汽车在高速或高负荷下行驶时就会出现动力不足的情况,因此要配备一个电子系统,用以检测来自发动机的各种运转情况和探测驾驶员希望在高负载或高车速下操纵汽车,喷射脉冲就会提前在进气行程进行更多的燃油喷射,以确保提供高负荷时所需要的大功率。而在正常情况下,诸如城市市区的低负载驾驶工况,燃油在压缩行程延迟喷射,这时喷油系统提供极稀薄的可燃混合气分层,从而提高了发动机的燃油经济性。

4.2.3 对发动机排放的影响

缸内直喷技术对发动机的排放具有很重要的影响。当较少的燃料在一个富氧的环境中燃烧时,HC 和 CO 的产生量会大大减少。另一方面,NO_x 的产生却会有所上升。为了避免这个问题的发生,可以利用适当的废气再循环(EGR)来抑制 NO_x 产生。一般采用了 30% 的 EGR 率,并配置了 NO_x 存储式催化净化反应器,通过这些措施可以使发动机的尾气排放得到很好的控制。

4.3 缸内喷射供油系统的组成

缸内喷射供油系统主要由供油单元(电动汽油泵)、输油管、燃油滤清器、高压燃油泵、燃油分配管(油轨)、喷油器等组成,如图 1-156 所示。燃油箱内的供油单元(电控燃油泵)为高压燃油泵提供一个稳定的油压,通常为 0.05~0.6MPa,油压相对较低,称为低压(供油)系统。高压燃油泵为系统提供一个 5~11MPa(取决于负荷和转速)的高压油,通过高压油道将燃油送入燃油分配管,分配管再将燃油分配给高压喷油器,油压较高,称为高压(喷油)系统。

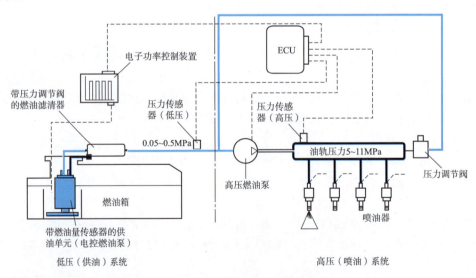

图 1-156 缸内喷射供油系统的组成

4.3.1 低压(供油)系统

燃油泵控制单元安装在燃油泵上面。通过脉宽调频信号来控制电控燃油泵的工作,低压供油系统的油压达到 0.4~0.7MPa。控制信号由发动机控制单元传给油泵控制单元,对于燃油泵的供油量是由发动机控制单元来控制的。

4.3.2 高压(喷油)系统

高压喷油系统的压力是根据发动机负荷和转速在 5~11MPa 之间调整。系统由带汽油低压传感器的高压泵、燃油压力调节阀、压力限制阀、高压油管、燃油分配管、汽油高压传感器、高压喷油器等组成,如图 1-157 所示。

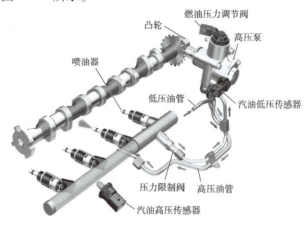

图 1-157 缸内喷射供油系统的组成

4.3.2.1 高压燃油泵

高压燃油泵由凸轮轴上的凸轮驱动,根据凸轮上的凸起数目,有两凸轮、三凸轮和四凸轮等几种类型。高压燃油泵的结构如图 1-158 所示。供油单元(电控燃油泵)给高压泵预供油,高压燃油泵产生燃油分配管内所需要的压力。圆柱挺杆驱动柱塞;高压管连接高压系统,为油泵出油口;回油管连接油泵的低压系统,在吸油行程进油,在回油行程回油;压力缓冲器会吸收高压系统内的压力波动;随着负荷的变化,需要的燃油量不同,发动机控制单元通过控制燃油压力调节阀,调节高压燃油泵的输出油压,调整供油量。单柱塞高压燃油泵内部构造如图 1-159所示。

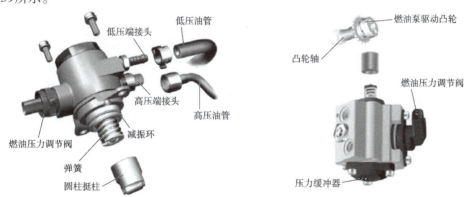

图 1-158 高压燃油泵

高压燃油泵内安装有限压阀,如图 1-160 所示,在发生燃油热膨胀和故障的时候,用于保护工作在高压部件。它是一个机械阀,在压力高于 14MPa 时打开。限压阀打开时高压端的燃油会进入高压泵的供油管内。

(1)高压燃油泵泵油过程。

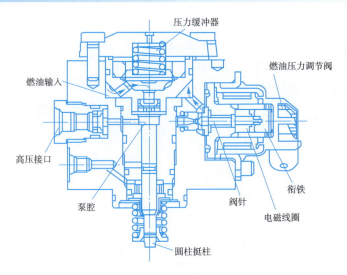

图 1-159　单柱塞高压燃油泵内部构造

泵柱塞向下运动时,油腔容积增大,燃油以最高 0.6MPa 的压力经进油单向阀进入泵腔。泵活塞向上运动时,油腔容积减小,燃油被压缩,当压力超过燃油分配管压力和出油单向阀弹簧压力时,高压燃油就被输送到燃油分配管内,如图 1-161 所示。

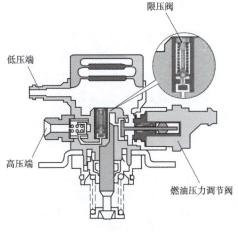

图 1-160　限压阀

（2）燃油压力的调节。

燃油压力的调节由发动机控制单元根据发动机工况和燃油分配管中的油压通过燃油压力调节阀控制。当压力超过设定的压力时,该阀在供油升程结束前开启,泵腔内的压力就会被卸掉,燃油流向泵的吸油一侧。出于安全原因,燃油压力调节阀为常开阀,在未通电时是打开的,线圈通电时产生磁场,阀就被压靠到阀座上,使阀关闭;压力高时,电磁线圈断电磁场消失,阀开启燃油被送回低压管路中,如图 1-162 所示。单向阀用于防止燃油分配管内的油轨压力卸掉。

4.3.2.2　燃油分配管

燃油分配管又称油轨,用来储存高压燃油,并将已经调整好的燃油压力分配给各个喷油器,如图 1-163 所示。燃油分配管内腔的大小应能补偿轻微的压力波动。燃油分配管是喷油器、燃油压力传感器、压力限制阀的安装支架。

4.3.2.3　燃油压力的监测

燃油分配管内的压力保持恒定对减少排放、降低噪声和提高功率有重要影响。发动机控制单元通过燃油压力传感器监测燃油分配管内燃油压力。燃油压力传感器安装在燃油分配管上,如图 1-164 所示,发动机控制单元提供 5V 电压。该传感器的核心就是一个钢膜,在钢膜上镀有应变电阻。高压燃油经压力接口作用到钢膜的一侧时,使钢膜弯曲,于是引起应变电阻的阻值发生变化,从而使信号电压发生变化,信号电压与燃油压力的关系如图 1-165 所示,发动机控制单元通过信号电压即可监测出燃油分配管内的燃油压力。

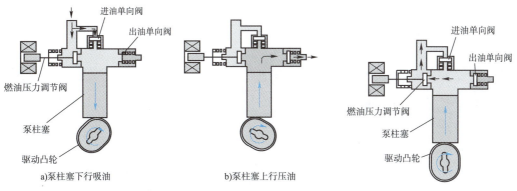

图1-161 泵油过程　　　　　图1-162 燃油压力的调节

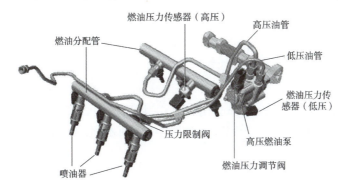

图1-163 燃油分配管

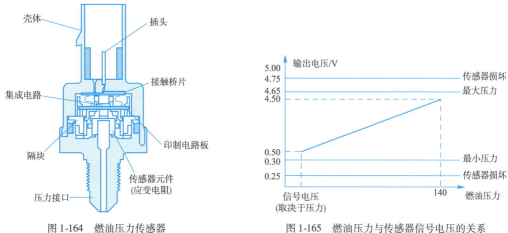

图1-164 燃油压力传感器　　　图1-165 燃油压力与传感器信号电压的关系

4.3.2.4 高压喷油器

高压喷油器的作用是计量一定量燃油,按照发动机做功顺序和喷油正时,定时定量地把燃油喷入燃烧室正确的喷射范围内,并使燃油精细雾化。喷油器的构造如图1-166所示,由带衔铁的阀针、阀座、电磁线圈、压力弹簧、供电接头、四氟乙烯密封圈等组成。发动机控制单元给电磁线圈通电建立磁场,使带衔铁的阀针上移打开出油孔,由于燃油分配管和燃烧室之间有压力差,在高压喷油器打开时燃油被直接喷入燃烧室。喷油阀是个单孔喷嘴,燃油喷束角为70°,喷束倾角为20°,如图1-167所示。

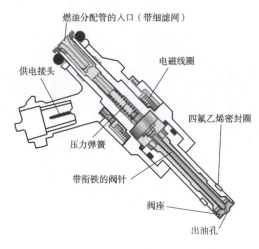

图 1-166 高压喷油器

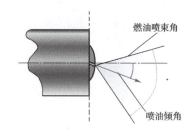

图 1-167 喷油器喷油束角与喷油倾角

4.4 缸内喷射供油系统的工作模式

FSI 发动机具有三种工作方式：分层充气模式、均质稀混合气模式、均质混合气模式。在发动机不同的工况下采用不同的工作模式，如图 1-168 所示，各工作模式的工作状况如表 1-16 所示。

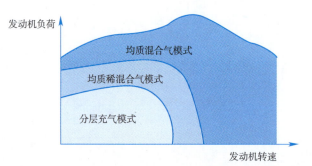

图 1-168 发动机不同负荷、转速下的工作模式

表 1-16 缸内直喷 FSI 系统各工作模式的工作状况

工作模式	分层充气	均质稀混合气	均质混合气
过量空气系数	1.6~3	约 1.55	1
进气翻板	关闭下通道	关闭下通道	中等转速和负荷时关闭 大负荷高转速时打开
节气门开度	最大开度	最大开度	根据负荷大小由驾驶员调节
混合气形成	可燃混合气聚集在火花塞周围，外层是新鲜空气和倒流的尾气	均匀的混合气分布在整个燃烧室内	均匀的混合气分布在整个燃烧室内
燃烧	可燃混合气被点燃，外层空气作为绝热层	在整个燃烧室内	在整个燃烧室内

4.4.1 分层充气模式
4.4.1.1 进气过程

节气门接近全开(节气门不能完全打开,因为总会保持一定的真空用于活性炭罐装置和废气再循环装置),进气歧管翻板将下部进气道完全关闭,吸入的空气经上部进气道加速流动,呈旋涡状流入汽缸内。活塞上的凹坑会增强这种涡旋流动效果,与此同时,节气门会进一步打开,以便尽量减小节流损失,如图1-169所示。

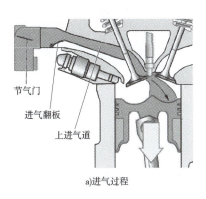
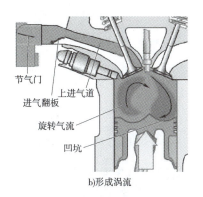

a)进气过程　　　　　　　　　　　b)形成涡流

图1-169　分层充气模式进气过程

4.4.1.2 喷油过程

在压缩行程上止点前约60°时,高压燃油以5～11MPa的压力喷入到火花塞附近。燃油喷射角非常小,燃油雾气不与活塞顶部接触,能够扩大分层充气模式的转速和功率范围,喷油结束于上止点前约45°,喷油时刻对混合气的形成有很大影响。由于燃油喷射角非常小,所以燃油雾气实际并不与活塞顶接触,如图1-170所示。

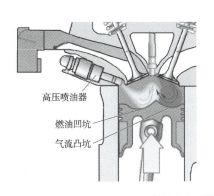
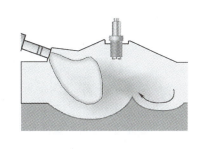

图1-170　分层充气模式喷油过程

4.4.1.3 混合气形成

在火花塞附近聚集了具有良好点火性能的混合气,过量空气系数为1.6～3,混合气形成只发生在40°～50°曲轴转角之间。如果曲轴角小于这个范围无法点燃混合气;如果曲轴角大于这个范围,形成均质混合气,如图1-171所示。

4.4.1.4 燃烧过程

如图1-172所示,在压缩行程中,混合气在火花塞周围被点燃,被点燃的混合气与汽缸壁之间会出现一个隔离用的空气层，它的作用是降低通过发动机缸体散发掉的热量，提高了热效率。发动机产生的扭矩可以通过喷油量来调节，进气量和点火角度对于扭矩影响很小。

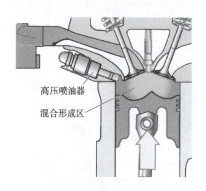 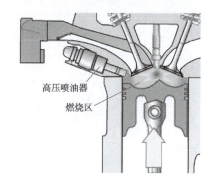

图1-171　分层充气模式混合气形成　　　　图1-172　分层充气模式燃烧过程

分层充气模式并不是在整个特性曲线范围内都能实现的。特性曲线范围受到限制，这是因为当负荷增大时，需要使用较浓的混合气，燃油消耗方面的优势也就随之下降了。另外当空燃比小于1.4时，燃烧稳定性就变差了，这是因为转速升高后，混合气准备时间就不足了，且空气的涡旋流动也对燃烧稳定性产生不利的影响。为了使发动机管理系统能够切换至分层充气模式，必须满足以下条件：

①发动机在相应的负荷和转速区域；
②系统中没有与排放系统有关的故障；
③冷却液温度必须超过50℃；
④氮氧化物催化转换器的温度在250～500℃范围内；
⑤进气道翻板必须保持关闭状态。

4.4.2　均质稀混合气模式

4.4.2.1　进气过程

与分层充气模式相同，节气门接近全开，进气歧管翻板将下部进气道完全关闭，吸入的空气经上部进气道加速流动，呈旋涡状流入汽缸内。活塞上的凹坑会增强这种涡旋流动效果，如图1-173所示。这时，阻碍燃烧的废气再循环（EGR）暂不进行。

4.4.2.2　喷油过程

在压缩行程上止点前约300°时喷入燃油，如图1-174所示。均质稀混合气模式是一种特殊的工作模式，像分层充气模式一样也只能在一定的转速范围内正常工作。

4.4.2.3　混合气形成

如图1-175所示，由于喷射较早，形成混合气的时间也就比较长，有利于形成均匀的稀混合气，因吸入的空气量超过燃油喷射量燃烧的需要，此时的过量空气系数约为1.55。

4.4.2.4　燃烧过程

均质稀薄燃烧，燃烧发生在整个燃烧室，如图1-176所示。

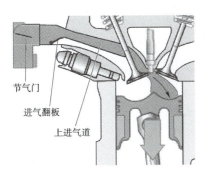

图 1-173　均质稀混合气模式进气过程

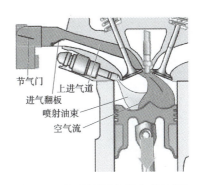

图 1-174　均质稀混合气模式喷油过程

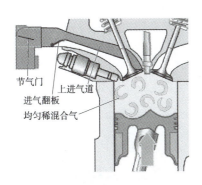

图 1-175　均质稀混合气模式混合气形成

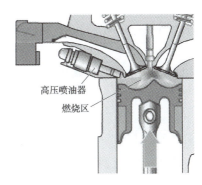

图 1-176　均质稀混合气模式燃烧过程

4.4.3　均质混合气模式

4.4.3.1　进气过程

节气门开度由驾驶员根据负荷通过加速踏板来控制,进气歧管翻板根据发动机负荷和转速打开或关闭,在中等负荷和转速范围时关闭,在发动机负荷较大且转速较高时,进气歧管翻板就会完全打开,于是吸入的空气就经过上、下进气道进入汽缸,如图 1-177 所示。

4.4.3.2　喷油、混合气形成及燃烧过程

如图 1-178 所示,与均质稀混合气模式相同,喷油发生在进气行程中,这样燃油和空气就有了更充足的时间来混合,并且可以利用空气的流动旋转的涡流来击碎燃油颗粒,使之混合更加充分。混合气过量空气系数为 1。

均质模式的优点在于燃油是直接喷入燃烧室内,而吸入的空气可抽走一部分燃油汽化时所产生的热量。这种内部冷却可以降低爆燃趋势,因此可以提高发动机的压缩比和热效率。在高负荷中所进行的均质理论空燃比燃烧中,燃油则是在进气行程中喷射。理论空燃比的均质混合气易于燃烧,不必借助涡流作用,因此,由于进气阻力减少,开关阀打开。而在全负荷以外,进行废气再循环,限制泵吸损失,采用直喷化可使压缩比提高到 12∶1,即使在均质理论空燃烧比混合气燃烧中,仍能降低燃油耗。

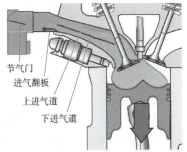

图 1-177　均质混合气模式进气过程

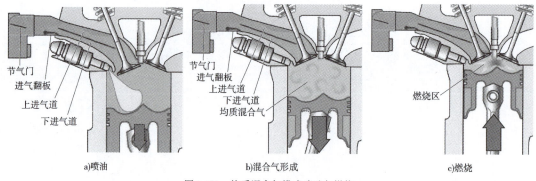

a) 喷油　　b) 混合气形成　　c) 燃烧

图 1-178　均质混合气模式喷油与燃烧

4.5　缸内喷射汽油发动机维修

以迈腾（Mogaton）B7L 1.8L TSI 四缸直喷式发动机为例介绍缸内喷射式汽油发动机的维修方法。

4.5.1　控制系统的组成

迈腾（Mogaton）B7L 1.8L TSI 四缸直喷式发动机控制系统的组成如图 1-179 所示。

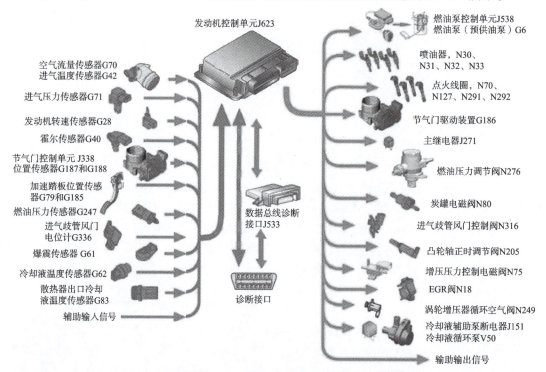

图 1-179　迈腾（Mogaton）B7L 1.8L TSI 四缸直喷式发动机控制系统的组成

迈腾（Mogaton）B7L 1.8L TSI 四缸直喷式发动机控制电路如图 1-180 所示。

（1）发动机控制单元 J623。它是发动机管理系统的控制核心，是一种电子综合控制装置。其作用是按照预置程序对发动机传感器输入的各种信息进行运算、处理、判断，然后输出指令，控制相关执行器动作，达到快速、准确、自动控制发动机工作的目的。安装位置位于前挡风玻璃下方，排水槽内中部，其外形如图 1-181 所示。

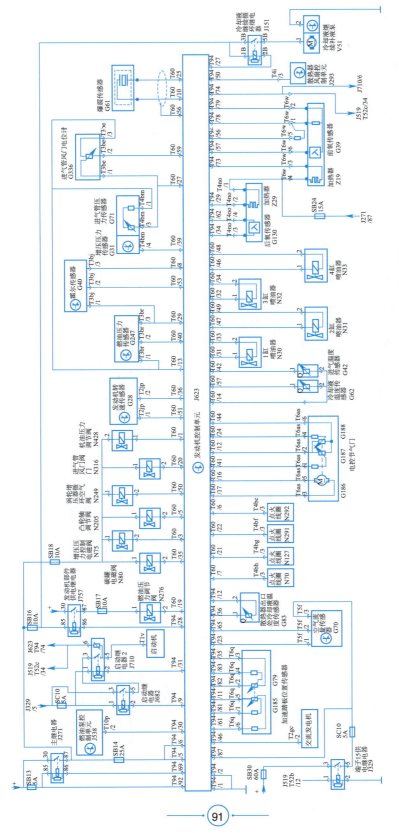

图1-180 迈腾（Mogaton）B7L 1.8L TSI 四缸直喷式发动机控制电路

图 1-181　发动机控制单元

(2) 燃油泵控制单元 J538。安装在电动燃油泵上面,其功能为:接收发动机控制单元 J623 传来的脉宽调制信号(PWM)来控制电动燃油泵,使低压燃油系统的油压达到 0.4~0.7MPa。

(3) 发动机转速传感器 G28。检测发动机转速和曲轴位置信号。

(4) 霍尔传感器 G40。检测发动机凸轮轴位置信号,与发动机转速传感器 G28 配合,控制喷油时刻和点火时刻。

(5) 燃油高压压力传感器 G247。检测燃油分配管内高压压力。

(6) 燃油低压压力传感器 G410。检测燃油系统低压压力。

(7) 增压压力传感器 G31。检测进气系统增压压力。

(8) 涡轮增压器循环空气阀 N249。发动机负荷减小时,保持增压器压力平衡,防止增压腔内压力背压过高。

(9) 增压压力控制电磁阀 N75。控制增压压力。

(10) 进气管压力传感器 G71。检测进气压力。

(11) 进气歧管风门控制阀 N316。控制进气歧管风门的位置。

(12) 进气歧管风门电位计 G336。检测进气歧管风门位置。

(13) 爆震传感器 G61。检测发动机爆震信号。

(14) 燃油压力调节阀 N276。调节燃油分配管中的燃油压力。

(15) 活性炭罐电磁阀 N80。接受发动机控制单元指令,控制活性炭罐到进气道的通道。

(16) 凸轮轴正时调节阀 N205。控制进气凸轮轴位置,调整进气配气相位。

(17) 带进气温度传感器 G42 的空气流量传感器 G70。检测进气量信号。

(18) 点火线圈 N70、N127、N291、N292。产生点火高压。

(19) 节气门驱动装置 G186。接受发动机控制单元指令,驱动节气门。

(20) 节气门位置传感器 G187、G188。检测节气门驱动装置电机的位置。

(21) 加速踏板位置传感器 G79、G185。检测加速踏板的位置信号。

(22) 冷却液温度传感器 G62。检测发动机冷却水温度信号,修正喷油量、点火时刻,控制散热风扇的依据。

(23) 散热器出口处冷却液温度传感器 G83。检测散热器出口处冷却液温度信号,与 G62 信号比较,反映了散热器的散热程度,进而控制散热风扇。

(24) 喷油器 N30、N31、N32、N33。接受发动机控制单元的指令,将燃油喷入汽缸内,并使燃油雾化。

4.5.2　燃油泵的检测

4.5.2.1　检测燃油泵功能和供电情况

(1) 检测条件:蓄电池电压不低于 11.5V;燃油泵控制单元 J538 以及熔断丝正常。

(2) 检测流程。

①将车辆诊断测试仪 VAS5051 连接到诊断接口上,如图 1-182 所示。

②点火开关置于 ON 位置。

③依次按下 VAS5051 显示屏上的"车辆自诊断"、"发动机电子装置"和"执行元件诊断"按钮。

④按下显示屏右侧的箭头键,直至显示燃油泵电子装置的执行元件诊断。

正常情况:燃油泵应慢慢加速,直至达到最高转速,运转噪声很小。

如果燃油泵不运转,拆下后排座椅,拔下燃油泵控制单元 J538 的插头连接,如图 1-183 所示。测量线束端插头的 1 和 6 端子间的电压。正常值为蓄电池电压。

如果电压不正常,则为电路故障,按电路图排除故障,燃油泵工作电路如图 1-184 所示。

如果电压正常,则取下燃油输送单元上的盖板和燃油泵控制单元 J538;检查插头连接是否牢固、燃油泵导线连接是否正常。如有异常,排除故障,并重新检测燃油泵功能。

如果检查正常,则更换燃油泵输送单元。

4.5.2.2 检测燃油压力

注意:燃油管路有压力,眼睛和皮肤接触燃油后可能受伤。操作时,应戴上护目镜并穿上防护服,以免受伤或与皮肤接触。松开软管连接前,应在连接处周围铺上抹布,然后小心地打开连接处,以卸除压力。

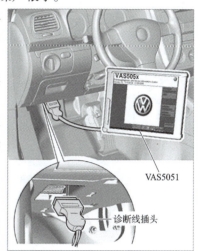

图 1-182　车辆诊断测试仪 VAS5051 连接

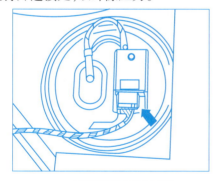

a)拔下燃油泵控制单元插头

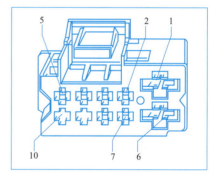

b)线束端插头

图 1-183　测量燃油泵控制单元供电情况

(1)检测条件:蓄电池电压不低于 11.5V;燃油滤清器正常;油箱储油量不少于 1/4;燃油泵功能正常。

(2)检测流程。

①按下解锁按钮,脱开燃油供油管路,如图 1-185 所示。

②用合适的适配转接头将压力测量仪 VAS6550(或用压力测量装置 V. A. G1318)连接到燃油供油管路上,如图 1-186 所示。将排放阀关闭 C,截止阀 A、B 打开。

③通过执行元件诊断触发燃油泵,建立燃油压力。

④读取压力表上的燃油压力,额定值应为 0.4~0.7MPa。

燃油压力正常时,检查保持压力。

燃油压力过高时,为压力限制阀损坏,将压力限制阀和燃油滤清器一起更换。

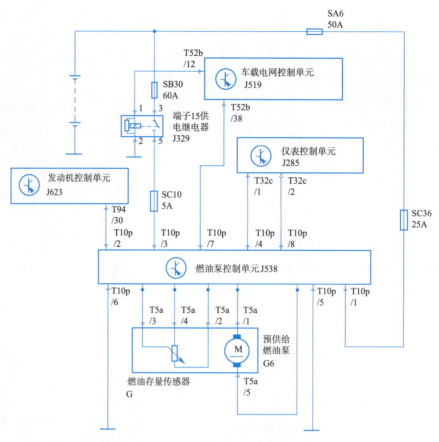

图 1-184 燃油泵工作电路

燃油压力过低时,检查燃油管路是否有弯折或堵塞,若管路正常,将压力限制阀和燃油滤清器一起更换。再重新检测压力,如果压力还是过低,则更换燃油输送单元。

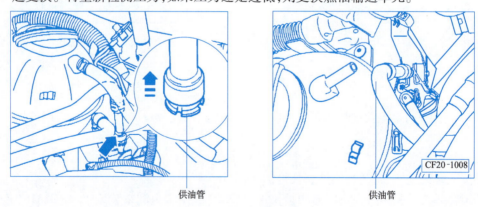

图 1-185 脱开燃油供油管路

4.5.2.3 检测燃油保持压力

检测流程:

①正确连接压力测量仪 VAS6550,如图 1-186 所示。

②通过执行元件诊断触发燃油泵,建立燃油压力。

③读取压力表上的燃油压力,额定值应为 0.4～0.7MPa。
④观察压力计上的压力变化。10min 后,压力不得降至 0.3MPa 以下。

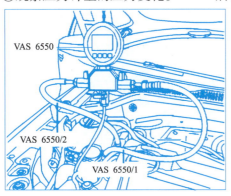
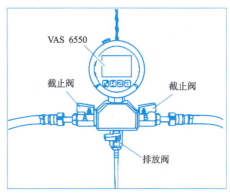

图 1-186　连接压力测量仪 VAS6550 到燃油供油管路上

如果压力下降至 0.3MPa 以下,说明燃油管路中有泄漏。再次建立燃油压力。建压后立即关闭截止阀 B,观察压力计上的压力变化。

压力不再下降,说明发动机侧有泄漏,检测连接高压泵的燃油管路。

压力再次下降,说明燃油箱侧有泄漏,检测燃油输送单元、燃油滤清器及相关燃油管路。

4.5.3　喷油器的拆卸

喷油器由燃油分配管压紧安装在汽缸盖上,而燃油分配器则安装在进气歧管上,装配关系如图 1-187 所示。

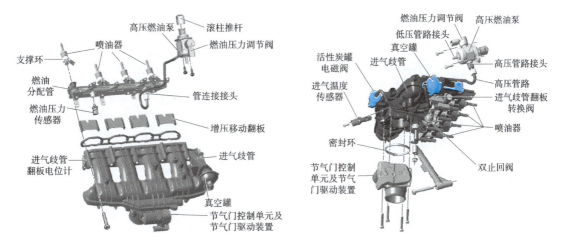

图 1-187　燃油分配器、进气歧管的装配关系

(1)将发动机盖罩从固定点(箭头)上松开,如图 1-188。
(2)拆卸空气滤清器。
(3)脱开活性炭罐的真空软管。
(4)脱开进气温度传感器、节气门控制单元、活性炭罐电磁阀、霍尔传感器等的插头连接。
(5)燃油系统泄压,松开低压油管卡扣及固定螺钉,如图 1-189 所示,从高压燃油泵上断开低压油管,在连接处预先防止抹布,以吸附残余的燃油。

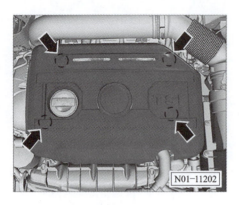

图1-188 拆下发动机盖罩

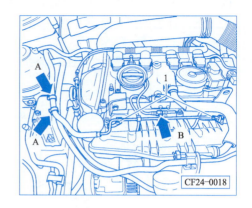

图1-189 断开低压油管

(6) 从高压燃油泵上断开高压油管。

(7) 拔下进气歧管翻板转换阀上的真空软管,并断开插头连接,如图1-190所示。

(8) 旋出进气歧管上冷却液管路螺钉。

(9) 拆下发电机。

(10) 拔下燃油压力传感器的插头连接。

(11) 拆卸节气门控制单元,如图191所示。

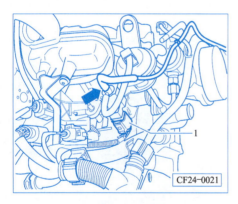

图1-190 进气歧管翻板转换阀

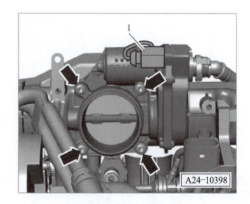

图1-191 拆下节气门控制单元

(12) 拆下进气歧管支架。

(13) 用机油滤清器扳手3417拆下机油滤清器,如图1-192所示。

(14) 松开进气歧管上的电缆,旋出进气歧管固定螺钉,将带有燃油分配管的进气歧管小心地向上拔出一些,如图1-193所示。脱开进气歧管翻板电位计的插头连接,取下进气歧管。用一块干净抹布盖住进气歧管管道。

喷油器可能会卡在燃油分配管内,可将喷油器从燃油分配器管道内小心地拉出即可。

如果喷油器卡在汽缸盖内,将其拆下来需要专用起拔器。

(15) 喷油器的装配关系如图1-194所示,拔下喷射阀上的电气插头连接,拆下支撑环内,以便可以将拉出工具导入到喷射阀的切口中。

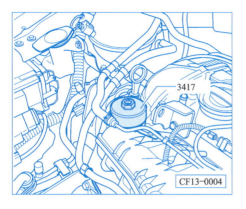

图 1-192　拆下机油滤清器

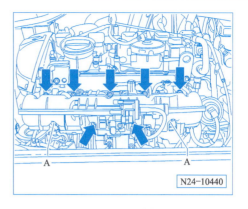

图 1-193　松开进气歧管固定螺钉

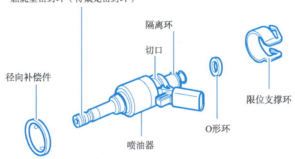

图 1-194　喷油器的装配关系

（16）将起拔器 T10133/2A 卡入喷油器的切口中。将 T10133/3-1 用螺栓连接到 T10133/2A 上。如图 1-195 所示。

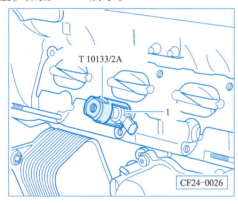

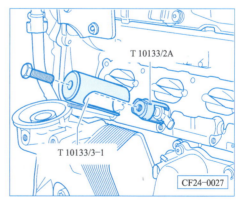

图 1-195　安装喷油器拆卸工具

（17）用扳手沿箭头方向轻轻旋转螺栓,直至拉出喷油器,如图 1-196 所示。

4.5.4　更换燃烧室密封环(特氟龙密封环)

原则上在重新安装高压喷油器之前须更换燃烧室密封环。

（1）将旧的燃烧室密封环小心地用合适的工具拆下(例如用刀片切开环并用一把小螺丝刀撑开环,然后向前取出)。同时,务必注意不要损坏喷油器凹槽和凹槽底内的连接片。如果凹槽被损坏,喷油器必须被更换。

(2) 在安装新的燃烧室密封环前,必须清除掉密封环凹槽和喷油器上的积炭。

(3) 将装配楔 T10133/5 连同一个新的燃烧室密封环放在喷油器上,如图 1-197 所示。

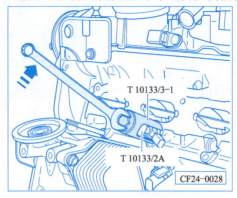

图 1-196　拆出喷油器

(4) 将燃烧室密封环用装配套管 T10133/6 继续推到装配楔 T10133/5 上,直到燃烧室密封环卡在密封环槽内。如图 1-198 所示。注意,不得使用润滑剂。

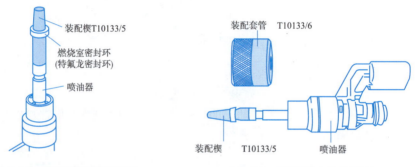

图 1-197　更换燃烧室密封环(1)　　　　图 1-198　更换燃烧室密封环(2)

(5) 轻压校准套管 T10133/7 并旋转(约 180°)将其推过喷油器直至止挡位置,如图 1-199 所示。按相反方向将校准套管 T10133/7 旋下。

(6) 轻压校准套管 T10133/8 并旋转(约 180°)将其推过喷油器直至止挡位置,如图 1-200 所示。按相反方向将校准套管 T10133/8 旋下。

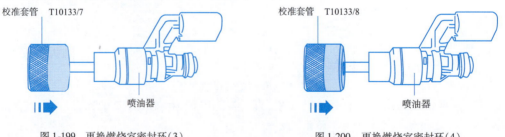

图 1-199　更换燃烧室密封环(3)　　　　图 1-200　更换燃烧室密封环(4)

(7) 更换喷油器上的 O 形环。在安装之前用清洁的发动机润滑油浸润 O 形环。

(8) 安装喷油器前用尼龙刷 T10133/4 彻底清洁喷油器安装孔,如图 1-201 所示。

(9) 在喷油器上重新安装支撑环,并将径向补偿件卡在喷油器上,如图 1-202 所示。

单元一　电控发动机的构造与维修

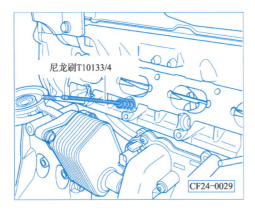

图 1-201　清洁喷油器安装孔

图 1-202　安装支撑环和径向补偿件

（10）将喷油器用芯棒 T10133/9 推至汽缸盖内安装孔内的止挡位置。注意汽缸盖内喷油器的位置是否正确,如图 1-203 所示。

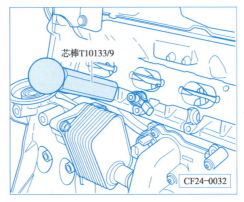

图 1-203　安装喷油器

其他安装步骤大体按照拆卸的相反顺序进行。

在安装过程中一定要注意以下几点：

①将高压喷油器的 O 形环用清洁的机油浸润,以便轻松地将其导入到燃油分配管中。

②更换所有密封件。

③燃油分配管必须安装在喷油器上并被均匀地压入。

思考与练习

一、判断题（正确打 √、不正确打 ×）

1. 电控发动机主要由电控单元、传感器和执行器三部分组成。　　　　　　　　　　（　　）
2. 缸外喷射比缸内喷射需要的喷射压力大。　　　　　　　　　　　　　　　　　　（　　）
3. 同时喷射的性能比顺序喷射性能好。　　　　　　　　　　　　　　　　　　　　（　　）
4. 分组控制点火系中,高电压同时击穿两个缸的火花塞,实现两个缸同时点火。　　（　　）
5. 关闭点火开关后,步进电机将退回 125 步,使怠速阀全开。　　　　　　　　　　（　　）

6. 通过旁通空气道的新鲜空气没有计量。（   ）
7. 三元催化转换器可促使CO、HC的氧化，也能促使NO_x的还原。（   ）
8. 活性炭罐是为了消除汽油蒸发对空气造成污染而设置的。（   ）
9. 冷却液、进气温度传感器的信号，既影响发动机的怠速，又影响发动机的动力性和经济性。（   ）
10. 不同形式的空气流量传感器，其性能检测方法和检测内容相同。（   ）
11. "四端子"式节气门位置传感器实质上是一可变电阻。（   ）
12. 测量节气门位置传感器各端子之间的电压，需将点火开关置于"ON"。（   ）
13. 发动机ECU可根据曲轴位置传感器信号确定发动机转速。（   ）
14. 冷却液温度正常后，氧传感器信号的变化10s内不少于8次。（   ）
15. 故障排除后，不清除故障码，不影响正常行车。（   ）
16. 缸内喷射与缸外喷射相比，喷射压力进一步提高，使燃油雾化更加细致，真正实现了精准地按比例控制喷油并与进气混合。同时，喷嘴位置、喷雾形状、进气气流控制，以及活塞顶形状等特别的设计，使油气能够在整个气缸内充分、均匀的混合，从而使燃油充分燃烧，能量转化效率更高。（   ）
17. 燃油分层直喷技术按照可燃混合气形成的控制方式可分为油束控制燃烧、壁面控制燃烧和气流控制燃烧三类。（   ）
18. 采用缸内喷射技术的发动机，能够实现"稀薄"点火和分层燃烧。（   ）
19. 用缸内直喷技术的汽油机将空燃比始终调节到理论空燃比14.7:1的状态，从而能够将发动机的燃料效率提高。（   ）
20. 采用缸内直喷技术，不利于废气再循环，使NO_x排放有所上升。（   ）
21. 高压燃油泵的限压阀，在发生燃油热膨胀和故障的时候，用于保护工作在高压部件。限压阀打开时高压端的燃油会进入高压泵的供油管内。（   ）
22. 高压燃油泵的燃油压力调节阀，在未通电时关闭，通电时打开。（   ）
23. 均质混合气模式下进气歧管翻板始终关闭下部进气通道。（   ）
24. 如果排放系统有故障或冷却液温度过低，发动机就无法进入分层充气模式。（   ）
25. 分层充气工作模式中，混合气在火花塞周围被点燃，被点燃的混合气与气缸壁之间会出现一个隔离用的空气层，它的作用是降低通过发动机缸体散发掉的热量，提高了热效率。（   ）

二、选择题

1. "D"型电控发动机对空气的计量是（   ）。
   A. 直接计量　　　　B. 间接计量　　　　C. 混合计量
2. 电动汽油泵的控制形式有（   ）。
   A. 四种　　　　　　B. 三种　　　　　　C. 两种
3. 电控发动机对喷油和点火时刻控制的主要根据是（   ）信号。
   A. 曲轴位置传感器　B. 空气流量传感器　C. 进气压力传感器
4. 闭合角越大，点火系初级电流越大，点火电压高，点火能量大。在讨论该问题时，（   ）同学说得对。

A. 甲说闭合角越大越好

B. 乙说闭合角越小越好

C. 丙说甲乙都不对

5. EGR 系统是将部分废气引到汽缸内,从而可降低( )的排放量。

　　A. CO　　　　B. HC　　　　C. NO_x　　　　D. CO_2

6. 二次空气喷射是将新鲜空气再次喷到( ),从而减少 CO 和 HC 的排放量。

　　A. 进气道内　　　　B. 进气门背后　　　　C. 排气门背后或排气道内

7. 冷却液和进气温度传感器性能检测内容,( )说法正确。

　　A. 甲说有参考电压和信号电压

　　B. 乙说有信号电压和电阻特性

　　C. 丙说三项内容均检测

8. OBD-II 诊断座是( )孔的。

　　A. 16　　　　　　　B. 14　　　　　　　C. 10

9. 为了减少 NO_x 的排放,下列是缸内直喷发动机的正确措施的有( )。

A. 采用了 50% 以上的 EGR 率

B. 采用 NO_x 存储式催化净化反应器

C. 采用三元催化转换器

10. 缸内喷射供油系统高压为( )。

　　A. 0.4~0.7MPa　　　B. 50~110MPa　　　C. 5~11MPa

11. 分层充气模式中的进气歧管翻板的状态为( )。

　　A. 下部进气道完全关闭

　　B. 上部进气道完全关闭

　　C. 上下气道均打开

12. 均质稀混合气模式中的燃油喷射为( )。

　　A. 在压缩行程上止点前约 60° 时开始,上止点前约 45° 时结束

　　B. 在压缩行程上止点前约 300° 时喷入

　　C. 进气门打开时开始,进气行程结束时喷油结束

13. 检测迈腾(Mogaton) B7L 1.8L TSI 四缸直喷式发动机的燃油保持压力,正确的为( )。

　　A. 保持 10min 后,压力不得降至 0.3MPa 以下

　　B. 保持 5min 后,压力不得降至 0.4MPa 以下

　　C. 保持 15min 后,压力不得降至 500MPa 以下

14. 在重新安装高压喷油器时,燃烧室密封环( )。

　　A. 以防止密封不良,必须使用原密封环

　　B. 如果原密封环完好,可不必更换;如果原密封件损坏,则需要更换

　　C. 必须更换新密封环

15. 喷油器上的 O 形环( )。

　　A. 不得使用润滑剂浸泡

B. 在安装之前用清洁的发动机润滑油浸润

C. 在安装之前用清洁的汽油浸润

三、简答题

1. 电控发动机有哪些优点?
2. 电控单元是怎样实现对喷油量控制的?
3. 电控发动机对点火系主要有哪些控制内容?
4. 电控单元是如何判断爆震现象和爆震强度的?
5. 无分电器点火(DLI)系有哪些优点?
6. 电控点火系中,高压二极管的作用是什么?
7. 汽车在什么条件下需要快怠速?
8. 进气控制主要有哪些系统?
9. 电控发动机常见的故障有哪些?
10. 简述电控发动机耗油量大故障的诊断方法步骤。
11. 简述节气门位置传感器的调整方法步骤。
12. 简述丰田系列汽车电控发动机人工读取与清除故障码的方法步骤。
13. 导致电控发动机热车起动困难的原因有哪些?
14. 简述发动机动力性差、加速不良故障的诊断方法步骤。
15. 简述电磁式曲轴位置传感器性能的检测内容和检测方法。
16. 试分析电控发动机冷起动困难的原因。
17. 简述电控发动机故障诊断的基本方法步骤。
18. 简述燃油分层直喷技术的分类及各类型的工作特点。
19. 缸内喷射供油系统的主要组成有哪些?
20. 简述高压燃油泵的作用及工作过程。
21. 高压喷油器的作用是什么?组成结构如何?
22. 简述FSI发动机的工作方式。
23. 发动机管理系统能够切换至分层充气模式,必须满足的条件是什么?
24. 简述缸内直喷式发动机燃油泵的检测过程。
25. 简述缸内直喷式发动机喷油器的更换步骤。

单元二　电控自动变速器的构造与维修

学习目标

知识目标

1. 简单描述电控自动变速器各个传感器、电控执行器、控制单元的结构、类型和常见车型电控自动变速器型号；
2. 正确描述液力变矩器、油泵、行星齿轮机构、离合器、制动器、阀体总成等元件的结构和工作原理；
3. 正确描述电控自动变速器的检测及一般故障的诊断与维修方法。

能力目标

1. 能够对自动变速器的各个元件进行拆装、检验、装配、调整；
2. 能够完成自动变速器常见检测项目的作业；
3. 能够进行自动变速器一般故障的诊断与排除。

1　概　　述

自动变速器能够根据发动机的功率大小及车速的高低，实现适时自动换挡。它完成了从液控到电控，由三速到四速，甚至六速、七速的发展历程。本单元将对典型电控自动变速器的结构及维修进行介绍。

1.1　电控自动变速器的组成

电控自动变速器通常由液力变矩器、行星齿轮变速系统、换挡执行器、液压自动操纵系统和电子控制系统五部分组成。图 2-1 所示为典型的汽车 4 挡后驱电控自动变速器结构。

1.1.1　液力变矩器

液力变矩器能将输入轴的转矩连续自动地传给输出轴，安装于变速器行星齿轮变速系统的输入端，通过驱动盘固定在发动机曲轴的后端，主要由泵轮、涡轮、导轮、单向离合器、锁止离合器和壳体组成，内部充满变矩器油液（ATF），如图 2-2 所示。它实质上是一个能无级（连续）地进行变矩的液力自动变速装置。

1.1.1.1　工作过程

液力变矩器的涡轮、泵轮和导轮都装于密闭的变矩器壳体中，泵轮由发动机驱动，引导液体冲击涡轮叶片，驱动涡轮轴转动，涡轮轴和变速器输入轴相连。导轮通过导轮轴固定在变矩

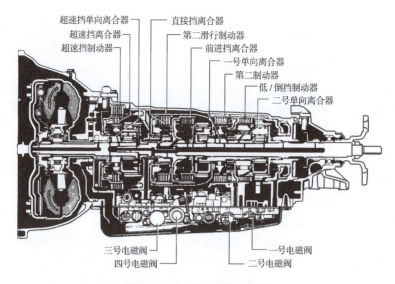

图 2-1　电控自动变速器总体结构

器外壳上（或通过单向离合器固定在变矩器壳上）而悬浮在泵轮与涡轮之间，导轮与泵轮、涡轮的叶片端面留有一定间隙。为保证变矩器的性能和 ATF 的良好循环，泵轮、涡轮、导轮的叶片都弯成一定的弧度并径向倾斜排列。图 2-3 所示为变矩器的三个元件结构及内部液体流动方向。

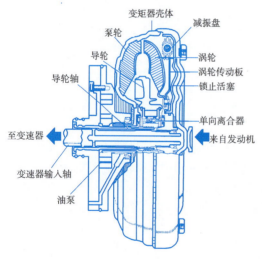

图 2-2　变矩器结构图

液力变矩器以液体（ATF）作为介质，传递和增大来自发动机的转矩，其工作过程如下。

发动机起动后，输入轴（曲轴）开始旋转，带动泵轮旋转，因旋转产生的离心力使泵轮叶片间的 ATF 沿叶片从内缘向外缘甩出；接着又由于泵轮和涡轮转速差引起泵轮叶片外缘与涡轮叶片外缘产生了压力差，ATF 便从液压高的泵轮叶经外缘流进涡轮叶片外缘。同时，泵轮旋转也使得其叶片带动 ATF 随工作轮做圆周运动，这一圆周运动使 ATF 流进涡轮时的方向改变，从而冲击涡轮叶片，推动涡轮绕泵轮同一方向旋转。从泵轮流出的 ATF 进入固定不动的导轮，经导轮叶片改变方向后回流至泵轮，推动泵轮叶片，促使泵轮旋转，使转矩增大。然后又重复上述过程，如此循环不已，传递转矩。

由上述液力变矩器的工作过程可知，变矩器内 ATF 除有绕变矩器轴的圆周运动外，还有在叶片通道中沿箭头方向的循环流动（图 2-3），所以能将转矩传至涡轮。导轮能改变从涡轮回流至泵轮的 ATF 方向，使 ATF 冲击泵轮叶片的背面，促使泵轮旋转，泵轮将来自发动机和从涡轮回流至泵轮的合成转矩传递至涡轮，使涡轮输出转矩增大，即泵轮将输入转矩增大后再传递给涡轮。

单元二 电控自动变速器的构造与维修

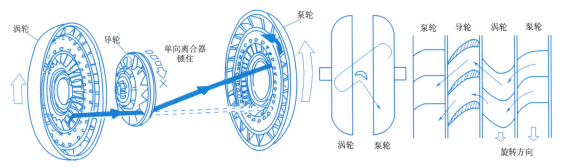

图 2-3 液力变矩器三元件结构及 ATF 的流动方向

1.1.1.2 单向离合器

液力变矩器的导轮通常是通过单向离合器固定在变速器外壳上,图 2-4 所示为综合式液力变矩器结构示意图。单向离合器内圈与导轮轴和变速器外壳相连,是固定不动的;外圈与导轮相连,可与导轮一起按泵轮同一方向旋转。设置单向离合器后,当速比较小,转速差大时,导轮仍被锁住不动,ATF 改变方向后流向泵轮背面,促使泵轮旋转,起增矩作用;当转速比较大,涡轮与泵轮转速差小时,ATF 冲击导轮背面,这时导轮按泵轮的相同方向自由旋转,ATF 即顺利地回流到泵轮。这时,变矩器不产生增矩作用,导轮内的 ATF 在导轮自由旋转时,对液流方向的阻力减小,循环流速增大。

单向离合器是单向传递转矩的,即用单向离合器连接起来的两个元件之间,可按受力关系不同,自动地实现锁定不动或分离自由旋转两种状态。单向离合器能够按回转方向自动平稳地进行驱动和空转的转换。自动变速器中使用的单向离合器主要有滚柱式和楔块式两种。

(1)滚柱式单向离合器。滚柱式单向离合器主要由外圈、滚柱、弹簧、内圈组成,如图 2-5 所示。在内外圈之间所形成的安装滚柱的空间是一个楔形。外圈相对于内圈逆时针转动时,滚柱在楔形槽中向宽敞端移动并压缩弹簧。此时,单向离合器不会出现锁止现象,内外圈呈自由状态;当外圈相对于内圈顺时针转动时,滚柱便会在外力作用下向楔形槽的狭窄端移动,使滚柱楔入内外圈之间而不能移动,将内外圈锁死在一起呈锁止状态。

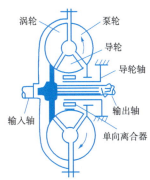

图 2-4 综合式液力变矩器结构示意图

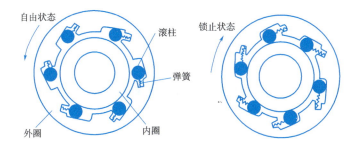

图 2-5 滚柱式单向离合器

(2)楔块式单向离合器。楔块式单向离合器由外圈、楔块、保持弹簧、内圈等元件组成,如图 2-6 所示。其作用原理与滚柱式基本相同。当外圈相对于内圈顺时针方向转动时,楔块就会在摩擦力的作用下向"倒下"方向转动,而使内外圈呈自由状态;当外圈相对于内圈逆时针转动时,楔块在摩擦力作用下向"直立"方向转动,而使内外圈卡死被连成一体,呈锁止状态。

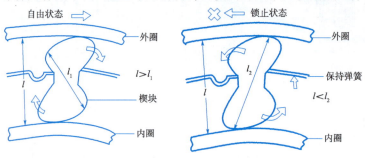

图 2-6 楔块式单向离合器

由于这两种单向离合器的工作不受液压控制,只受两相关的运动元件的转动方向控制,因而维修较为方便,只要检查机械磨损状况就可判断其好坏。如果滚柱或楔块及内外圈工作面磨损严重,或出现许多"小坑",则需更换。如果弹簧或保持弹簧错位、变形或其弹性下降,则需维修或更换。

1.1.1.3 锁止离合器

为了提高变矩器在高速工况下的传动效率,改善汽车正常行驶时的燃油经济性,在液力变矩器中设置锁止离合器,用机械方式连接泵轮和涡轮(即把两个工作轮锁止成为一体),以实现 100% 的动力直接传递。锁止离合器在液压自动操纵系统的控制下,在适当的时机进行锁止切换。

锁止离合器位于涡轮的前端,由锁止活塞、减振盘和涡轮传动板等组成(图 2-2)。锁止活塞和减振盘依靠键连接,可前后移动;减振盘和涡轮传动板通过减振弹簧固定,能衰减离合器啮合时的扭振;涡轮传动板用铆钉铆接在涡轮壳上,前盖后面与锁止活塞前面均附着有摩擦材料。

锁止离合器工作状态取决于发动机转速、车速、变速器油温等信号,由变速器液力和电控单元控制。车辆低速行驶时,ATF 经变速器输入轴中心油道进入锁止离合器活塞前部,在油压的作用下,锁止活塞向后移动,如图 2-7a)所示,锁止离合器分离;当车辆转入高速行驶时,液压自动操纵系统控制通向变矩器的液流方向反向,即 ATF 由导轮轴套上油道流入变矩器内部,经变速器输入轴中心油道排出,由于锁止活塞前侧的 ATF 经输入轴中心油道排出,故锁止活塞前后侧油压不等,前侧油压低,后侧油压高,存在着油压差。因此,锁止活塞在该油压差的作用下向前移动压靠在前盖上,如图 2-7b)所示,锁止离合器闭锁,泵轮与涡轮作为一个整体部件旋转,这样就提高了高速下液力变矩器的传动效率。

1.1.2 行星齿轮变速系统

虽然液力变矩器有改变发动机输出转矩的作用,但由于改变范围很小而不能满足车辆各种行驶工况的需要。为此,在变速器的中又采用多种形式的行星齿轮机构,以便进一步增大发动机输出的转矩。

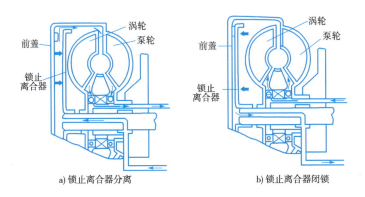

图 2-7　锁止离合器工作原理

自动变速器中采用的齿轮机构通常有平行轴式齿轮机构和行星齿轮机构两种。前者较为简单,只有少数车型(如本田车系)采用,其主要特点是在 2~3 个平行排列的齿轮轴上,安装多个不同尺寸的齿轮,其中一些为常啮齿轮。通过多片湿式离合器,可输出多种传动比和不同转向的动力。行星齿轮机构可分为单排式、辛普森(Simpson)式、拉维那(Ravigneavx)式、肋别提挼(Lepelletier)式。辛普森(Simpson)式行星齿轮机构应用较为广泛,如丰田公司、通用公司、日产公司等均有应用;拉维那(Ravigneavx)式行星齿轮机构也应用较广,如奥迪公司用的自动变速器等;肋别提挼(Lepelletier)式行星齿轮机构主要用于宝马 E65/66 车系中的 GA6HP—26Z 自动变速器中。

1.1.2.1　单排行星齿轮机构

如图 2-8 所示,单排行星齿轮机构的基本元件是:太阳轮(中心轮)、行星架、齿圈和行星轮。太阳轮位于系统中心,行星轮与它常啮合。最外侧是与行星轮常啮合的齿圈。行星轮通常有 3~6 个,它们均匀或对称排列,各行星轮通过滚针轴承并借助行星轮轴连在行星架上,每个行星轮的两侧有止推垫片,工作时既可绕行星轮轴自转,又可绕太阳轮公转。

单排行星齿轮机构可以实现减速挡、超速挡、直接挡、倒挡、空挡。

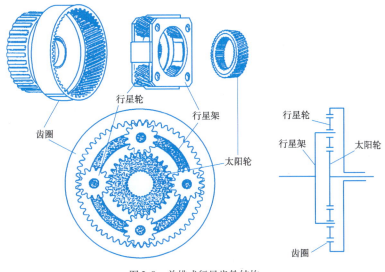

图 2-8　单排式行星齿轮结构

设太阳轮、齿圈、行星架的转速分别为 N_1、N_2 和 N_3,齿圈与太阳轮的齿数比为 n。则根据能量守恒定律,由作用在该机构各元件上的力矩和结构参数可导出表示单排行星齿轮机构一般运动规律的特性方程式:

$$N_1 + N_2 \times n - (1 + n) \times N_3 = 0$$

由上式可知,由于单排行星齿轮机构具有两个自由度,在太阳轮、齿圈、行星架三个基本元件中,任选两个分别作为主动件和从动件,而使另一元件固定不动(该元件转速为0)或使其运动受到一定的约束,则机构只有一个自由度,整个系统将以一定的传动比传递动力。

下面分别讨论各种情况。

(1)齿圈固定,太阳轮为主动件,行星架为从动件。

特性方程中 $N_2 = 0$,因此有:$N_1 - (1 + n) \times N_3 = 0$

传动比:$i = N_1/N_3 = 1 + n$。此时传动比大于1且为正值,因此为减速传动。

(2)齿圈固定,行星架为主动件,太阳轮为从动件。

特性方程中 $N_2 = 0$,因此有:$N_1 - (1 + n) \times N_3 = 0$

传动比:$i = N_3/N_1 = 1/(1 + n)$。此时传动比小于1且为正值,因此为增速传动。

(3)太阳轮固定,齿圈为主动件,行星架为从动件。

特性方程中 $N_1 = 0$,因此有:$N_2 \times n - (1 + n) \times N_3 = 0$

传动比:$i = N_2/N_3 = (1 + n)/n$。传动比大于1且为正值,因此为减速传动。

(4)太阳轮固定,行星架为主动件,齿圈为从动件。

特性方程中 $N_1 = 0$,因此有:$N_2 \times n - (1 + n) \times N_3 = 0$

传动比:$i = N_3/N_2 = n/(1 + n)$。传动比小于1且为正值,因此为增速传动。

(5)行星架固定,太阳轮为主动件,齿圈为从动件。

特性方程中 $N_3 = 0$,因此有:$N_1 + N_2 \times n = 0$

传动比:$i = N_1/N_2 = -n$。传动比大于1且为负值,因此为减速反向传动。

(6)行星架固定,齿圈为主动件,太阳轮为从动件。

特性方程中 $N_3 = 0$,因此有:$N_1 + N_2 \times n = 0$

传动比:$i = N_2/N_1 = -1/n$。传动比小于1且为负值,因此为增速反向传动。

(7)联锁其中任意两个元件。

如果在太阳轮、行星架和齿圈三者中,任意联锁两个元件,则各齿轮间均无相对运动,整个行星机构将称为一个整体而旋转。

传动比:$i = 1$。因此为直接挡传动。

(8)不固定任何元件。

如果在太阳轮、行星架和齿圈三者中,无任何元件被固定,而且也无任何两个元件被联锁成一体,则各机构将都可自由转动,不受约束。此时,行星机构不传递动力,可得到空挡。

综上所述,行星齿轮传动情况可归纳如表2-1。

1.1.2.2 辛普森(Simpson)式双排行星齿轮机构

辛普森式行星齿轮机构的特点是:前后两个行星齿轮排的太阳轮连接为一个整体,即共用一个太阳轮。另外,前齿圈与后行星架并联作为输出轴,后行星排的齿圈和太阳轮通常作为输入轴。它是应用最为广泛的一种复合式行星齿轮机构,如图2-9所示,此种机构可以提供三个前进挡。复合行星齿轮机构的一部分称为前行星齿轮排,而另一部分称为后行星齿轮排。前后行星齿轮排的尺寸和齿数不必一定相同。但其尺寸和齿数决定了复合行星齿轮机构的实际传动比的大小。

单排行星齿轮的传动情况　　　　　　　　　　　　表2-1

	固定元件	主动件	从动件	传动比	速度状态	旋转方向	转　矩	用于挡位
1	齿圈	太阳轮	行星架	$1+n$	减速	相同	增大	1挡
2	齿圈	行星架	太阳轮	$1/(1+n)$	增速	相同	减小	—
3	太阳轮	齿圈	行星架	$(1+n)/n$	减速	相同	增大	2挡
4	太阳轮	行星架	齿圈	$n/(1+n)$	增速	相同	减小	超速挡
5	行星架	太阳轮	齿圈	$-n$	减速	相反	增大	倒挡
6	行星架	齿圈	太阳轮	$-1/n$	增速	相反	减小	—
7	任意两个元件固定在一起			1	不变	相同	不变	直接挡(3挡)
8	任意元件无任何约束			—		不传递动力		空挡

注:n为齿圈与太阳轮的齿数比。

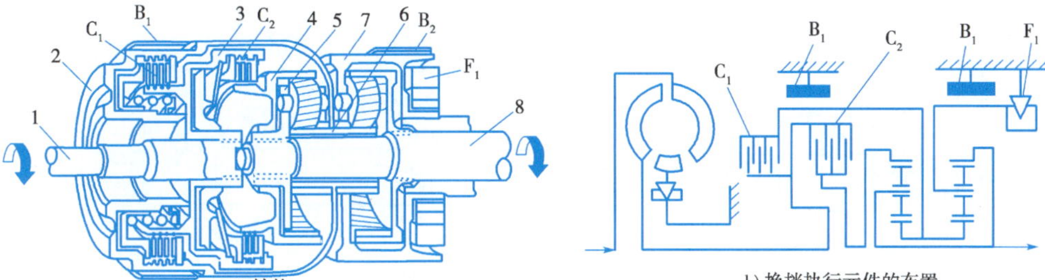

图2-9　辛普森行星齿轮机构

1-输入轴;2-倒挡及高挡离合器鼓;3-前进离合器鼓和倒挡及高挡离合器毂;4-前进离合器毂和前齿圈;5-前行星架;6-前后太阳轮组件;7-后行星架和低挡及倒挡制动器鼓;8-输出轴;C_1-倒挡及高挡离合器;C_2-前进离合器;B_1-2挡制动器;B_2-低挡及倒挡制动器;F_1-低挡单向离合器

丰田公司的A340E型自动变速器即采用了辛普森行星齿轮机构。具体由带锁止离合器的液力变矩器、行星齿轮变速机构、液压系统及电控系统组成。如图2-10所示为其结构简图。图2-11所示为其结构示意图。图2-12所示为行星齿轮变速机构工作原理示意图。

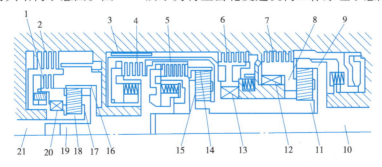

图2-10　丰田A340E型自动变速器结构简图

1-O/D直接挡离合器(C_0);2-O/D挡制动器(B_0);3-2挡跟踪制动器(B_1);4-直接挡离合器(C_2);5-前进挡离合器(C_1);6-2挡制动器(B_2);7-1挡和倒挡制动器(B_3);8-后行星架;9-后行星齿圈;10-输出轴;11-前后太阳轮;12-2号单向离合器(F_2);13-1号单向离合器(F_1);14-前齿圈;15-前行星架;16-O/D挡太阳轮;17-O/D挡行星架;18-O/D挡齿圈;19-输入轴;20-O/D挡单向离合器(F_0);21-O/D挡输入轴

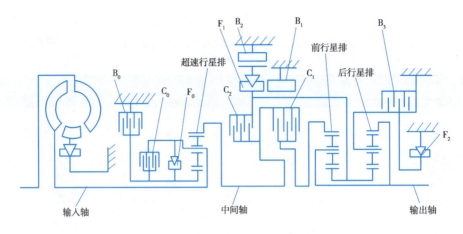

图 2-11 丰田 A340E 型自动变速器结构示意图

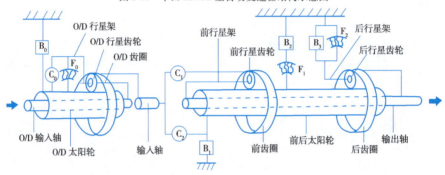

图 2-12 丰田 A340E 型自动变速器行星齿轮机构工作原理示意图

各换挡元件的功能见表 2-2。

丰田 A340E 型自动变速器各换挡元件的功能　　　　表 2-2

代　号	名　称	功　能
C_0	超速直接挡离合器	连接超速挡太阳轮与超速行星架
B_0	超速制动器	固定超速太阳轮,阻止其转动
F_0	超速挡单向离合器	当变速器由发动机带动时,连接超速太阳轮及超速行星架
C_1	前进挡离合器	连接输入轴及前行星齿圈
C_2	直接挡离合器	连接输入轴及前后太阳轮
B_1	2 挡跟踪制动器	固定前后太阳轮,阻止其转动
B_2	2 挡制动器	固定单向离合器 F_1,阻止前后太阳轮逆时针转动
B_3	1 挡和倒挡制动器	固定后行星架,阻止其转动
F_1	1 号单向离合器	当 B_2 起作用时,阻止前后太阳轮逆时针转动
F_2	2 号单向离合器	阻止后行星架逆时针转动

(1) D 挡动力传递路线。

当换挡杆置于 D 挡时,变速器可以在 1、2、3、4 挡之间自动换挡。

① D-1 挡动力传递路线:

电控单元使离合器 C_0、C_1 接合,F_0、F_2 锁止时,汽车以 D-1 挡行驶,如图 2-13 所示。

C_0 接合,F_0 锁止,超速太阳轮与超速行星架连成一体,具有相同的转速,超速输出轴的转速与输入轴转速相同,超速排传动比为 1。

C_1 接合,超速输出轴(即前行星排的输入轴)与前行星齿圈连成一体,使前排行星齿圈连同前行星架顺时针转动。由于前行星架与输出轴相连,输出轴也顺时针转动,并使前后太阳轮逆时针转动。

F_2 锁止,后行星架被固定,使后行星齿圈连同输出轴顺时针转动,传递转矩。传动比为 2.804。

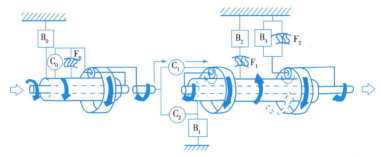

图 2-13　D-1 挡动力传递路线

②D-2 挡动力传递路线:

电控单元使离合器 C_0、C_1 及制动器 B_2 接合,F_0、F_1 锁止时,汽车以 D-2 挡行驶,如图 2-14 所示。

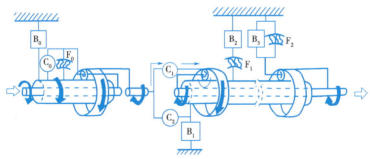

图 2-14　D-2 挡动力传递路线

C_0 接合,F_0 锁止,超速排状态与 D-1 挡相同,超速排传动比为 1。

C_1 接合,超速输出轴(即前行星排的输入轴)与前行星齿圈连成一体。B_2 接合、F_1 锁止,使前后太阳轮固定,前行星齿圈、前行星架连同输出轴顺时针转动,传递转矩。传动比为 1.531。

③D-3 挡动力传递路线:

电控单元使离合器 C_0、C_1、C_2 及制动器 B_2 接合,F_0 锁止时,汽车以 D-3 挡行驶,如图 2-15 所示。

C_0 接合,F_0 锁止,超速排状态与 D-1 挡相同,超速排传动比为 1。

C_1、C_2 接合,前行星齿圈与前后太阳轮连成一体,并与前行星架以相同的转速顺时针转动,将输入轴的转矩直接传递至输出轴。传动比为 1,D-3 挡为直接挡。

④D-4 挡动力传递路线:

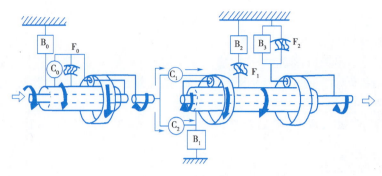

图 2-15　D-3 挡动力传递路线

电控单元使离合器 C_1、C_2 及制动器 B_0 接合,汽车以 D-4 挡行驶,如图 2-16 所示。

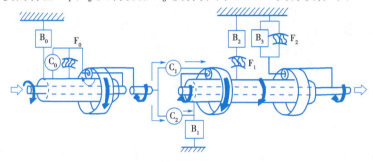

图 2-16　D-4 挡动力传递路线

B_0 接合,超速太阳轮固定,输入轴驱动超速行星架和超速齿圈顺时针转动,使超速输出轴转速升高。

C_1、C_2 接合,前行星齿圈与前后太阳轮连成一体,并与前行星架以相同的转速顺时针转动,将输入轴的转矩直接传递至输出轴。D-3 挡的传动比为 0.705。

(2)2 位各挡动力传递路线。

A340E 型自动变速器的换挡杆在 2 位时,变速器可在 1、2、3 挡间换挡。

2-1 挡的动力传递路线与 D-1 相同,起作用的元件也相同。

2-2 挡的动力传递路线与 D-2 也相同,但在 2-2 挡时,除离合器 C_0、C_1 及制动器 B_2 接合,F_0、F_1 锁止外,B_1 也接合,使前后太阳轮固定。因此,既保证了 2-2 挡时能按 D-2 挡传递动力,又保证了在下坡时发动机起辅助制动作用。2-2 挡的动力传递路线如图 2-17 所示。

2-3 挡的动力传递路线与 D-3 相同,起作用的元件也相同。

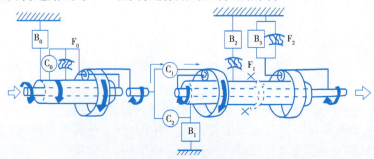

图 2-17　2-2 挡动力传递路线

(3) L 挡的动力传递路线。

A340E 型自动变速器的换挡杆在 L 位时,变速器只能在 1、2 挡间换挡。

L-1 挡的动力传递路线与 D-1 相同,但在 L-1 挡时,除离合器 C_0、C_1 接合,F_0、F_2 锁止外,B_3 也接合,将后行星架固定,既保证了变速器按 L-1 挡传递动力,又保证了在下坡时发动机起辅助制动作用。L-1 挡的动力传递路线,如图 2-18 所示。

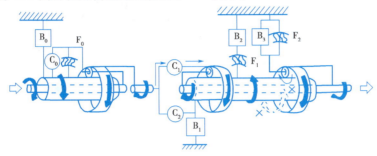

图 2-18 L-1 挡动力传递路线

L-2 挡的动力传递路线与 D-2 相同。

(4) R 挡的动力传递路线。

R 挡为倒挡,A340E 型自动变速器的换挡杆在 R 位时,电控单元使离合器 C_0、C_2 及制动器 B_3 接合,F_0 锁止,汽车以倒挡行驶,如图 2-19 所示。

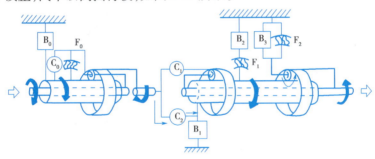

图 2-19 R 挡动力传递路线

1.1.3 换挡执行器

自动变速器中常见的换挡执行器包括换挡离合器、换挡制动器和单向离合器。单向离合器如前所述。

1.1.3.1 换挡离合器

换挡离合器为湿式多片离合器,由液压来控制其结合与分离,由离合器鼓、离合器毂、摩擦片、钢片、波形垫片、活塞、复位弹簧及若干个卡簧(又称挡圈)等组成。A340E 型自动变速器内离合器 C_1 分解图如图 2-20 所示。离合器鼓与输入轴相连,离合器毂与行星齿轮的齿圈相连。

离合器中的摩擦片由一个基础钢片及黏结在钢片两面的摩擦材料组成。摩擦材料有金属性、半金属性和纸质性。在摩擦材料的表面有交错排列的油槽,以利于油液的分布和冷却。摩擦片的内花键与离合器毂的外花键槽配合,摩擦片可在毂的键槽内轴向移动,但不能相对转动。钢片的表面无摩擦材料,较为光滑。钢片的外圆上的键与离合器鼓上的内花键槽配合,钢片可在鼓的键槽内轴向移动,但不能相对转动。复位弹簧能够保证离合器不工作时,活塞迅速离开压盘,以便让摩擦片和钢片快速分离,以免它们处于"半联动"状态。

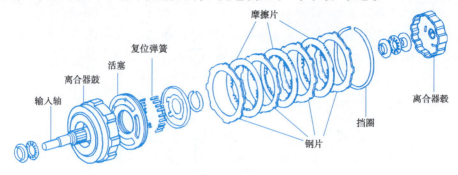

图 2-20 换挡离合器分解图

多片湿式离合器的工作原理如图 2-21 所示。当具有一定压力的油液进入压力腔后,迫使活塞左移,摩擦片和钢片紧紧地压在一起,此时输入轴与齿圈就连成一个整体而同步转动,如图 2-21a)所示。离合器分离时的状况,如图 2-21b)所示。

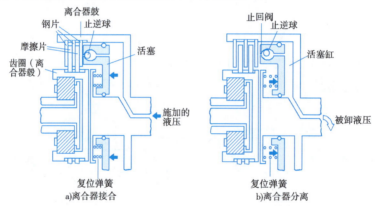

图 2-21 换挡离合器工作原理

另外在活塞上安装有一个止回球阀,当离合器压紧接合时,在液压的作用下,球阀关闭,离合器正常接合。当离合器泄压时,球阀在离心力的作用下,开启泄油孔,使活塞内的油液快速泄油,从而消除离合器内的残余压力,离合器快速分离。

1.1.3.2 换挡制动器

换挡制动器是将变速器中的太阳轮、行星架或齿圈三者之一制动,以便和离合器或单向离合器配合,完成行星齿轮机构中不同元件的连接,制动组合,实现变速器不同挡位是输出。自动变速器内的常用的换挡制动器有多片湿式制动器和带式制动器两种类型。

(1)多片湿式制动器。多片湿式制动器与多片湿式离合器的结构和工作原理基本相同,也是由毂鼓及挂在毂鼓上的钢片和摩擦片,以及驱动制动片压紧或分离的液压活塞,和使活塞复位的复位弹簧组成。它与离合器的不同点是制动器的鼓是变速器的壳体,它不是把两个元件连接起来,而是把某一元件制动在变速器壳体上,如图 2-22 所示。

(2)带式制动器。带式制动器主要由制动毂、制动带、调整螺钉(部分自动变速器有)、液压缸及活塞等元件组成,如图 2-23 所示。制动器液压油道打开时,液压油进入液压缸,推动活塞克服复位弹簧的弹力推动推杆,使制动带拉紧,于是制动毂被制动。液压缸泄油,复位弹簧推动推杆复位,制动带解除对制动毂的制动。

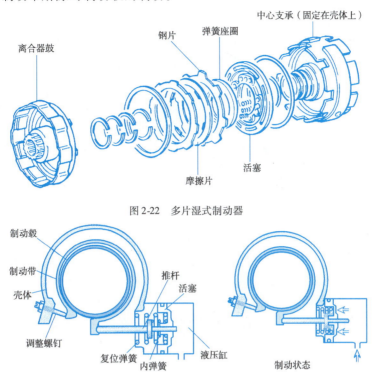

图 2-22　多片湿式制动器

图 2-23　带式制动器

1.1.4　液压自动操纵系统

自动变速器的工作依靠具有一定压力的液压油来完成,这就需要另一部分来支持,即自动变速器的液压自动操纵系统。自动变速器的控制系统依据发动机负荷、车辆行驶速度、驾驶员的风格、手动选挡杆的挡位、自动变速器的换挡模式以及其他相关条件,将具有一定压力的液压油输送到相应的制动器和离合器等执行元件的工作油腔内,控制其工作,以此达到自动换挡的目的。液压自动操纵系统的主要作用是建立起适当的主油路油压,并经过各种液压控制阀将油压输送到相应的离合器、制动器油腔中。自动变速器在发展初期,都采用纯液压控制,近年来随电子技术的不断发展,电子技术应用于自动变速器的控制系统中,如国产别克、帕萨特、奥迪、风神蓝鸟等车型均采用电子控制系统,不过,不管采用什么样的电子控制系统,自动变速器的最终工作都必须由液压控制系统来完成。

1.1.4.1　油泵

油泵的作用是使自动变速器油液产生一定的压力和流量供给液力变矩器和液压操纵系统,并保证行星齿轮机构和其他机械元件的润滑需要。其技术状况的好坏,直接影响自动变速器的使用性能和使用寿命。

自动变速器上常见的油泵有三种类型:内啮合齿轮泵、转子泵、叶片泵。内啮合齿轮泵应用最广泛,这里只介绍内啮合齿轮泵。

如图 2-24 所示,内啮合齿轮泵主要由主动齿轮、从动齿轮、月牙、壳体、油封等元件组成,从动齿轮为环行齿圈。泵体的内齿轮槽内有一个月牙,它把主动齿轮与从动齿轮不啮合的部分分隔开,形成两个工作腔,分别为进油腔和出油腔。进油腔与泵体上的进油口相通,出油腔与泵体上的出油口相通。进油口通过油道与变速器滤网相通吸油,出油口通过油道与主油压调节阀相通。主动齿轮的内圈上有两个对称的花键齿,它们与液力变矩器中泵轮轴端的花键槽相啮合。因此,只要发动机工作,油泵便与变矩器一起工作并开始供油。

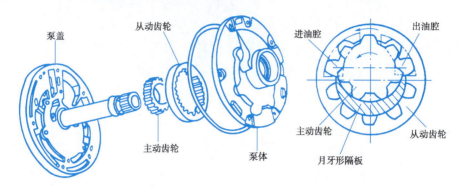

图 2-24 内啮合齿轮式油泵

油泵工作过程中,主动齿轮带动从动齿轮转动,在齿轮脱开啮合(进油腔)的一端,容积不断变大,产生一定的真空,变速器油底的油液被吸进来。在齿轮进入啮合(出油腔)的一端,容积不断变小,油压上升,油液从出油腔中被挤压出来。随油泵不断地转动,在主油路系统中就形成了具有一定压力的液压油,供给变速器的工作需要。

1.1.4.2 控制阀体

在自动变速器中,均设有控制阀体总成,它是自动变速器液压操纵系统的主要组成部分。控制阀体内通常装有主油路调压阀、换挡阀、手控制阀、节气门阀等液压操纵系统的大部分控制阀。自动变速器型号不同,阀体的形状和结构也不同,但其功能相同,都是将油泵泵出的液压油调节在一定压力范围内,然后通过其内部各滑阀送入应用元件和润滑部位。控制阀体总成如图 2-25 所示。

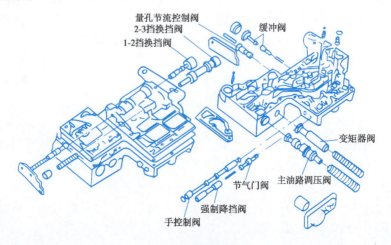

图 2-25 控制阀体总成

（1）调压阀。

液压自动操纵系统一般有主调压阀和第二调压阀两个调压阀。主调压阀是根据节气门开度和选挡杆位置的变化，将油泵油压调节至规定值，形成稳定的工作液压（管路压力），它是自动变速器内最基本、最重要的压力，因为它用于操纵自动变速器内所有离合器、制动器的动作；同时它也是自动变速器内所有其他控制压力的压力源。第二调压阀的作用是调节供给液力变矩器和各摩擦副润滑的油压，且当发动机停止转动时，关闭液力变矩器的油路，防止大量 ATF 从液力变矩器外流，以保证下次起动工作时正常传递转矩。

如图 2-26 所示，主调压阀的阀芯上端受管路油压作用于 A 面；阀芯下端受 3 个力：即弹簧张力、来自节气门阀作用于 C 面的液压力和来自手控阀作用于 B 面的液压力。这 4 个作用力的平衡，决定阀芯所处的位置。若油泵压力高，则推动阀芯下移，泄油口开度增大，排出一部分 ATF，使管路压力稳定在规定值。当加速踏板踩下时，节气门开度增大，来自节气门阀的液压增大，阀芯下端 C 面的作用力增大，阀芯上移使泄油口开度减小、管路油压增大，变速器可传递的额定转矩增大，满足传递因节气门开度增大致使发动机输出转矩增大后的实际需要。当手动选挡杆置于"R"挡位时，来自手控阀的液压作用于 B 面。因 B 面比 C 面面积大，故对阀芯增加一个向上的推力，阀芯上移，管路压力增大，这将使得管路压力在"R"位时比其他挡位要高得多。这是因为倒挡时传动比较大，换挡元件（离合器、制动器）所要传递的力矩较大的缘故。

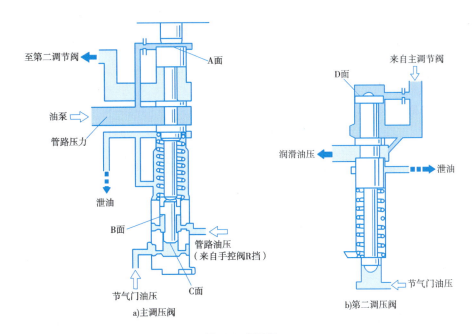

图 2-26 调压阀
a) 主调压阀 b) 第二调压阀

第二调压阀实质上是一个限压滑阀，阀芯受向上的弹簧张力和向下的变矩器液压力，当供给液力变矩器的液压升高时，阀芯上端 D 面所受向下的液压力增大，阀芯将下移，部分工作液被排泄，致使液力变矩器的液压不能上升。可见液力变矩器油压和润滑油压由弹簧压力所决定。

（2）节气门阀及断流阀。

节气门阀的作用是调节与发动机负荷相关的负荷油压。负荷油压用于调节主油压和变矩器油压与润滑油压。负荷油压更重要的作用是控制换挡，如图2-27所示。

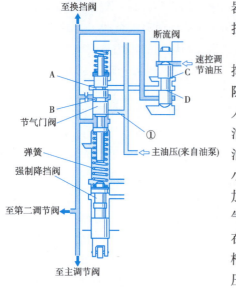

图2-27 节气门阀及断流阀的结构和工作原理

节气门阀的上下方都有弹簧支撑，上方的弹簧支撑固定，下方弹簧支撑在强制降挡阀上，而强制降挡阀随加速踏板位置的变化而变化。主油压通过油道①进入节气门阀中部的环槽，由于进油口的节流作用，出口油压低于进口的主油压，出口的油压即为需要的负荷油压。加速踏板位置的变化会改变进油口的开度大小，进而改变节流作用，使出口的负荷油压得到调节。加速踏板被踩下后，强制降挡阀上移并推动弹簧使节气门阀的进口开大，出口的负荷油压增加。负荷油压在输送到用油部位的同时，还作用在环槽B。由于环槽B上下截面不等，因而产生向下的作用力，当负荷油压上升到一定数值时，作用在环槽B的油压使节气门阀下移，节气门阀的进口开度减小，并使节气门阀的位置稳定，此时的负荷油压也就稳定在某一特定数值，并与此时加速踏板的位置相适应。

断流阀的作用是使负荷油压与速控油压建立某种联系。如图2-27所示，在断流阀的上方是速控调节油压，中部环槽的进口处是负荷油压，由于环槽上下截面不等，即C的截面大于D的截面，环槽内的作用力向上。在负荷油压较小时，恒定的速控调节油压可以克服环槽内向上的作用力，将断流阀压下，断流阀出口处的油压为断流压力，此压力作用在节气门阀上部的环槽A内，由于环槽A上下截面不等，产生向下的作用力，节气门阀的位置下移，进油口开度变小，节气门油压低。由于断流阀的作用，在节气门开度较小时负荷油压较低，受控于负荷油压的主油压也较低，机油泵消耗的发动机功率也就比较小。当节气门油压较高时，在断流阀中部环槽的油压远大于速控调节油压，断流阀中部环槽处于关闭状态无断流压力。

（3）手控阀。

手控阀由换挡手柄通过联动装置控制，在换挡手柄的位置确定后，液压控制系统中油道的初始状态即被唯一确定，以后的挡位变换只能在此基础上进行。图2-28所示为典型的手控阀结构。

手控阀由几段直径相同的阀芯组成，控制阀体上不同油道的开通和关闭，手控阀所处的位置与换挡手柄的位置相同，手控阀只有一个进油口，但在不同的挡位却有不同的出油口，对不同的换挡执行元件进行控制实现不同的换挡要求。

（4）换挡阀。

换挡阀通过控制换挡执行元件进油通道是否开通而实现自动变速器的升降挡。换挡阀在节气门阀油压和调速阀油压的作用下，确定阀的位置，并接通相应挡位油路的换向阀。换挡阀一般有两个稳定的工作位置，每一个工作位置得到一个主压力工作油路，因此一个换挡阀可以实现两个挡位间的自动换挡。多个换挡阀组合，可实现多个挡位间的自动互换。如一个4挡

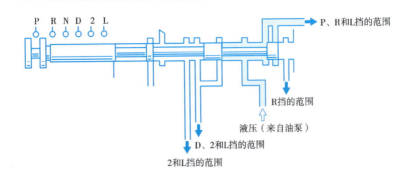

图 2-28 手控阀的结构

变速器需要有 3 个换挡阀:1、2 挡换挡阀,2、3 挡换挡阀和 3、4 挡换挡阀。

换挡阀是在节气门阀油压与调速阀油压共同控制下,自动产生滑阀移动,实现换挡执行元件的油路转换(充油和排油),以实现挡位互换,的工作原理如图 2-29 所示。变速器在低速挡位置时(图 2-29a),换挡阀左侧压力大于右侧压力,主油路的油压通往低挡执行元件,高挡执行元件油压与排油口相通。变速器处于高挡位置时(图 2-29b),换挡阀左侧压力小于右侧压力,主油路的油压通往高挡执行元件,低挡执行元件油压与排油口相通。

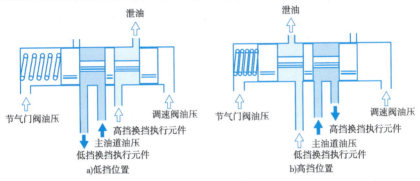

图 2-29 换挡阀的工作原理

(5)调速阀。

调速阀安装在自动变速器的输出轴上。其作用是产生与车速成正比的油压,与节气门阀产生的油压共同作用在换挡阀上,实现变速器的自动换挡。

调速阀的基本工作原理是利用变速器输出轴转速变化的离心力与调速器内复位弹簧的预紧力相互平衡,获得与变速器输出轴相对应的油压。其结构如图 2-30 所示,主要包括复位弹簧、调速器滑阀、调速器壳体和调速器轴等。

在汽车停驶时,由于变速器输出轴不转动,重块和调速器滑阀均处于自由状态,输出油压为零。

汽车低速行驶时,随着变速器输出轴转速的增加,离心力使重块和调速器滑阀一起向上移动,此时重块和调速器滑阀构成一体。进油口开大,泄油口关小,主油路油压进入调速器滑阀,从输油口输出,其油压随车速的升高而迅速增大。

当汽车车速升高到一定数值后,调速器轴移动到被调速阀壳体卡住,重块的离心力被调速器壳体承受(图中所示位置),此时调速器滑阀向上移动仅靠自身的离心力,调速器输出油压随变速器输出轴转速的升高缓慢增大,这样可防止在高速区频繁换挡,使车速稳定。

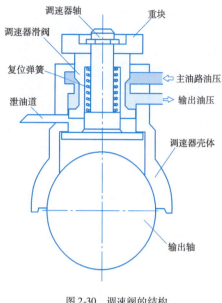

图 2-30 调速阀的结构

调速器输出的油压与动力输出轴转速的关系是分两级的，即用两个重块所产生的离心力不同，使输出油压有一个转折点，提高了汽车低速时的换挡性能。

（6）强制降挡阀和锁止调节阀。

在高速超车或上坡需要发动机更大的动力时，需要将所在的挡位下降一档，即强制降挡。强制降挡的过程通过两个阀门实现：锁止调节阀和强制降挡阀。

锁止调节阀如图 2-31 所示，由两段直径不等的阀芯组成，主油道的液压油进入阀中部的环槽内，使阀左移，并与阀左端的弹簧力平衡。主油压增加时，液压力大于弹簧力，阀左移使进油口开度减小，出口油压下降；主油压下降时，弹簧力大于液压力，阀右移使进油口加大，出口油压上升，通过锁止调节阀的调节，变化的主油压变成稳定的锁止油压来控制换挡阀的动作。

强制降挡阀如图 2-32 所示，该阀位于节气门阀的下方，兼起节气门阀的活动弹簧座的作用。其位置由节气门凸轮的转动角度来决定，而节气门凸轮通过节气门拉索受控于加速踏板的位置。

在节气门的开度较小时，强制降挡阀上端的阀芯将锁止油压的进油口与出油口隔开，锁止油压不能进入换挡阀的油道。当节气门的开度超过85%时，强制降挡阀上移使锁止油压的进油口与出油口相通，锁止油压进入各换挡阀的油道，将所在挡的换挡阀压下，实现强制降挡。

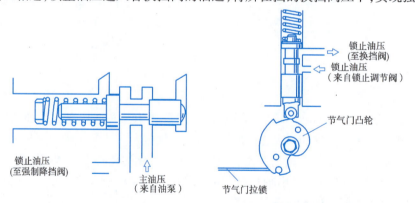

图 2-31 锁止调节阀　　图 2-32 强制降挡阀

另外，自动变速器在换挡品质上要求也较为严格，如换挡要平顺，挂挡要柔和等。为了保证自动变速器换挡品质良好，液压控制阀体上设计了许多改善自动变速器工作品质的元件。如变矩器阀、蓄压器、缓冲阀、油流方向和流量控制的钢球、换挡时刻控制阀等。这些元件在控制阀体中体积较小，但是作用较大，维修时往往被忽视，这里提醒大家在维修自动变速器时一定注意它们的安装顺序、位置、方向及数量等。

1.1.5 电子控制系统

电控自动变速器的控制模式同发动机的模式基本一样，总体上分为传感器部分、控制单元部分、执行器部分。如图 2-33 所示。由于传感器和执行器的形式多种多样,既有数字式又有模拟式,可控制单元只能处理数字式的信号,因此,在传感器与控制单元之间,执行器与控制单元之间都有输入或输出接口电路,起到数模转换的作用。

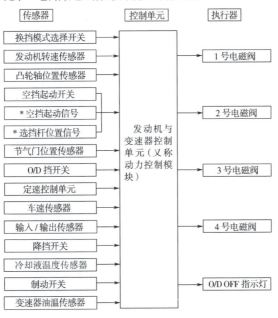

图 2-33 电控系统结构图

1.1.5.1 传感器

传感器给自动变速器控制单元提供输入信号,是电控系统进行换挡控制的基本依据。常见的传感器输入信号有:冷却液温度传感器、节气门位置传感器、变速器油温传感器、发动机转速传感器、挡位开关、换挡模式开关、超速挡开关、强制降挡开关、车速传感器等。

1.1.5.2 控制单元

电控自动变速器的控制单元是控制系统的中枢部位。从各个汽车制造公司的设计方法来看,其形式和布置方式各不相同。如丰田公司部分车辆将发动机控制单元和自动变速器控制单元合在一起,组成动力控制模块;本田的新车型也是如此;日产公司的部分车辆将发动机控制单元和自动变速器控制单元合二为一,组成动力控制模块,有的日产则是将发动机控制单元和自动变速器控制单元分开,中间通过数据线联络。

汽车用的传输导线绝大部分是用铜芯式带绝缘皮的导线制作而成,这种导线导电性能良好。但是,汽车用的导线数量较大,往往都是以一些线束的形式出现,而许许多多的单个导线在工作过程中会产生电磁干扰,尤其是高压元件的干扰更为严重,如点火系统的高、低压电路等,这些不必要的电磁干扰影响汽车的正常工作,如音响系统出现噪声,各个传感器信号失真等,严重时使汽车无法行驶。为了减少或避免这些干扰,在汽车用的各种信号发生器导线上设计了许多屏蔽线,屏蔽线一般以屏蔽膜或屏蔽导线的形式出现,屏蔽线将信号导线紧紧包住,让外来的干扰源无法干扰信号。在新型的传输导线上采取互绞式的双绞线,它既可以抵抗外来电磁信号干扰,又可以消除自身的信号干扰,这种结构往往用于网络控制的系统中。大家在维修时不要破坏这种看似作用不大的结构。

1.1.5.3 执行器

自动变速器电控系统的执行器是电磁阀,但根据电磁阀工作方式的不同,分为两种:开关式电磁阀和脉冲式电磁阀;根据作用的不同分为 3 种:换挡电磁阀、锁止电磁阀和调压电磁阀。

(1)开关式电磁阀。开关式电磁阀的作用是开启和关闭变速器油路,可控制换挡阀及液力变矩器的闭锁离合器锁止阀。

如图 2-34 所示,开关式电磁阀由电磁线圈、磁铁、阀芯和复位弹簧等组成。线圈不通电时,阀芯被油压推开,打开泄油孔,油路压力降为 0;线圈通电时,电磁力使阀芯左移,关闭泄油孔,油路压力上升。

(2)脉冲式电磁阀。脉冲式电磁阀结构如图 2-35 所示。其作用是控制油路中油压的大小。

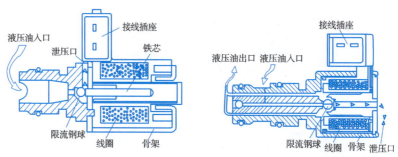

图 2-34　开关式电磁阀　　　　图 2-35　脉冲式电磁阀

脉冲式电磁阀靠频率固定的脉冲信号控制,电磁阀在脉冲信号的作用下不断反复地开启和关闭泄油孔,变速器电脑通过改变每个脉冲周期内电流接通和断开的时间比例,即所谓占空比来改变电磁阀开启和关闭的时间比例,达到控制油路油压的目的。占空比越大,油路压力越低;反之,占空比越小,油路压力就越高。

脉冲式电磁阀一般安装在主油路或减振器背压油路中,在变速器自动升挡及降档瞬间、或在锁止离合器锁止及解除锁止动作开始时使油压下降,以减少换挡和锁止、解锁冲击,使车辆行驶更平稳。

1.2　自动变速器的分类

能随着发动机负荷大小和车速的高低情况变化,而在全部挡位范围内能自动改变其传动比的变速器,称为自动变速器。自动变速器有如下不同的分类方式。

1.2.1　按照控制系统分类

按控制系统的不同分类,自动变速器可分为两种控制形式。

(1)全液压控制自动变速器。自动变速器的主要换挡信号是节气门开度信号和车速信号。节气门信号通过节气门拉线或节气门后方的真空度反映到自动变速器本体上。车速信号通过速度控制阀来调节速控油压的大小,进而控制自动变速器自动换挡。全液压控制自动变速器的机械部件相对较复杂,各种辅助控制阀较多。其总体结构简图如图 2-36 所示。

单元二 电控自动变速器的构造与维修

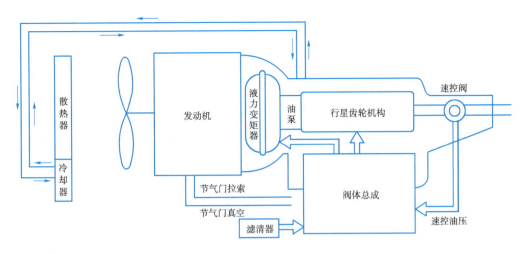

图 2-36 液控自动变速器示意图

（2）电子控制自动变速器。变速器控制单元（控制模块）根据节气门位置传感器信号、车速传感器信号、发动机冷却液温度信号、变速器油温信号、换挡模式信号、发动机转速信号、制动开关信号等，按照控制单元内设定的程序来控制换挡电磁阀换挡、油压控制电磁阀控制自动变速器油压的大小、锁止离合器控制变矩器的锁止等动作。电子控制自动变速器结构简图如图2-37所示。

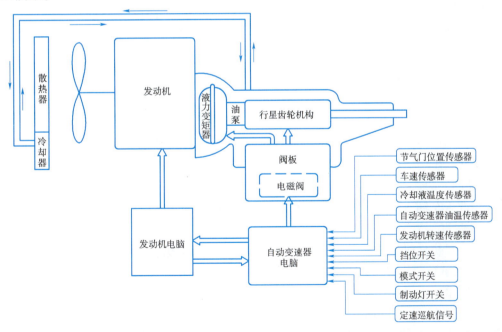

图 2-37 电控自动变速器示意图

1.2.2 按照驱动方式分类

按照汽车驱动方式不同，可分为前轮驱动、后轮驱动和四轮驱动自动变速器三大类。前轮驱动式自动变速器与前轮上的半轴相连接，前轮为主动轮。如日产公司生产的 RE4F04A 型自动变速器，本田公司生产的 MPXA 型自动变速器；后轮驱动式自动变速器的输出轴与后轮上的半轴相连接,后轮为主动轮,如丰田公司生产的 A341E 型自动变速器,奔驰公司生产的 722.605 型自动变速器;四轮驱动式自动变速器的动力输出分别通过差速器与前、后轮上的半轴相连,4 个车轮都可以成为动力驱动轮,如奥迪公司生产的四驱自动变速器等。它们的结构简图分别如图 2-38a)、图 2-38b)、图 2-38c)所示。

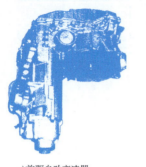

a)前驱自动变速器　　　　b)后驱自动变速器　　　　c)四驱自动变速器

图 2-38　自动变速器各种驱动形式

常见自动变速器的型号见表 2-3。

常见自动变速器型号　　　　表 2-3

车　　型	自动变速器型号	车　　型	自动变速器型号
丰田车系	A541E、A46DE、A140E、A341E	日产车系	RE4F04A、RE4F04V
大众/奥迪车系	01M、01V、01N、01K	本田车系	MPZA、MP1A、APX4
上海通用	4T65E		

1.3　自动变速器的特点

1.3.1　自动变速器优点

(1)操纵简便、省力。装备自动变速器的车辆取消了离合器和传统的变速器杆,采用了单杆双方向移动的手动选挡杆,由于减少了操作机件,因而操纵方便,动作大大简化,使驾驶员劳动强度降低,进而提高行驶安全性。

(2)改善车辆通过性。由于自动变速器的挡位可根据行驶条件自动变换,这便显著改变车辆的通过性。

(3)延长机件使用寿命。一方面是因为自动变速器采用液力元件,可以消除在动力传递装置中的动载荷;另一方面,由于自动换挡避免了不正确换挡所产生的冲击和动载,所以装有自动变速器的车辆上,传动系统零件的使用寿命较长。据统计,在最坏的地段上行驶时,装有自动变速器的车辆,传动轴上最大转矩振幅只相当于手动换挡机械变速器的 20% ~ 40%,原地起步时的转矩峰值只相当于手动式的 50% ~ 70%。因此,可使发动机寿命提高 1.5 ~ 2 倍。

(4)提高动力性和适应性。自动变速器能平稳地自动适应汽车驱动轮的负荷变化。当行驶阻力增大时,车速自动降低,驱动轮上牵引力自动加强;反之则减少牵引力,同时提高车速。在起步时,驱动轮上的牵引力将会自动加强,有效地减缓了传动系统的扭振,也减少了由于车轮打滑造成的起步困难。自动变速器可使汽车的稳定车速降到最小,甚至为零。当行驶阻力很大时,发动机也不至于熄火,使汽车能以极低的速度行驶。因此,提高了车辆的动力性、平稳性和舒适性。

(5)减少空气污染。由于自动变速器能够根据行驶路况和驾驶需求自动换挡,使汽车发动机基本达到最佳工作状态,因此,有效降低了排放,减少对空气的污染。

1.3.2　自动变速器缺点

(1)结构比较复杂,制造精度要求较高,质量也稍有增加,因此,其成本较高,试制费用较大。通常安装有自动变速器的车辆,其价格上升10%左右。

(2)传动效率低,这主要是由于液力传动所造成的。一般液力传动效率最高可达86%～90%,比机械传动效率低8%～12%。但由于采取自动换挡,为与发动机更好匹配,采用变矩器闭锁控制等措施,可使燃料消耗较手动换挡机械式变速器少。

由于自动变速器结构复杂,零部件较多,原理较深,因此在维修、故障分析方面要求有较高的技术水平。

2　自动变速器控制电路分析

2.1　控制电路的组成及功能

电控自动变速器主要由传感器部分、控制单元部分、执行器部分所组成(图2-33)。

2.1.1　变速器电子控制单元

电控自动变速器的控制单元是控制系统的中枢,其主要功能有:

(1)对自动变速器工作所需要的数据进行采集和存储;

(2)对所收集到的数据进行分析和计算,以了解车辆的现行工作状况;

(3)对各个执行元件进行动作指令控制,以实现最后的工作目标;

(4)对整个控制系统进行故障监控,发现有故障出现,则以故障码的形式进行存储,必要时取用故障保护模式,防止更多的元件损坏;

(5)通过数据线同其他控制单元进行联络,相互协调,并将各个信息存储起来。另外还同诊断电脑进行联络,便于维修人员进行诊断和维修。

2.1.1.1　控制单元结构

虽然不同汽车的控制单元和控制逻辑、程序不同,传感器和执行器及控制开关也有较大的区别,但其结构基本相同。自动变速器控制单元都由硬件和软件两部分组成,硬件基本可以分为微处理器(CPU)和存储器、输入转换装置(A/D)、输出驱动电路(D/A)和稳定电源;软件就是控制单元中存储的控制逻辑和程序以及相关的数据,这是看不见摸不着的东西,在更换控制单元时需要拷贝处理。

(1)微处理器。微处理器是电脑内部的核心,其主要作用是快速完成成千上万次的简单运算,运算的执行顺序由内部时钟系统控制。微处理器又称中央处理器(CPU),一般分为三个部分:控制部分、算术/逻辑部分、寄存器部分。控制部分是按照编制好的程序来指令电脑工作,如电脑内部的数据传输、算术运算、程序跳转等。算术/逻辑部分对采集到的实际数据进行处理和进行逻辑运算。寄存器主要存储控制单元的数据和程序,并将这些数据和程序送入其他两个部分。

存储器是存储电脑内部程序和数据的电路,分成多个的地址,电脑根据这些地址存取相应的数据。存储器又可分为随机存储器(RAM)和只读存储器(ROM)两种。

随机存储器是一种既可读又可写的存储器,它可以将行车过程中收集到的信息,如节气门位置信号、冷却液温度信号等以二进制的形式存储起来,以被其他控制电路所利用。在断电时该信息会丢失。

只读存储器用于存储电脑程序和逻辑。程序和逻辑代码由制造商写在芯片上,不能更改,电脑也只能读取该程序和逻辑,不能写入其他信息,只读存储器中的程序和逻辑在断电时不会丢失。

可编只读存储器(PROM)在后期工作过程中可以用特定的仪器来改写相关程序,以便适应不同的工作环境。

(2)输入转换电路(A/D)。电脑只能处理二进制数据,而很多传感器只能提供不断变化的电压或频率信号(通常称为模拟信号),如节气门信号、冷却液温度信号等。因此需要模数(A/D)转换电路来处理这些模拟信号,以被电脑处理。

(3)输出转换电路(D/A)。电脑输出信号也是二进制的,但接受这些信号的执行器却不一定直接能完成信号的转接。通常执行器有数字式和模拟式两种,因此,就需要数模(D/A)转换电路,将二进制信号转换成模拟信号,以便驱动不同的执行器。

(4)软件。控制电脑的软件可分为控制程序和控制数据两部分,控制程序是汽车制造厂根据汽车的性能要求来编制的运行指令集,存储在只读存储器(ROM)或可编只读存储器(PROM)中,电脑根据各个传感器输送的不同信号,再依据控制程序来计算出最佳的输出数值,让变速器在最佳的状态下工作,这些程序可以通过特定的仪器设备来写入或重新改写。如奥迪车的中控门锁电脑在更换时要进行编程和设码,通常被称为CODING,否则,中控门锁不工作或工作失调。而控制数据是汽车生产厂家经过大量的实验而得到的标定参数,包括发动机的喷油和点火曲线,变速器换挡时刻等。控制数据与程序的特定部分相联系,并在控制系统自检时保持不变。

2.1.2 输入信号

2.1.2.1 车速传感器(VSS)

车速传感器安装在变速器的输出轴上或差速器的主动齿轮上,有的车辆安装在从动轮上,主要用于检测自动变速器输出轴的转速。自动变速器控制单元利用此信号来调节换挡时刻以及所换入合适的挡位。

常见的车速传感器有电磁式、舌簧式、霍尔式等。

电磁式车速传感器主要由永久磁铁、感应线圈等部件组成。如图2-39所示。当输出轴转动时,套在输出轴上的齿环就一起转动,由于齿环上有缺口和凸起,因此,在线圈和永久磁铁组成的传感器中就产生了磁通量的变换,进而在线圈上产生感生电动势(电压),这个电动势的大小随车速的高低作周期性变化。车速越高,感生电压就越大,周期就越小。传感器上的线圈电阻随温度稍有变化,一般温度越高,阻值越

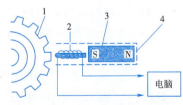

图2-39 电磁式车速传感器示意图
1-停车锁止齿轮;2-感应线圈;3-永久磁铁;4-车速传感器

大。另外不同车型的传感器,其阻值各不相同,通常在500～800Ω之间。

舌簧式车速传感器如图2-40所示。它由玻璃管或塑料管以及管内的两个细长的触头组成,并且触头由铁、镍等磁性材料组成。当变速器输出轴上的齿环转动时,由于钢质齿环上有缺口和凸起,因此,两磁性触头就在磁场的变化作用下而结合或断开,进而就会输出不断变化的开关信号,此信号的快慢就反映车速的大小。对于这类传感器的检修,首先测量参考电压,通常有5V、8V、12V等种类,其次是用示波器测量波形,一般为方波信号,随车速的变化,方波的大小和频率也变化。

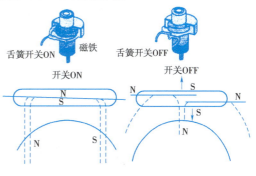

图2-40 舌簧式车速传感器示意图

2.1.2.2 节气门位置传感器(TPS)

节气门位置传感器是反映发动机节气门开度大小的装置,而节气门完全是由驾驶员通过加速踏板来控制的。因此节气门位置传感器用于反映发动机负荷大小。传统上的节气门位置传感器装在节气门轴上,由节气门轴来驱动。现在新车型都装的是电子节气门,如奥迪A6、丰田公司生产的2004款2.4L佳美、奔驰W220车等,在这些车上,节气门位置传感器装在电子节气门控制执行器内,装有ECU和TCU的系统,通常情况下,节气门位置传感器输出的信号首先供给发动机控制单元,发动机控制单元再通过信号线或数据线传递给变速器控制单元(TCM)。当然也有例外,如日产许多车型的节气门位置传感器将两个不同形式的传感器(开关式和线性式)装成一体,其中一个信号给发动机控制单元,另一个信号给变速器控制单元使用。

节气门位置传感器输出的是模拟信号,通常有三端子式或四端子式。四端子式如图2-41所示。

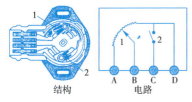

图2-41 节气门位置传感器示意图
1-线性电位计滑动触点;2-怠速开关;
A-基准电压;B-节气门开度信号;C-怠速信号;D-搭铁

2.1.2.3 冷却液温度传感器(ECT或CTS)

冷却液温度传感器向控制单元输入发动机冷却水的温度信号,如果水温过低时,控制单元会适时延迟升挡时刻,以改善换挡性能,有的车辆会控制不能换入高速挡,同时控制单元会阻止液力变矩器的锁止离合器工作;当发动机水温达到正常温度或过高时,控制单元会让变矩器锁止离合器工作,以帮助发动机快速冷却。结构和温阻特性如图2-42所示。

2.1.2.4 发动机转速传感器

发动机转速传感器常见的是脉冲式,另有电磁式或霍尔式。其主要功能是检测发动机转速、发动机曲轴转角。转速传感器通常装在分电器内、曲轴或凸轮轴端部。结构和工作原理不再重复。

2.1.2.5 变速器油温传感器

在某些车上装有检测变速器内部油温的传感器作为输入装置。变速器油温传感器安装在自动变速器油底壳的阀体上。它是一个负温度系数的热敏电阻元件,即温度升高时其内部电阻就会减小,温度降低时其内阻增大。

在车辆起步或发动机低速大负荷时,液力变矩器的转速比大、效率低、发热量大、变速器的油温高。如果油温达到或超过电脑预定的温度界限,变速器要在较高的发动机转速下换挡。

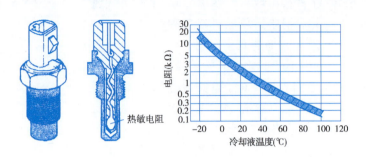

图 2-42　冷却液温度传感器示意图

在某些车型上,当变速器油温传感器出现故障时变速器会锁定在某一挡位而不换挡,以保护变速器不受进一步损坏。

2.1.2.6　空挡起动开关(P/N 挡位开关)

空挡起动开关一般位于变速器手动轴上或手动选挡杆下方,用于检测手动选挡杆的位置。同时,也起到安全作用,即只有在 P/N 位时,才能起动发动机,否则不能起动发动机。

空挡起动开关通常有两种类型:一种为逻辑判断型,另一种为触点型。在逻辑判断型中,挡位开关的位置信息是利用开关的几条编码线路传给变速器控制单元的,如图 2-43 所示。右半部分为挡位开关位置信号电路,其上的开关触点 2、3 和 4 分别与变速器控制单元的插头 50、14 和 33 相连。三个触点的闭合与断开可以构成多种组合,分别表示换挡位置 P、R、N、D、3、2、1 等,从而将挡位信息输送给变速器控制单元。

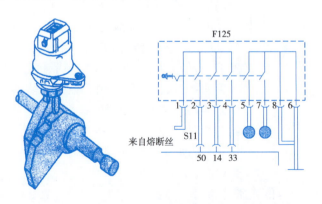

图 2-43　挡位开关示意图

在触点型的挡位开关中,当选挡杆处于不同的位置时,相应的触点闭合或断开,自动变速器根据不同的闭合触点,测得选挡杆位置,从而按照不同的程序控制自动变速器换挡。

2.1.2.7　制动灯开关

制动灯开关位于制动踏板处,用于判断制动踏板是否被踩下或松开。如果制动踏板被踩下,则该开关便将相关信号输送给控制单元,以解除变矩器离合器的结合,从而防止突然制动时将发动机强制熄火。

检查该开关有几种方法。一是踩制动踏板,看后制动灯是否点亮;二是用诊断电脑查看数据流,看制动开关的状态是否改变;三是用万用表测量开关动作信号。

2.1.2.8 超速挡开关

如图2-44所示,超速挡开关用来控制自动变速器的超速挡。当超速挡开关闭合后,超速挡的电路接通,若此时手动选挡杆位于D挡位,则随着车速的升高,自动变速器就会有可能升到超速挡。超速挡开关断开后,仪表上就会有"O/D OFF"字样显示(表明超速挡关闭),此种情况下,自动变速器将不能升到超速挡。

检查和维修该开关有一个简单的方法:打开点火开关至仪表灯点亮,然后点按开关,此时观察仪表上的"O/D OFF"灯是否熄灭或点亮。如果状态未改变,则需维修或更换。

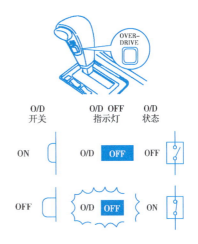

图2-44 超速挡开关示意图

2.1.2.9 换挡模式选择开关

换挡模式选择开关通常位于手动换挡杆的旁边,便于驾驶员操作。所谓换挡模式就是指自动变速器的换挡规律,如换挡时刻的早晚、换挡油压的调整等。常见自动变速器的换挡模式有以下几种。

(1)标准模式(standard):该种模式下,自动变速器的换挡规律既保证车辆的动力性又保证了车辆的经济性,俗话说车辆既有劲又省油。

(2)经济模式(economic):经济模式是以汽车获得最佳燃油经济性为目标来设计的换挡规律。当自动变速器在该模式下工作时,其换挡规律应能使发动机转速经常处于经济转速范围内,改变换挡时刻,使换挡点提前,这样在相同车速下,使发动机转速较低,从而节省燃油。

(3)动力模式(sport):动力模式又称运动模式,是以汽车获得最大动力为目标来设计的换挡规律,使换挡点(换挡时刻)推迟,以保证有更大的动力输出。在动力模式下,自动变速器的换挡规律能使发动机转速处于较高的转速范围内,从而有更多的动力输出。

(4)雪地模式(snow):雪地模式是适用于在雪地上行驶的方式。如果初始位置在2挡,那么当车速降至1挡后,不再升挡。当选挡杆位于"D"位时,自动变速器只有3个挡,以防止车轮打滑。

上述控制模式并不是每一种电子控制自动变速器都具备,通常自动变速器只具备上述中的若干种模式,早期的自动变速器只有一种换挡模式,固化在控制单元中,不能选择。

2.1.2.10 强制降挡开关

强制降挡开关又称强制低挡阀,其作用是在节气门全开或接近全开时,强制性地将自动变速器降低一个或多个挡位,以提高驱动轮的驱动力来获得更大的加速性能。强制降挡阀的工作原理是,从阀输出来自主油路的压力油作用于各换挡阀与节气门作用相同的一端,将换挡阀阀芯向降挡方向移动,从而使自动变速器降挡。

常见的强制降挡阀有滚轮式和电磁式两种。某些自动变速器采用的是机械滚轮式降挡阀,当加速踏板踩到全开或接近全开位置时,由节气门拉线驱动的偏心凸轮推动相应的降挡阀移动,进而改变变速器的运行挡位。电磁式强制降挡阀则是利用电磁阀控制挡位降低,其结构简图如图2-45所示。该种降挡开关安装在加速踏板下,当加速踏板快踩到底时,强制降挡开关闭合,电磁阀接通,阀芯在电磁力作用下移动,打开油路,主油路压力油经阀芯通至各个换挡阀,使换挡阀阀芯向降挡方向移动,自动变速器降低一个挡位。

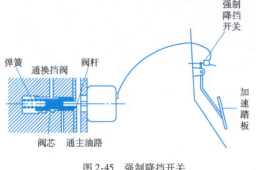

图2-45 强制降挡开关

这里特别提醒的是随着汽车制造技术的飞速发展,控制或影响变速器换挡的输入信号不仅仅是上面提到的几种常见传感器或各种开关了,而是各种传感器都有可能控制或影响自动变速器换挡,这主要是通过汽车网络来实现的。在某些车辆中,如果空气流量计出故障,则有可能影响变速器换挡。因此在以后的新车维修当中,一定要以网络的概念来修车,不能单纯地去维修某个局部故障。

2.1.3 执行器

在自动变速器电控系统中,执行器是电控单元发出指令而进行动作的装置。其动作的准确性直接影响变速器的换挡品质好坏。执行器的结构如图2-34、图2-35所示。

2.2 控制电路的基本原理

典型电控自动变速器的控制电路图如图2-46所示。此图基本上反映了常见电控自动变速器的电路结构状况。下面分析控制电路的基本工作原理。

从自动变速器控制电路图上看出,蓄电池首先给控制单元提供一个或多个常电源(B),然后又通过点火开关提供二次电源(IG),通过搭铁端子(GND)搭铁,这样控制单元就有了工作电源和公共端,它可以正常地接收和处理各种信号,并且去控制各电磁阀工作。制动开关信号是一种电源电压信号,通过导线输送给控制单元BK端子,利用此信号以及其他信号来降低挡位至一挡。行驶模式选择开关向控制单元提供的是电源电压信号(PWR),利用此信号识别出驾驶员要求运行动力模式,推迟自动变速器的换挡时刻,否则是常规模式。节气门位置传感器将怠速信号直接输送给自动变速器控制单元,不同位置的节气门开度信号通过发动机电脑与自动变速器控制电脑之间的数据线传输,自动变速器控制单元依此判定发动机的负荷,进而配合其他信号来控制不同的电磁阀换挡。冷却液温度传感器信号也是通过数据线从发动机电脑中取得,自动变速器控制单元利用此信号来决定换挡时刻的早晚。车速传感器信号直接输送到自动变速器控制单元端子SP_2,利用此信号,再配合其他信号来确定换挡时刻。空挡起动开关信号分别输送到自动变速器控制单元的2、L、N、D、R等端子,以确定自动变速器的手选挡位。自动变速器通常有3~4个电磁阀,但新型自动变速器多达8~9个电磁阀,图2-46中有3个电磁阀,S_1、S_2用于控制换挡,S_3是用于控制锁止离合器。这些电磁阀是双线制控制,一端直接搭铁,另一端由控制单元控制电源。这些电磁阀通过接通或堵塞不同的液压油路,进而使不同的滑阀动作,变速器就相应的换入不同的挡位。换挡动作如图2-47所示。

不同挡位情况下,电磁阀、制动器和离合器的工作状态见表2-4。

单元二 电控自动变速器的构造与维修

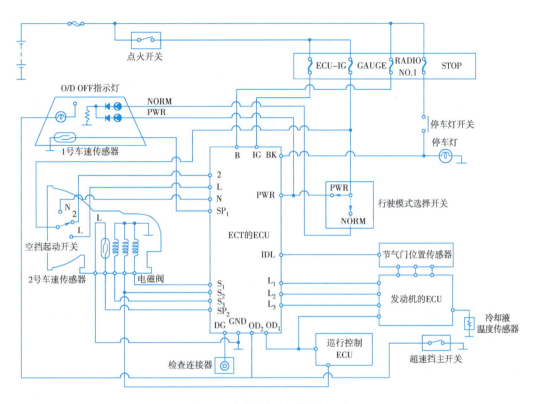

图 2-46 自动变速器控制电路简图

各挡应用元件表   表 2-4

挡位	挡	1号电磁阀	2号电磁阀	C_0	F_0	B_0	C_1	C_2	B_1	B_2	F_1	B_3	F_2
P	停车	ON	OFF	●									
R	倒挡	ON	OFF	●				●				●	
N	空挡	ON	OFF	●									
D	D1	ON	OFF	●	●		●						●
D	D2	ON	ON	●	●		●			●	●		
D	D3	OFF	ON	●			●	●		●			
D	超速	OFF	OFF			●	●	●					
2	1挡	ON	OFF	●	●		●						●
2	2挡	ON	ON	●	●		●			●	●		
2	3挡	OFF	ON	●			●	●		●			
1	1挡	ON	OFF	●	●		●					●	●
1	2挡	ON	ON	●	●		●		●	●	●		

注：●表示参与工作。

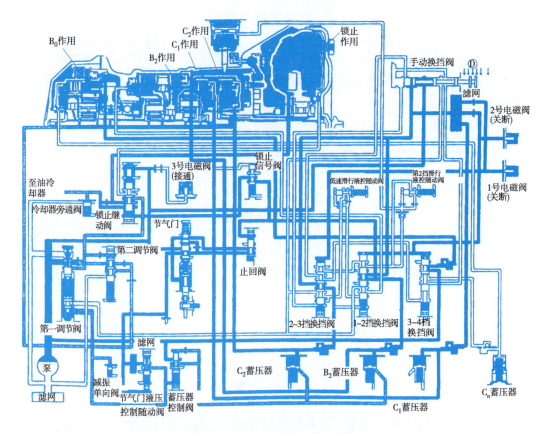

图 2-47 自动变速器挡位动作示意图

3 电控自动变速器的维修

电控自动变速器的维修同其他零部件或系统维修一样,首先要求对所维修的自动变速器的结构、原理、检修要领有所了解。从各个汽车生产厂家所提供的维修资讯来看,在维修方法和思路上基本相同。总体上自动变速器的维修可分为纯机械部分维修和电子控制部分的维修,但是电子控制部分维修也离不开机械方面的检查,如测试电磁阀的动作等,所以说,电子控制部分的维修检查包括电控元件的性能检测和相关机械方面的性能检测。

3.1 电控自动变速器主要控制元件的性能检测

自动变速器主要控制元件一般包括控制单元、传感器、执行器、相关电路等几个部分。下面就分别介绍它们的性能检测。

3.1.1 控制单元

对自动变速器控制单元的插接器进行检测时,首先要知道各个端子的功能及工作参数,然后通过测试判定其好坏,检测时首先要接通点火开关,顺序测量其终端电压数值。其检测方法如图 2-48 所示。

单元二 电控自动变速器的构造与维修

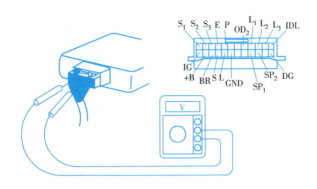

图 2-48　控制电路检测方法

表 2-5 为丰田某种型号自动变速器控制单元插接器在正常情况下的终端电压值。

控制单元终端电压正常值　　　　　　　　　　　　　　　　表 2-5

终　端	测 量 状 态	电　压（V）	
		DENSO 控制单元	AISIN 控制单元
L_1-GND	节气门完全关闭 节气门全关、全开 节气门全开	5 5 – 0 0	12 12 – 0 0
L_2-GND	节气门完全关闭 节气门全关至全开 节气门全开	5 5 – 0 – 5 5	12 12 – 0 – 12 12
L_3-GND	节气门完全关闭 节气门全关至全开 节气门全开	5 5 – 0 – 5 – 0 – 5 5	12 12 – 0 – 12 – 0 – 12 12
IDL-GND	节气门全关 节气门开度在 1.5 以上	0 4	← ←
SP_1-GND	停车 发动机工作，车辆行驶	12 或 0 6	← ←
BR-GND	踩下制动器 不踩下制动器	12 0	← ←
S-GND	"S" 位 "S" 位之外	9 – 16 0 – 2	← ←
L-GND	"L" 位 "L" 位之外	9 – 16 0 – 2	← ←
S_1-GND		12	←

续上表

终端	测量状态	电压(V)	
		DENSO 控制单元	AISIN 控制单元
S_2-GND S_3-GND		0	←
OD_2-GND	OD 主开关接通	12	←
	OD 主开关断开	0	←
IG-GND	停车	0	←
SP_2-GND	停车	5 或 0	12 或 0
	发动机运转	4	10
PWR-GND	PWR 模式	12	←
	除 PWR 模式外	1	←
ECO-GND	ECO 模式	12	←
	除 ECO 模式外	1	←
+B-GND		12	←

注：DENSO、AISIN 均为日本著名的汽车零部件生产商，他们主要生产汽车电器元件。

变速器的控制单元(电脑)在工作过程中也会发生故障，使系统工作瘫痪。但是分析起发生故障的原因来有以下几种。

(1) 不规范的操作。如在拆卸之前未断开电源或断开电源时间过短；在拆卸时未采取静电防护措施；用内阻较小的万用表来测量电脑的端子；乱接乱改线路；随意"刮火"等。

(2) 电流过载。通常是因为电磁阀或执行器电路内部短路引起的，当出现上述情况时会造成控制单元的电流过大而使相关电路损坏。因此，在更换控制单元之前确保电路正常，以免电脑烧坏。

(3) 环境因素。水是使电脑损坏的最常见因素。如控制单元被水浸泡，有时控制单元的周围水分过多，潮气太大等，都会使控制单元内部微电路或集成块损坏。其次是外来的振动或冲击，这也会使电脑损坏。

(4) 电脑自身因素。电脑在制造过程中存在缺陷，电子元件的寿命到期等，也是电脑损坏的原因之一，但几率非常小。

当确认控制单元出现故障后，一般有两种处理方法，一是发现电脑的故障部位较明显，易于维修，则及时维修。二是发现电脑故障点不明显，但确认不良，要更换新的。在更换新电脑时要注意以下几点。

(1) 确认电脑的型号和版本号。电控自动变速器电脑的种类繁多，即使是同一车型也有差别，因此，准确识别是正确更换的前提。对于更换控制单元而言，两者相似也不行，必须完全符合所修车辆的要求。正确地识别控制单元不仅需要车辆的生产年份、厂家、型号，而且还要知道控制单元的原厂零件号。通过这些信息来订购完全相同的零部件或可以替换的零部件。

(2) 更换的方法。不同车型、不同年款、控制单元和安装位置都不相同，如老款本田雅阁的变速器控制单元在乘客侧的脚踏板处；奥迪车(C5A6)的变速器电脑在乘客侧的座椅下面；部分丰田车的变速器控制单元在仪表台的右侧下面。拆卸之前必须将电源断开一定时间后再作业，然后重新装上控制单元，最后接上电源。对于有些车辆的控制单元在更换后必须学习,以便掌握相关的车辆行驶参数。部分要用原厂仪器来编程或输入代码,只有这样,变速器才能正常工作。

3.1.2 输入信号

以雷克萨斯车用 A341E 自动变速器为例分析各传感器的检查和维修方法。

3.1.2.1 车速传感器(VSS)

首先测量传感器的阻值,常温下阻值为 560~680Ω,否则予以更换或维修;其次测量励磁电压,方法如图 2-49 所示。将一磁铁靠近传感器,然后突然移开,此时万用表应有极小的电压出现,如果无电压出现,则需更换;最后测量波形,将传感器安装好,用汽车示波器检测其波形,如图 2-50 所示。

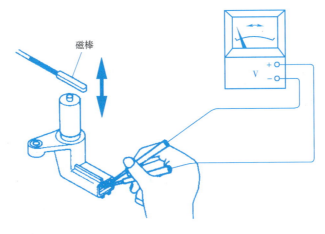

图 2-49 检测感应电压

3.1.2.2 节气门位置传感器(TPS)

如图 3-51 所示,首先用万用表测量 A、D 两端子间的电阻,通常为 1800~2100Ω;其次安装好传感器,用示波器测量 B 端子的输出电压,随节气门开度增大,电压从 0.5V 一直连续上升到 4.9V 左右,否则予以维修或更换。

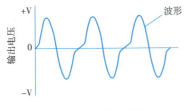

图 2-50 测量电压波形

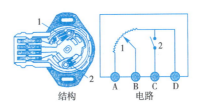

图 2-51 节气门位置传感器检测图
1-线性电位计滑动触点;2-怠速开关;
A-基准电压;B-节气门开度信号;C-怠速信号;D-搭铁

3.1.2.3 水温传感器(CTS)

如图 2-52 所示,冷却液温度传感器是一种负温度系数的热敏电阻元件,当温度升高时其内部电阻减小,温度降低时其内部电阻增大。因此,当参考电压(一般为 5V)恒定不变时,其输出电压应随温度的高低而变化。

首先测量参考电压为5V,搭铁线与电池负极相通,否则维修线路或控制单元;其次在不同温度下测量传感器阻值,应满足图2-52右侧图表所示的变化趋势,否则予以更换。

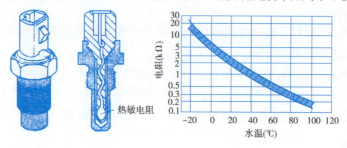

图2-52 冷却液温度传感器检测示意图

3.1.2.4 自动变速器油温传感器(O/T)

首先测量阻值,常温(25℃)下为3.5kΩ左右。如果相差太大,则予以更换,其次检查在不同温度下的阻值,要符合维修资料中规定的要求,否则予以更换。

3.1.2.5 空挡起动开关

挡位开关如图2-53所示,其工作情况见表2-6。

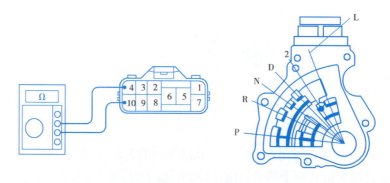

图2-53 挡位开关及其端子检测示意图

挡位开关工作情况表　　　　　　　　　　　　　表2-6

端子 挡位	6 (B)	5 (N)	4 (C)	7 (PL)	8 (RL)	10 (NL)	9 (DL)	2 (2L)	3 (LL)
P	○—○		○—○						
R			○—○						
N	○—○		○—○			○			
D			○—○				○		
2			○—○					○	
L			○—○						○

注:——表示连通。

如果测量结果与上表不符,则更换或调整挡位开关。

3.1.2.6 超速挡开关

检查和维修该开关的简单方法:打开点火开关至仪表灯点亮,然后按压开关,此时观察仪表上的"O/D OFF"灯是否熄灭或点亮,如图 2-54 所示。如果状态未改变,则需维修或更换。

3.1.2.7 行驶模式选择开关

行驶模式选择开关是驾驶员用来选择所需的行驶模式的,如图 2-55 所示。用数字式万用表检测的方法是:将万用表的一只表笔搭铁,另一只表笔连接到电脑插接器的 PWR 端子,读取电压值,正常值见表 2-7。如果数值不符合规定,则维修或更换行驶模式选择开关。

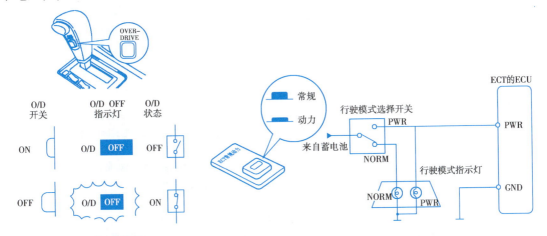

图 2-54 超速挡开关示意图

图 2-55 模式选择开关示意图

模式选择开关数值表　　　　　　　　　　　　　表 2-7

行驶模式	PWR 端子电压	行驶模式	PWR 端子电压
NORMAL(常规)	0V	POWER(动力)	12V

3.1.3 执行器

3.1.3.1 脉冲式电磁阀

应用较为广泛的是主油压控制电磁阀、蓄压器背压控制电磁阀,锁止离合器控制电磁阀也有应用。

以雷克萨斯车用 A341E 自动变速器为例分析其检查和维修方法,检查方法如图 2-56 所示。

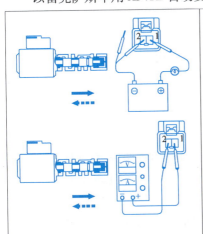

检查电磁阀线圈阻值:
1. 举起车身并拆卸变速器油底壳。
2. 将电磁阀线束接头脱开,用万用表测量电磁阀线圈两端的电阻值。
测得的阻值应满足技术规范,否则更换电磁阀。
检查电磁阀初步动作:
将串联有 8～10W 灯泡的导线连到电池的正极与电磁阀线圈的一端,再将另一导线连到电池负极与电磁阀线圈另一端,然后看电磁阀阀芯的移动与否。
如图所示:将电路连好后,阀芯向右移动;
　　　　　将电路断开后,阀芯向左移动。
用变化电流检查电磁阀动作:
1. 准备一个可变电源,将电源的正负极分别连接到电磁阀线圈的两端。
2. 当线圈两端电压慢慢增大时,阀芯应慢慢向右移动。
3. 当线圈两端电压慢慢减小时,阀芯应向左移动,直至恢复到初始位置(注意,所加电流不能超过 1A)

图 2-56 脉冲式电磁阀检测图

3.1.3.2 开关式电磁阀

开关电磁阀是最简单、最常见的电磁阀,其主要作用是开启和关闭变速器相关油路,可用于控制换挡电磁阀,某些变矩器锁止离合器电磁阀等。

以凌志车用 A341E 自动变速器为例分析其检查和维修方法,检查方法如图 2-57 所示。

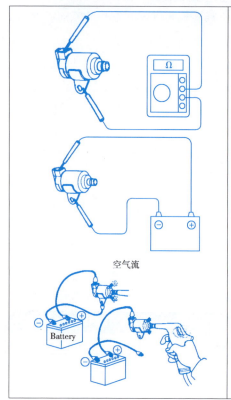

检查电磁阀线圈阻值:
1. 举起车辆并拆卸油底壳,断开电磁阀导线连接器。
2. 按照本图左上部分所示的方法来测量电磁阀阻值,正常的阻值为:11~15Ω。
3. 本图中部所示将正极电源连接到连接器,负极连接到电磁阀本体上。此时可听到电磁阀动作的响声

机械性能检查:
1. 拆卸油底壳和 1 号、2 号电磁阀。
2. 施加大约 490kPa 的压缩空气,此时电磁阀不应漏气。
当电池电压连接到电磁阀线圈上时,可听到压缩空气的漏气声

图 2-57 开关式电磁阀检测图

3.2 电控自动变速器的故障诊断与排除

由于电控自动变速器的结构和原理较复杂,因此,在维修时要避免出现盲目拆卸。否则有时甚至会出现老故障尚未排除,又添新故障的现象。由于电控自动变速器实际上是汽车的一个大总成,维修工应根据特有的故障现象,并依据自动变速器的结构特点和工作要领进行综合分析,找到相关的部位,按照故障概率的大小逐一进行检查和排除,一般情况下故障是一定能顺利地排除的。故障诊断的一般步骤如下。

(1)确认故障内容。维修技术人员要通过与用户的沟通了解报修的故障内容,必要时还要通过路试等手段确认报修故障。

(2)初步检查与调整。可用的测试手段包括目测检查和测量(检查胎压、怠速转速、自动变速器油位和状况、节气门拉线、换挡连杆机构、起动安全开关等),并使用故障诊断仪读取故障码。

(3)通过必要的测试进行诊断分析。根据故障码进行诊断分析,并通过诊断仪读取数据流,同时结合其他测试,如时滞试验、失速试验、压力试验、道路试验、人工换挡试验等(有些自动变速器规定有特殊试验,或规定某些测试不能做,具体请参照相应的维修手册)。通过初步

诊断可确定故障类型和范围:是机械方面的故障,还是电气方面的故障;是经常发生并存在的故障,还是偶发性故障。对于电液式自动变速器,应先进行自诊断。

(4)确定故障类型并进行检测维修。若是机械方面的故障,应按照规范做相应的调整、换油,必要时要进一步拆解检查。对于发现故障的分总成,要进行分总成压力试验和修理,对于阀体故障要进行阀体清洗和修理。修理完毕后,要按规范进行装配。并在装配后做压力和泄漏试验,确保无泄漏。若是电气方面的故障,要检查相应的线路和接头、传感器和电脑,在准确测量和初步判断的基础上做替换试验(注意:在做换件试验时,一定要确保替换零件是好的)。但是,有些车型电脑是不可以做替换试验的,其具体操作应详见维修手册。有些传感器在更换后要做相应的调整,电脑在更换后一般要重新设定。对于装有CAN总线的车辆,CAN总线故障可能也会引起变速器故障,因此要检查CAN总线线路和输入输出阻抗。对于偶发性故障,变速器电脑在清除后可能不会重新设置。这时可通过晃动试验或其他方法人工重新设置故障条件,或用诊断仪的行车记录功能捕捉数据做进一步分析。

(5)路试验车。检查起动安全开关的功能、换挡点、换挡品质、换挡模式切换功能、变速器油温及TCC锁止功能、时滞时间、失速转速、运转噪声、系统油压、换挡杆锁止功能等是否正常,并确认无故障出现。只有在确认故障确实已修复后才能通知客户取车,若仍有问题,则必须从第一步开始重新进行诊断。因为有些故障要经过一段时间或特定状况下才能显现,因此应保持定期回访客户,以确保故障已修复,同时可以维持良好的客户关系。

下面以雷克萨斯车用A341E型自动变速器维修流程来说明自动变速器故障诊断与排除的一般方法和步骤。该种自动变速器的结构如图2-1所示,为电控后驱型4速自动变速器,变速器控制单元与发动机控制单元组合在一起,统称为动力控制模块(又称PCM)。为减少发动机功率损失,在变矩器中采用了锁止离合器。该种自动变速器各个挡位所应用的液压执行元件和工作情况见表2-8。

各个挡位应用元件表　　　　　　　　　　　　　　　　　　　表2-8

选挡杆位置	挡位	1号电磁阀	2号电磁阀	C_1	C_2	C_0	B_1	B_2	B_3	B_0	F_1	F_2	F_0
P	停车挡	ON	OFF			●							●
R	倒挡	ON	OFF		●	●			●				●
N	空挡	ON	OFF			●							●
D	1挡	ON	OFF	●		●						●	●
D	2挡	ON	ON	●		●		●			●		●
D	3挡	OFF	ON	●	●	●		●					●
D	超速挡	OFF	OFF	●	●			●		●			
2	1挡	ON	OFF	●		●						●	●
2	2挡	ON	ON	●		●	●	●			●		●
2	3挡	OFF	ON	●	●	●		●					●
L	1挡	ON	OFF	●		●			●				●
L	2挡	ON	ON	●		●		●			●		●

注:●表示参与作用;C_1-前进挡离合器;C_2-直接挡离合器;C_0-超速直接挡离合器;B_1-第二滑行制动器;B_2-第二制动器;B_3-低/倒挡制动器;B_0-超速挡制动器;F_1-一号单向离合器;F_2-二号单向离合器;F_0-超速挡单向离合器。

3.2.1 调整与测试

3.2.1.1 自动变速器油面的检查与调整

首先将车辆行驶一会儿,让发动机和变速器达到正常工作温度(一般为 70～80℃)。如果发动机不能工作,则要以油尺上的"COOL"字样位置来参考。

(1)将车辆停放在水平路面上并可靠驻车,防止车辆移动;

(2)踩住制动踏板,让发动机怠速工作,将手动选挡杆从"P"→"R"→"N"→"D"→"2"→"L"动作一遍,然后回到"P"位置;

(3)拔出变速器油尺并擦干净,然后再放回原位置;

(4)重新将油尺拔出,观察油面位置,如图 2-58 所示。

3.2.1.2 自动变速器节气门拉线的检查与调整

(1)拆卸节气门体上盖固定螺钉,将节气门体上盖取下;

(2)检查节气门是否能完全关闭;

(3)检查内部拉线,不能有松弛;

(4)测量外部拉线终端与内部拉线上的制动器之间的距离。标准值为:0～1mm。不符合规定,则通过两个调整螺母调整,如图 2-59 所示。

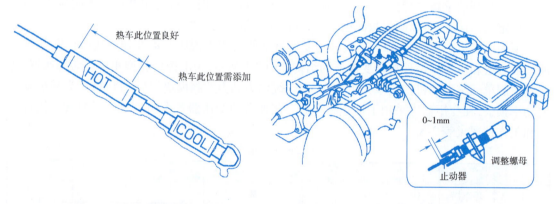

图 2-58 测量变速器油面   图 2-59 调整节气门拉线

(5)重新安回节气门体上盖。

3.2.1.3 自动变速器的道路试验

自动变速器故障诊断中一个重要的操作步骤就是道路试验,此项测试是通过实际驾驶车辆,在指定的工作条件下,检测或感觉自动变速器的换挡时刻是否符合原车的标准值。所谓标准值,就是自动变速器换挡时对应的车速与节气门体开度之间的对应关系,这是判断自动变速器故障的直接依据。同时也能感觉出自动变速器换挡品质的好坏,即有无冲击、振动、打滑、缺挡、噪声等情况。通过路试来确定故障类型,并以次推断故障位置。表 2-9 为 A341E 自动变速器换挡时刻标准值。

3.2.1.4 失速试验

试验目的是通过在"D"和"R"位置来测量发动机的失速转速,进而检测自动变速器的整体性能和发动机的部分性能。

安全注意事项:

(1)首先将发动机预热到正常温度(80~90℃);
(2)将预热正常了的车辆开车路试一段里程,让自动变速器在所有挡位工作一遍,并且温度达到正常温度(一般为 50~80℃);

自动变速器换挡时刻标准表(单位:km/h)　　　　　　　　　　　　　　　　表2-9

换挡点	降挡开关	模式开关	节气门全开(全关)						
			1→2	2→3	3→OD	[3→OD]	[OD→3]	OD→3	3→2	2→1
D位置	ON	常规或动力	70~75	120~130	188~199	33~38	24~28	182~193	110~119	59~64
	OFF	常规	70~75	120~130	163~173	33~38	24~28	118~127	75~80	10~14
		动力	70~75	120~130	188~199	33~38	24~28	156~166	105~111	10~14
2位置	ON	常规或动力	70~75	—	—	—	—	—	111~121	59~64
	OFF	常规或动力	70~75	—	—	—	—	—	111~121	10~14
L位置	ON	常规或动力	—	—	—	—	—	—	—	62~67

(3)将车辆用三角木块完全牢靠地锁住;
(4)单次发动机全负荷工作时间不得超过5s;
(5)在操作失速试验时车辆的前后方向不得站人。

试验步骤:
(1)用三角木块锁住车辆的4个车轮,固定要牢靠,不得松动;
(2)将发动机转速表连接测试接口上;
(3)用力完全踩下制动踏板;
(4)起动发动机;
(5)将变速杆置于"D"位置,然后快速踩下加速踏板(持续时间不得超过5s),并立即读出发动机的失速转速;
(6)用同样的方法测量在"R"位置时的失速转速。

试验结果分析:发动机的标准失速转速为:2050~2350r/min。试验结果评估见表2-10。

失速试验评估表　　　　　　　　　　　　　　　　表2-10

测试结果	可能的原因	测试结果	可能的原因
在"D"、"R"位置失速转速均低于标准值	1.发动机动力不足; 2.变矩器内的单向离合器工作不良	在"R"位置失速转速过高	1.主油路压力过低; 2.直接离合器打滑; 3.低/倒挡制动器打滑; 4.超速挡单向离合器工作不良
在"D"位置失速转速过高	1.主油路压力过低; 2.前进挡离合器打滑; 3.2号单向离合器工作不良; 4.超速挡单向离合器工作不良	在"D"、"R"位置失速转速均高于标准值	1.主油路压力过低; 2.油面不正确

3.2.1.5 时滞试验

试验目的是通过感觉换挡动作的早晚,检查和判断超速直接挡离合器、前进挡离合器、直接挡离合器、低/倒挡制动器的工作状况。

安全注意事项：

(1)变速器必须达到正常工作温度,通常为:50~80℃;

(2)确保每个试验间隔时间大于1min;

(3)在试验中,车辆的前后不得站人。

试验步骤：

(1)完全踩住制动;

(2)起动发动机,检查发动机怠速在正常范围内(650r/min);

(3)将手动换挡杆从"N"位置移到"D"位置,用秒表记录从"N"位置移出到感觉车辆轻微振动时所经过的时间;

(4)用同样的方法来记录从"N"位置到"R"位置所用的时间。

试验结果分析:变速器时滞试验标准值见表2-11,试验结果评估见表2-12。

时滞试验标准值表　　　　　　　　　　　　　　表2-11

迟滞时间	N→D	小于1.2s
	N→R	小于1.5s

时滞试验结果评估表　　　　　　　　　　　　　表2-12

问题	可能原因	问题	可能原因
N→D 迟滞时间长	1.主油路压力低; 2.前进挡离合器磨损; 3.超速挡单向离合器工作不良; 4.蓄压器背压过低	N→R 迟滞时间长	1.主油路压力过低; 2.直接挡离合器磨损; 3.低/倒挡离合器磨损; 4.超速挡单向离合器工作不良; 5.蓄压器背压过低

3.2.1.6 主油路压力测试

通过测试自动变速器主油路压力变化,间接地检查和判断自动变速器内部的油泵、控制阀体、相关油路、制动器和离合器工作是否良好。

安全注意事项：

(1)正确使用举升器,遵守各个工具的使用说明;

(2)引导车辆上举升器时,不得站在车辆的正前或正后方向,应偏离车辆侧向;

(3)在举升器上支车时应将举升器支脚支在车辆指定的位置(参考各车支撑点);

(4)确保发动机和自动变速器处于正常工作温度,自动变速器的正常油温为50~80℃;

(5)在测量油压时不要让油管接触排气管。

试验步骤：

(1)起动发动机,让自动变速器升温到正常工作温度,然后将发动机熄灭;

(2)将车辆移动到举升器上并举起,从自动变速器外壳左前侧拆下主油压测试接头,并连上自动变速器油压表,然后将车辆放下;

(3)完全踩下制动踏板,同时用三角木块锁住车轮;

(4)起动发动机,检查怠速转速(650r/min);

(5) 将变速杆置于"D"位置,分别在怠速工况和失速工况下测量主油路压力,并做好记录;

(6) 以同样的方法测量在"R"位置时的油压。

试验结果分析:主油压的标准值见表2-13,试验结果评估见表2-14。

主油路油压标准值表   表2-13

挡 位	"D"位置		"R"位置	
发动机转速	怠速	失速	怠速	失速
主油压(kPa)	382~431	1245~1363	579~657	1638~1863

压力试验结果评估表   表2-14

问 题	可能原因	问 题	可能原因
在所有位置时测量油压都高	1. 节气门拉线失调; 2. 节气门阀故障; 3. 调压阀故障	油压仅在"D"位置低	1. "D"位置油路泄露; 2. 前进挡离合器故障
在所有位置时测量油压都低	1. 节气门拉线失调; 2. 节气门阀故障; 3. 调压阀故障; 4. 油泵故障; 5. 超速直接挡离合器故障	油压仅在"R"位置低	1. "R"位置油路泄露; 2. 直接挡离合器故障; 3. 低/倒挡离合器故障

3.2.2 自动变速器的自诊断与电控元件的检测

3.2.2.1 自动变速器的自诊断

首先打开点火开关至仪表灯点亮位置,然后用手按压位于换挡杆上的O/D OFF指示灯开关,看仪表上的"O/D OFF"指示灯是否点亮和熄灭。如果既能点亮又能熄灭,则该指示灯功能正常,并且可以利用它来闪烁输出故障代码。

(1) 故障码的读取:

①将点火开关打开至仪表灯点亮位置,然后将"O/D OFF"指示灯熄灭如图2-60a)所示。

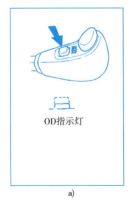
a)

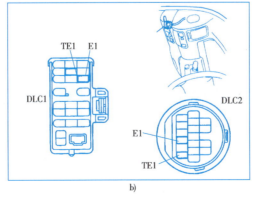
b)

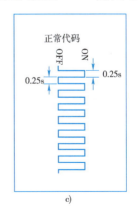
c)

图2-60 自诊断示意图

②用跨接线将诊断接头 DLC1 或 DLC2 上的 TE1 和 E1 端子跨接起来,如图 2-60b)所示;

③读取"O/D OFF"指示灯指示的故障代码。正常代码如图 2-60c)所示。

对于采用 OBD-II(第二代随车自诊断系统,诊断接头为 16 脚)诊断接头的车辆,就无法用跨接端子的方法来读取故障码,必须用相应的诊断仪才行。

故障代码含义如表 2-15 所示。

故障代码定义表　　　　　　　　　　　　　　表 2-15

故障代码	OD 指示灯闪烁模式	定义
38	先闪烁 3 次,后闪烁 8 次	变速器油温传感器或电路故障
42	先闪烁 4 次,后闪烁 2 次	1 号车速传感器或电路故障
46	先闪烁 4 次,后闪烁 6 次	4 号电磁阀或电路故障
61	先闪烁 6 次,后闪烁 1 次	2 号车速传感器或电路故障
62	先闪烁 6 次,后闪烁 2 次	1 号电磁阀或电路故障
63	先闪烁 6 次,后闪烁 3 次	2 号电磁阀或电路故障
64	先闪烁 6 次,后闪烁 4 次	3 号电磁阀或电路故障
67	先闪烁 6 次,后闪烁 7 次	超速直接挡离合器转速传感器或电路故障

(2)故障码的清除:

将故障代码所指示的故障区域维修完毕后,将点火开关关闭,然后拔掉熔断盒内的 EFI 熔断丝或将蓄电池的负极断开 10s 以上,即可清除故障代码。

3.2.2.2 自动变速器电控元件的检测

在维修自动变速器的电子控制部分时,首先要依据自诊断系统所检测到的故障信息查找故障部位,这是排除故障的直接依据。但在排除故障时必须针对故障信息内容来检查相关元件和电路,其中要包括控制单元。控制单元各个端子的功能名称如图 2-61 所示。

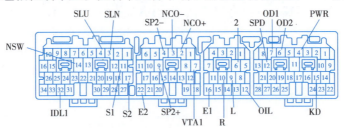

图 2-61 控制单元各端子功能示意图

控制单元各个端子检测标准数据见表 2-16。

端子检测标准数据表　　　　　　　　　　　　表 2-16

端子符号	测量状态		标准数值
SLN-E1	打开点火开关		10~14V
SLU-E1	点火开关打开		4~14V
NSW-E1	点火开关打开	换挡杆在 P 或 N 位置	低于 1V
		换挡杆在 P 或 N 位置之外	10~14V
NCO-NCO+	点火开关关闭,断开控制单元导线连接器		580~680Ω
SP2-SP2+	点火开关关闭		580~680Ω

续上表

端子符号	测量状态		标准数值
S1-E1	点火开关关闭		10～16Ω
	车辆在 2 位置行驶		10～14V
	点火开关打开		10～14V
S2-E1	点火开关关闭		10～16Ω
	车辆在 2 挡或 3 挡行驶		10～14V
	点火开关打开		低于 0.5V
VTA1-E2	点火开关打开	加速踏板未踩下	低于 1.5V
		加速踏板完全踩下	3.0～5.5V
IDL1-E2	点火开关打开	加速踏板未踩下	低于 1V
		加速踏板完全踩下	10～14V
SPD-E1	点火开关打开,让后轮转动		产生 0～8V 波形
KD-E1	点火开关打开	加速踏板未踩下	10～14V
		加速踏板完全踩下	低于 0.5V
R-E1	点火开关打开	换挡杆在 R 位置	10～14V
		换挡杆在 R 位置之外	低于 0.5V
2-E1	点火开关打开	换挡杆在 2 位置	10～14V
		换挡杆在 2 位置之外	低于 0.5V
L-E1	点火开关打开	换挡杆在 L 位置	10～14V
		换挡杆在 L 位置之外	低于 0.5V
OD1-E1	点火开关打开		9～14V
PWR-E1	点火开关打开	模式选择开关在 PWR 位置	10～14V
		模式选择开关在 NORM 位置	低于 1V
OD2-E1	点火开关打开	OD 开关在 ON 位置	10～14V
		OD 开关在 OFF 位置	低于 0.5V
OIL-E2	自动变速器油温在 110℃		低于 1V

下面仅以油温传感器,1号、2号电磁阀为例讲述传感器和执行器的检修方法。

(1) 油温传感器。油温传感器的检测步骤如图2-62所示。

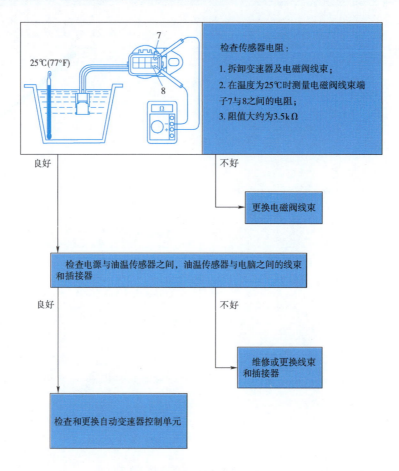

图2-62 油温传感器检测步骤

(2) 检测1号、2号电磁阀。电磁阀的检测步骤如图2-63所示。

3.2.3 电控自动变速器常见故障及排除方法

电控自动变速器在使用过程经常出现一些故障,如自动变速器不能自动升挡或降挡,变矩器锁止离合器不工作,变速器换挡时刻过早或过晚,换挡冲击明显,自动变速器行车打滑,加速不良,无发动机制动,换挡模式不能选择等。这些小故障在诊断和排除过程中有一定的规律。下面就以雷克萨斯车用的A341E型自动变速器常见故障的诊断与排除方法为例来介绍故障的排除思路。

(1) 自动变速器从N→D时有明显冲击感,如图2-64所示。

(2) 自动变速器不能够自动换挡。自动变速器不能够自动换挡是变速器常见故障之一,通常表现为1挡不能够升到2挡,或2挡不能够升到3挡,或2挡不能够升到超速挡等。下面就以雷克萨斯车用A341E自动变速器的3挡不能够升到超速挡排除方法为例来说明不能够升挡的检查思路,如图2-65所示。

单元二 电控自动变速器的构造与维修

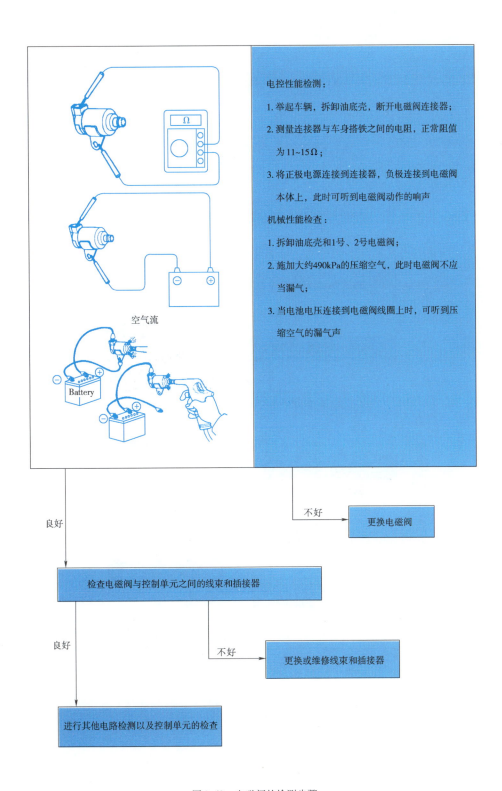

图2-63 电磁阀的检测步骤

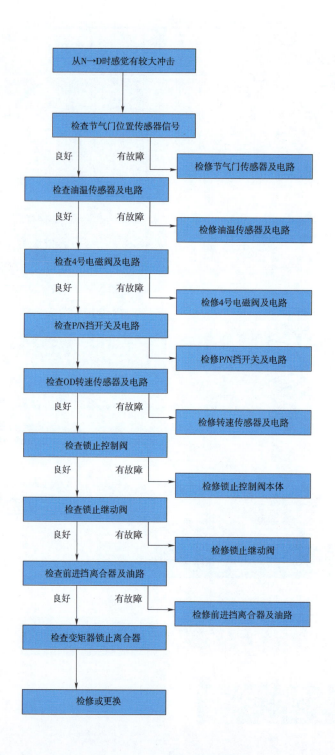

图 2-64　自动变速器换挡故障检修

单元二 电控自动变速器的构造与维修

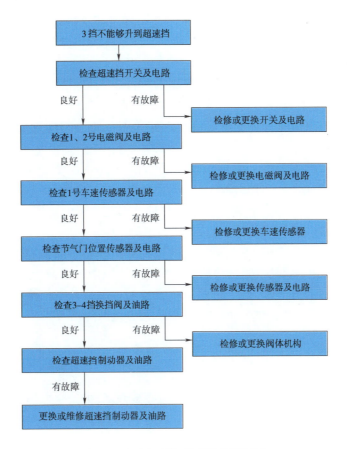

图 2-65 自动变速器不能升挡的故障检修

4 双离合器变速器

4.1 双离合器变速器的特点

双离合器变速器（Dual Cluth Transmission, DCT）相当于将两个手动变速器的功能集成到一个变速器中。双离合器变速器结合了手动变速器和自动变速器的优点，不使用液力变矩器，而采用两组离合器相互交替工作，来达到无间隙换挡的效果。两组离合器分别控制奇数挡与偶数挡。在换挡之前，已经预先将下一挡位齿轮啮合，在得到换挡指令之后，DCT 迅速向发动机发出指令，发动机转速升高，此时先前啮合的齿轮所对应的离合器迅速接合，同时第一组离合器完全放开，完成一次升挡动作，后面的动作依此类推。

大众公司将双离合器变速器称为 DSG（Direct – Shift Gearbox），直译为"直接换档变速器"。有以下特点。

（1）没有液力变矩器，也没有离合器踏板，反应灵敏，具有很好的驾驶乐趣。

因为没有了液力变矩器，所以发动机的动力可以完全发挥出来，同时两组离合器相互交替工作，使得换挡时间极短，车辆在加速过程中不会有动力中断的感觉，使车辆的加速更加强劲、圆滑。换挡可通过控制单元的换挡程序自动完成,可满足喜欢自动变速器的驾驶者对舒适性的要求。也可直接换挡,且换挡动作极其迅速而且平顺、无冲击,可满足喜欢手动变速器的驾驶者的驾驶乐趣。

(2)在传动过程中的能耗损失小,大大提高了车辆的燃油经济性。

继承了手动变速器传动效率高、运转空间紧凑、质量轻、价格便宜等许多优点,加上精密的电脑运算,又较一般的手动变速器拥有更精准的换挡控制,动力损失更小,其燃油消耗可以降低10%以上。

(3)增加了传动比的分配。大众汽车采用有两款双离合器变速器,一款为湿式6挡DQ250 02E型,另一款为干式7挡DQ200 0AM型。

(4)双离合器是由电子液压控制系统来操控的。双离合器的使用,可以使变速器同时有两个挡位啮合,使换挡操作更加快捷。

(5)DSG变速器也有手动和自动两种控制模式,除了变速杆可以控制外,转向盘上还配备有手动控制的换挡按钮,在行驶中,两种控制模式之间可以随时切换。选用手动模式时,如果不进行升挡操作,即使将加速踏板踩到底,DSG变速器也不会升挡。换挡逻辑控制可以根据驾驶人的意愿进行换挡控制。在手动控制模式下,可以跳跃降挡。

4.2 双离合器变速器的总体组成与工作原理

4.2.1 总体组成

以DQ200 0AM为例,双离合器变速器主要由双离合器、齿轮变速器、自动换挡机构、机电控制单元组成,如图2-66所示。

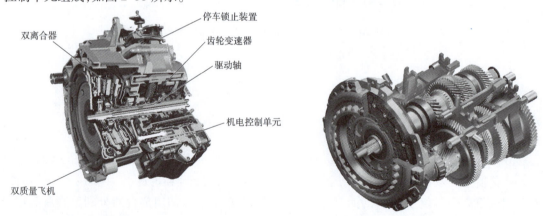

图2-66 DQ200 0AM双离合器变速器的结构

4.2.2 工作原理

0AM变速器工作原理如图2-67所示。

双离合器变速器包含两个独立的齿轮副。从功能上来讲,每个齿轮副结构可视为一个变速器,每个变速器匹配一个离合器,两个离合器都是干式离合器。通过离合器K_1、驱动轴1、变速器1和从动轴1可切换1、3、5和7挡;通过离合器K_2、驱动轴2、变速器2和从动轴2、从动轴3可切换2、4、6和倒挡。

变速器工作时,一组变速器啮合,对应的离合器处于接合状态;另一组变速器的挡位齿轮已被预选啮合,但对应的离合器仍处于分离状态。当换挡时一离合器将使用中的齿轮分离,同时另一离合器接合已被预选的齿轮,在整个换挡期间能确保有一组齿轮在输出动力,令动力没有出现间断的状况。

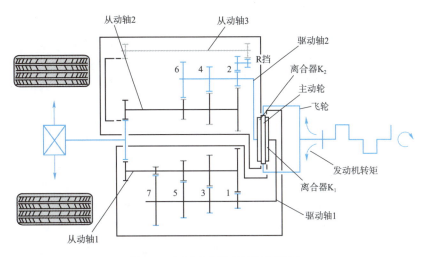

图 2-67　0AM 变速器工作原理示意图

转矩从固定在曲轴上的飞轮传递到双离合器上,在双质量飞轮里有一圈内齿,如图 2-68 所示,它们与双离合器驱动环上的外齿啮合,转矩传递到内部的双离合器的主动轮。

图 2-68　离合器转矩输入示意图

4.3　双离合器的结构与工作原理

离合器位于汽车发动机与变速器之间,既能传递动力,又能切断动力。其主要作用是保证汽车能平稳起步行进,同时通过变换挡位以减轻变速齿轮的冲击力,让汽车或快或慢的行进能更加平顺。

4.3.1　双离合器的结构

0AM 变速器的齿轮变速器内部结构简图,如图 2-69 所示。双离合器的结构如图 2-70 所示。双离合器被布置在钟形传动装置内。由两个干式离合器独立工作,分别将转矩传入相应的传动部分。

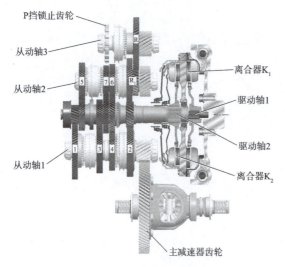

图2-69 0AM变速器的齿轮变速器结构简图

1-7- 1至7挡齿轮；R_1-倒挡中间齿轮；R_2-倒挡齿轮

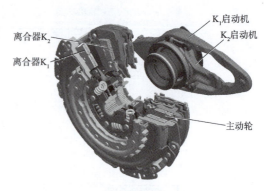

图2-70 0AM变速器的双离合器的结构

离合器K_1将转矩通过驱动轴1传到从动轴1上的1、3挡齿轮及从动轴2上的5、7挡齿轮上；离合器K_2将转矩通过驱动轴2传到从动轴1上的2、4挡齿轮及从动轴2上的6挡和倒挡齿轮上，通过倒挡中间齿轮R_1，转矩可以继续传到输从动轴3上的倒挡齿轮R_2上。

所有3个从动轴都与主减速器齿轮相连。

4.3.2 双离合器的工作过程

（1）发动机停止或空转时，两个离合器都分离。

（2）离合器K_1工作状态如图2-71所示。

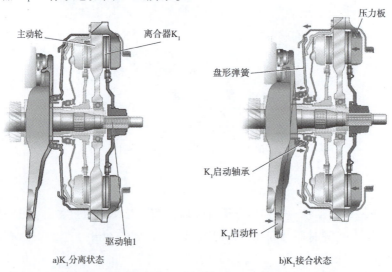

a) K_1分离状态　　　　　　　b) K_1接合状态

图2-71 0AM变速器K_1离合器工作状态

当满足换1、3、5、7挡时的工况时，DSG变速器控制单元J743将控制位于阀体上的电磁阀N435工作，并联合液压操纵执行机构控制离合器K_1的分离拨叉向右移动→分离轴承向右移动→膜片弹簧内侧向右移动→膜片弹簧以支撑压板为支点使离合器K_1的压盘向左移动→将

离合器 K_1 的摩擦片压紧在双离合器的驱动盘上。发动机的转矩经双质量飞轮→圆形支架→驱动盘→离合器 K_1 的摩擦片传递到变速器驱动轴 1。

（3）离合器 K_2 工作状态如图 2-72 所示。

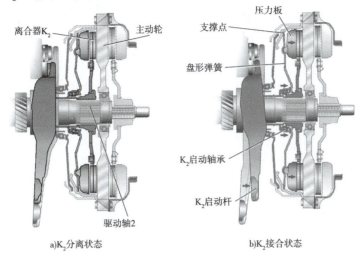

图 2-72　0AM 变速器 K_2 离合器工作状态

当满足换 2、4、6、倒挡时的工况时，DSG 变速器控制单元 J743 将控制位于阀体上的电磁阀 N439 工作，并联合液压操纵执行机构控制离合器 K_2 的分离拨叉向右移动→K_2 分离轴承向右移动→K_2 膜片弹簧内侧向右移动→离合器 K_2 的压盘向右移动→将离合器 K_2 的摩擦片压紧在双离合器的驱动盘上。发动机的动力经双质量飞轮→圆形支架→驱动盘→离合器 K_2 的摩擦片传递到变速器驱动轴 2。

4.4　齿轮变速器

0AM 变速器有两根驱动轴，即驱动轴 1 和驱动轴 2。驱动轴 1 通过花键与离合器 K_1 联接，驱动轴 2 通过花键与离合器 K_2 联接。驱动轴 1 为实心轴，和驱动轴 2 为空心套筒轴，两者组合成同心双传动轴结构。

0AM 变速器有三根平行的从动轴，它们都用球轴承支承在变速器壳体上，同时通过轴上的输出斜齿轮与主减速器齿轮相互啮合。

4.4.1　变速器驱动轴

0AM 变速器的驱动轴，承担着 7 个前进挡和 1 个倒挡的动力传递任务。两根驱动轴都安装在变速器壳体内，根据啮合的挡位，它们将发动机的动力传递到相应的输出轴上。其结构如图 2-73 所示。

（1）驱动轴 1。驱动轴 1 的作用是将变速器 1 挡和 3 挡的转矩传递到从动轴 1 上，将 5 挡和 7 挡的转矩传递到从动轴 2 上。驱动轴 1 右端有花键，与离合器 K_1 联接，用于驱动 1、3、5、7 挡；驱动轴 1 左端依次制有 1 挡、5 挡、3 挡和 7 挡的主动齿轮；为了监测变速器驱动轴 1 的转速，在 5 挡和 3 挡主动齿轮之间装有驱动轴转速传感器 G632 的脉冲轮。

（2）驱动轴 2。驱动轴 2 的作用是将变速器 2 挡和 4 挡的转矩传递到从动轴 1 上，将 6 挡和倒挡的转矩传递到从动轴 2 上,再通过倒挡中间齿轮 R_1,将转矩传递到从动轴 3 的倒挡齿轮 R_2 上。驱动轴 2 右端制有花键,与离合器 K_2 联接,用于驱动 2、4、6 挡和倒挡;驱动轴 2 的左端制有 4/6 挡斜齿轮和 2/倒挡斜齿轮;为了监测变速器驱动轴 2 的转速,在两个斜齿轮之间制有驱动轴转速传感器 G612 的脉冲轮。

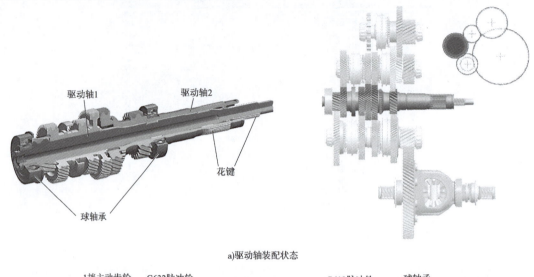

图 2-73 0AM 变速器驱动轴

驱动轴 2 是空心轴,驱动轴 1 穿过驱动轴 2,两驱动轴之间有滚针轴承。

4.4.2 变速器从动轴

0AM 变速器内有三根从动轴,根据变速器工作的不同挡位,发动机的转矩从驱动轴传递到不同的从动轴上。再通过从动轴上的从动齿轮、输出齿轮,将转矩传递到主减速器齿轮上。从动轴的结构是由从动齿轮、输出齿轮、轴承和同步器组成的。

(1) 从动轴 1。

从动轴 1 主要承担驱动轴 1 传来的 1 挡及 3 挡动力和驱动轴 2 传来的 2 挡及 4 挡动力输出作用。

从动轴 1 的结构如图 2-74 所示,从左往右依次装有 1 挡、3 挡、4 挡和 2 挡从动齿轮,与驱动轴上的主动齿轮相互啮合,它们与从动轴一都是浮动联接,主要靠 1/3 挡同步器和 2/4 挡同步器实现换挡;该轴的两端分别装有轴承,与变速器上的轴承座配合;在轴的右侧有一个输出齿轮,它与从动轴 1 制成一体。

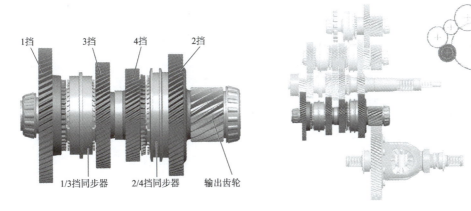

图 2-74　0AM 变速器从动轴 1

(2) 从动轴 2。

从动轴 2 主要承担驱动轴 1 传来的 5 挡及 7 挡动力和驱动轴 2 传来的 6 挡及倒挡的动力输出作用。

从动轴 2 的结构如图 2-75 所示,从左往右依次装有 5 挡、7 挡、6 挡从动齿轮和倒挡中间齿轮 1 和 2,它们与从动轴 2 也是浮动连接,是利用 5/7 挡同步器和 6/倒挡同步器实现换挡;轴的右侧同样也有一个输出齿轮,它与从动轴 2 制成一体。

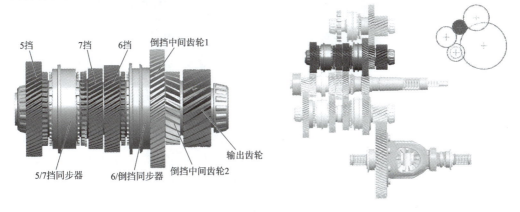

图 2-75　0AM 变速器从动轴 2

(3) 从动轴 3。

从动轴 3 也称倒挡轴,主要是将倒挡的动力经此轴传递到主减速器齿轮上。

倒挡轴的结构如图 2-76 所示,结构由倒挡齿轮、输出齿轮、倒挡同步器、驻车止动轮以及两侧轴承组成。倒挡齿轮与从动轴 3 为浮动连接,是利用同步器换挡的;输出齿轮和驻车止动轮与从动轴三为固定连接。这里的驻车止动轮作用是在停车时,变速杆推入 P 位,使停车锁块与驻车止动轮相互啮合,使从动轴 3 固定不能旋转,避免传动轴旋转。

4.4.3　驻车锁止器

驻车锁止器如图 2-77 所示,集成在双离合器变速器上,用于确保驻车稳定,并在驻车制动杆没有拉起的情况下防止车轮不经意地滑动。

锁销通过变速器上的变速杆和驻车锁止杆的拉索纯机械啮合。拉索只用于启动驻车锁止器。

图 2-76　0AM 变速器从动轴 3

图 2-77　驻车锁止器

4.4.4　挡位的切换

挡位的切换与普通手动变速器一样，都是通过使用拨叉进行换挡。每个换挡拨叉切换两个挡位。拨叉内置在变速器壳体的两侧，如图 2-78 所示。

4.4.5　各挡位传动原理

各挡位的动力传递路线如图 2-79 所示。

在 1、3、5、7 挡位时，离合器 K_1 接合，离合器 K_2 分离；在 2、4、6、倒挡位时，离合器 K_1 分离，离合器 K_2 接合。

变速器在工作状态下，同时有两个挡位是接合的。预先选好挡位，为接下来的换挡做准备，可大大

图 2-78　0AM 变速器拨叉位置

缩短换挡时间，相应地，通过控制系统对双离合器的工作油压进行调节控制，可以进一步改善

单元二 电控自动变速器的构造与维修

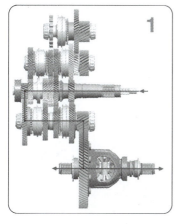
a) 0AM1挡动力传递路线

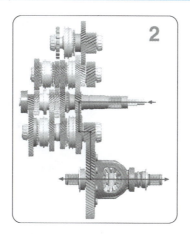
b) 0AM2挡动力传递路线

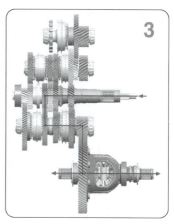
c) 0AM3挡动力传递路线

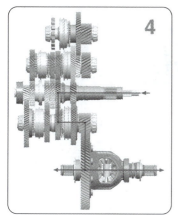
d) 0AM4挡动力传递路线

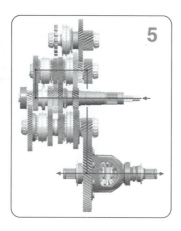
e) 0AM5挡动力传递路线

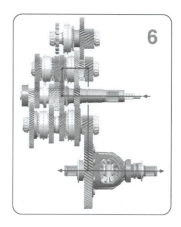
f) 0AM6挡动力传递路线

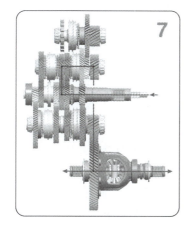
g) 0AM7挡动力传递路线

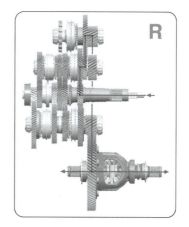
h) 0AM倒挡动力传递路线

图2-79 0AM各挡位动力传递路线

变速器的换挡品质,使汽车换挡更加平顺、舒适。

例如,变速器在降挡时,如果4挡正在工作,则3挡作为预选挡位而接合。变速器的升挡或降挡是由 ECU 进行判断的,踩加速踏板时,ECU 判定为升挡过程,作好升挡准备;踩制动踏板时,ECU 判定为降挡过程,作好降挡准备。

4.5 机电控制单元

机电控制单元中,电子控制单元和电子液压式控制单元合并成为一个部件。机电控制单元安装在变速器法兰上,是一个自动化单元。它拥有独立的油循环管路,独立于机械式变速器的油循环管路,如图 2-80 所示。

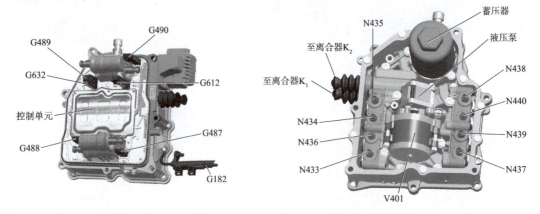

图 2-80　0AM 变速器机电控制单元

4.5.1 机电控制单元的特点

(1)除了变速器输入转速传感器 G182 位于控制单元的外面,其余传感器和元件都安装在机电控制单元里。

(2)ATF 必须与机电控制单元的要求相匹配。

(3)采用独立的油循环管路,确保没有杂质从机械式变速器进入机电控制单元。

(4)由于良好的低温性能,使变速器油拥有极佳的黏度性能。

机电控制的电子控制单元是变速器的核心控制单元。所有传感器信号和其他控制单元的信号都汇总至此,且所有程序都通过它来执行和监测。电子控制单元液压控制并调节 8 个电磁阀,用于切换 7 个挡位和启用离合器。当一个挡位啮合时,电子控制单元获悉(匹配)各个离合器的位置和换挡阀的位置,预判断这些元件的下一步操作。

液压泵电机 V401 驱动液压泵产生油压。一个液压泵和一个电动机共同组成液压泵单元。

4.5.2 换挡操作过程

换挡拨叉通过集成在机电装置单元中的换挡执行器来移动。换挡执行器如图 2-81 所示。换挡器的换挡活塞与换挡拨叉相连,如图 2-82 所示。

换挡时,机电装置电子控制单元控制相应的换挡电磁阀,电磁阀控制油路的方向,将油压作用到换挡活塞上,并将它推动。当它移动时,也同时移动了换挡拨叉和活动套。活动套推动同步器轮毂,该挡啮合。通过永久磁铁和换挡器位移传感器,机电控制单元监测换挡拨叉的最新位置。

以挂入 1 挡为例。

(1)准备位置。如图 2-83 所示,挡位调节活塞在 1、3 挡挡位调节电磁阀 N433 的控制下保持在空挡 N 位。这个时候没有挂入任何挡位。阀 N436 调节传动部分 1 的油压。

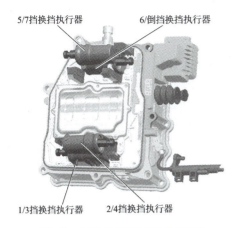

图 2-81　0AM 变速器换挡执行器位置

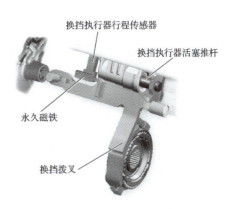

图 2-82　0AM 变速器换挡拨叉

（2）挂入 1 挡。如图 2-84 所示，要挂入 1 挡，挡位调节阀提高左侧活塞腔的压力。这样换挡器活塞就被向右移动。由于拨叉和同步环都与换挡器活塞相连，它们便都跟着向右移动。随着同步环的移动，便挂入了 1 挡。

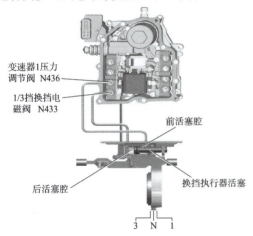

图 2-83　换挡拨叉控制准备

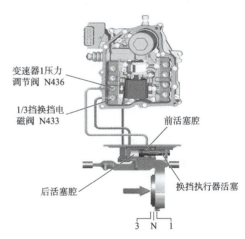

图 2-84　换挡拨叉挂入挡位

4.5.3　0AM 变速器控制电路

0AM 变速器控制电路如图 2-85 所示。

（1）J743-双离合器变速器控制单元。

变速器管理系统控制核心，检测变速器各传感器、开关的状态参数控制执行器的工作状态；通过 CAN 总线与 J533（数据总线诊断接口）、J623（发动机控制单元）等进行数据通信。

（2）G617/G618-离合器行程传感器 1/2。检测离合器 K_1/K_2 的工作状态。

G617 故障将使变速器 1 断开，1、3、5、7 挡不啮合。

G618 故障将使变速器 2 断开，2、6、6、倒挡不啮合。

（3）G182-变速器输入转速传感器。检测变速器输入转速。

霍尔式传感器，唯一装在机电控制单元之外的传感器。

（4）G632/G612-变速器输入转速传感器 1/2。检测驱动轴 1/2 的转速。

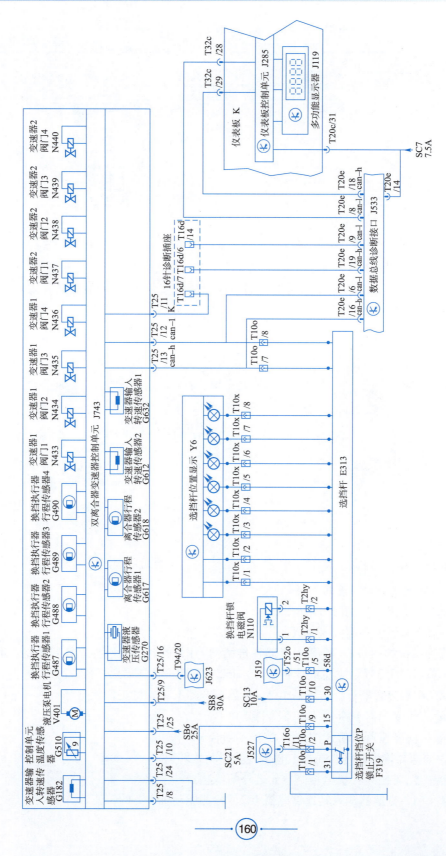

图 2-85 0AM 变速器控制电路

这两个传感器都是霍尔传感器。控制单元利用来转速信号控制离合器和计算离合器摩擦力。如果传感器 G632 发生故障,变速器 1 断开,车辆只能以 2、4、6 挡和倒挡驱动。如果传感器 G612 发生故障,变速器 2 断开,车辆只能以 1、3、5 和 7 挡驱动。

(5) G510-控制单元温度传感器。

直接安装在机电控制单元里。热的 ATF 流过控制单元来将其加热,过多热量也可能削弱电子机构的功能。因此,就要采取有助于降低油温度的措施,以避免过度加热。

(6) G270-变速器液压传感器。

控制单元利用该信号控制液压泵电机 V401,在油压接近 60bar 时,传感器发出信号,关闭液压泵电机,当压力接近 40bar 时重新开启。一旦该信号发生故障,液压泵电机会持续运行。

(7) G487～G490-换挡执行器行程传感器 1～4。

它们与换挡拨叉上的电磁铁一起,产生一个信号,控制单元根据这个信号确定换挡执行器的精确位置。控制单元需要换挡器的精确位置来控制换挡时的换挡器。

G487 对应 2/4 挡;G488 对应 1/3 挡;G489 对应 5/7 挡;G490 对应 6/倒挡。

如果传感器发生故障,控制单元就无法检测相应的换挡执行器位置了。因此,控制单元就不能通过换挡器和换挡拨叉识别是否进行了换挡操作。为了防止变速器的损坏,在这种情况下,发生故障的位移传感器的变速器路径被断开。

(8) N435/N439-离合调节器电磁阀。

由变速器的电子控制器激活。通过它们可以调节驱动离合器的油量。

N435 调节驱动离合器 K_1 的油量;N439 调节驱动离合器 K_2 的油量。

如果任何一个电磁阀失效,相应的传动部分会被关闭。

(9) N436/ N440-传动部分压力调节阀。两个阀都是电磁阀。

N436 传动部分 1 的阀 4,控制传动部分 1 里换挡器和离合调节器的油压。通过传动部分 1 可以挂 1、3、5 和 7 挡。

N440 传动部分 2 的阀 4,控制传动部分 2 里换挡器和离合调节器的油压。通过传动部分 2 可以挂 2、4、6 和倒挡。

如果电磁阀中的一个失效,与之相应的传动部分会关闭,只能使用另一个传动部分行驶。

(10) N433/N434/N437/N438-换挡器电磁阀。

N433 控制传动部分 1 的 1/3 挡;N434 控制传动部分 1 的 5/7 挡。

N437 控制传动部分 2 的 2/4 挡;N438 控制传动部分 2 的 6/倒挡。

如果一个电磁阀失灵,相应的传动部分会被关闭。

(11) V401-液压泵电机。变速器控制器根据需求驱动液压泵电机 V401。

如果电机不被激活,液压压力降低,在压盘弹簧力的作用下离合自动断开。

思考与练习

一、判断题(正确打√、不正确打×)

1. 在电控自动变速器中,如果节气门位置传感器出现故障,则会影响变速器换挡。 (　　)

2. 从目前的汽车来看,所有的自动变速器均可以做发动机失速试验。（   ）

3. 在维修自动变速器时,如果装配新的摩擦片,则需要事先将摩擦片在自动变速器油液中浸泡一定时间再装配。（   ）

4. 在检查自动变速器换挡电磁阀工作性能好坏时,只要确认线圈阻值在正常范围内就可以了。（   ）

5. 在检查本田车的故障码时,仪表上的故障指示灯快速闪烁为故障码。（   ）

6. 在检查日产车故障码时,一次长时间闪烁为开始的连续11次闪烁代表的故障码。（   ）

7. 在装配变速器驱动桥时,只要密封件未被破坏就可以使用。（   ）

8. 端面跳动经常选用止推垫圈来校正。（   ）

9. 双离合器变速器将两个手动变速器的功能集成到一个变速器中,是手动变速器。（   ）

10. 双离合器变速器工作时,同时有两组档位齿轮处于啮合状态。（   ）

11. 0AM变速器在发动机停止或空转时,两个离合器都分离。（   ）

12. 0AM变速器控制系统中除了变速器输入转速传感器G182位于控制单元的外面,其余传感器和元件都安装在机电控制单元里。（   ）

二、选择题

1. 当讨论变矩器内导轮时,技师甲说导轮帮助引导从泵轮抛向涡轮的油流;技师乙说导轮装备有单向离合器,它使导轮在一定条件保持固定。谁正确？（   ）

　　A. 甲正确　　　B. 乙正确　　　C. 甲乙均正确　　　D. 甲乙均不正确

2. 当讨论油泵时,技师甲说油泵被变矩器油泵驱动毂驱动;技师乙说油泵被变矩器的导轮间接驱动。谁正确？（   ）

　　A. 甲正确　　　B. 乙正确　　　C. 甲乙均正确　　　D. 甲乙均不正确

3. 技师甲说如果行星架作为输出元件,它的传动方向总与输入元件转向相反;技师乙说如果行星架作为输入元件,输出元件的转动方向总与行星架转动方向相反。谁正确？（   ）

　　A. 甲正确　　　B. 乙正确　　　C. 甲乙均正确　　　D. 甲乙均不正确

4. 技师甲说多片式离合器可用于固定行星齿轮机构的一个元件;技师乙说多片式离合器可用于驱动行星齿轮机构中一个元件。谁正确？（   ）

　　A. 甲正确　　　B. 乙正确　　　C. 甲乙均正确　　　D. 甲乙均不正确

5. 当讨论新型自动变速器控制阀体组件时,技师甲说有些电控变速器不再需要阀体;技师乙说大多换挡电磁阀直接安装在阀体上。谁正确？（   ）

　　A. 甲正确　　　B. 乙正确　　　C. 甲乙均正确　　　D. 甲乙均不正确

6. 技师甲说:克莱斯勒31TH是变速驱动桥;技师乙说:克莱斯勒36RH是变速驱动桥。谁正确？（   ）

　　A. 甲正确　　　B. 乙正确　　　C. 甲乙均正确　　　D. 甲乙均不正确

7. 技师甲说,大多数变速器油泵压装在箱体内;技师乙说,大多数油泵用螺栓安装在箱体上。谁正确？（   ）

　　A. 甲正确　　　B. 乙正确　　　C. 甲乙均正确　　　D. 甲乙均不正确

8. 在检查变速器失速时,技师甲保持节气门全开的动力直到发动机失速;技师乙说在进行

实验前手动接合锁止离合器系统。谁正确？（　　）

　　A. 甲正确　　　B. 乙正确　　　C. 甲乙均正确　　　D. 甲乙均不正确

9. 大众公司的双离合器变速器缩写为下列的（　　）。

　　A. DCT　　　　B. DSG　　　　C. PDK　　　　D. SST

10. 在讨论 OAM 双离合器变速器中的离合器 K_1 和离合器 K_2 时，技师甲说离合器 K_1 控制 1、3、5、7 挡齿轮，如果 K_1 失效变速器将失去 1、3、5、7 挡；技师乙说离合器 K_2 控制 2、4、6、倒挡，如果 K_2 失效变速器将失去 2、4、6、倒挡。谁正确？（　　）

　　A. 甲正确　　　B. 乙正确　　　C. 甲乙均正确　　　D. 甲乙均不正确

11. 技师甲说 OAM 变速器有两根驱动轴，即驱动轴 1 和驱动轴 2，两者为平行轴结构；技师乙说 OAM 变速器有三根从动轴，从动轴 1 控制 1、3、5、7 挡，从动轴 2 控制 2、4、6、倒挡，从动轴 3 控制倒挡。谁正确？（　　）

　　A. 甲正确　　　B. 乙正确　　　C. 甲乙均正确　　　D. 甲乙均不正确

12. 在讨论 OAM 变速器液压泵电机 V401 时，技师甲说控制单元控制液压泵电机 V401，在油压接近 60bar 时，传感器发出信号，关闭液压泵电机，当压力接近 40bar 时重新开启；技师乙说一旦 G270（变速器液压传感器）信号发生故障，液压泵电机将停止运行。谁正确？（　　）

　　A. 甲正确　　　B. 乙正确　　　C. 甲乙均正确　　　D. 甲乙均不正确

三、简答题

1. 在电控自动变速器中，计算机决定换挡最重要的输入信息有哪些？
2. 最常见电控自动变速器的电子执行元件有哪些？它们的名称各是什么？
3. 如何诊断电控自动变速器的故障？
4. 为什么自动变速器的变矩器会改变发动机转矩？
5. 为什么电控自动变速器会自动实现平顺换挡？
6. 双离合器变速器的特点是什么？
7. 叙述 OAM 变速器各挡位动力传递路线。
8. OAM 变速器机电控制单元的特点是什么？

单元三　电控制动系统的构造与维修

学习目标

知识目标

1. 简单叙述 ABS、ASR、ESP 的作用、类型、组成与工作过程。典型汽车 ABS、ASR、ESP 故障诊断与检修方法；
2. 正确描述 ABS 故障诊断和检修的一般内容和方法；
3. 正确描述 ABS 故障诊断和检修的注意事项及 ASR 与 ABS 的区别；
4. 简单叙述 EBD、EDS 的功用及工作情况。

能力目标

1. 能够安全正确检修各传感器；
2. 能正确使用检测设备对传感器性能和控制电路进行检查，对整车进行故障诊断。

1　防抱死制动系统的构造与检修

1.1　概述

1.1.1　防抱死制动系统的作用及优缺点

防抱死制动系统简称 ABS（Anti-Lock Brake System）。装用了 ABS 系统的汽车制动时，既可缩短制动距离（在冰雪路面上可以缩短制动距离 10%～20%）、提高制动时方向的稳定性（使汽车沿直线减速停止，防止甩尾、侧滑）、具备制动时有良好的转向能力，同时又能改善轮胎的磨损状况，提高轮胎使用寿命（提高 6%～10%）。目前，ABS 已广泛应用于各种类型的汽车上。

但 ABS 也有以下不足：不能提供超越车轮与路面所能承受的制动效果；不能代替驾驶员的制动操作，只能在驾驶员制动时，协助达到良好的制动效果；制动性能的好坏受整车制动状况的影响；在平滑的干燥路面上制动，有熟练技术的驾驶员操作常规制动系统，其制动距离要比 ABS 工作的制动距离短（因 ABS 允许滑动率降低到 8% 左右）；在松土或积雪较深的路面上制动时，车轮抱死制动要比 ABS 工作时的制动距离短（因松土或积雪路面使抱死的车轮轮胎前部形成楔形物，更利于制动）。所以，装备有 ABS 的汽车一般在仪表板上装有一个开关，以便在这种路面上行驶时，关闭 ABS 实施常规制动。

1.1.2 防抱死制动系统的分类

防抱死制动系统的分类及特点见表3-1。

防抱死制动系统的类型及特点   表3-1

标　准	类　型		特　点
按工作原理	机械式	普通	无储能、加压作用,反应慢
		自适应	储能使控制性能好
		电子式	控制性能好,精度高,价格较高
按控制参数	单参数		以各车轮角减速度为控制参数
	双参数		以各车轮角减速度及滑移率为控制参数
按控制过程	高附着系数路面控制		
	低附着系数路面控制		
按控制方式	选低控制		
	单独控制		
	改进型控制		
按通道数量	二、三、四、六通道		
按电脑与调节器组成形式	整体式		
	分离式		
按调压方式	变容调节式		装有储能器
	循环调节式		结构简单、动作灵敏,防滑系统的主流

在 ABS 系统中,能够独立进行制动压力调节的制动管路称为控制通道。若对某车轮的制动压力可以进行单独调节,称这种控制方式为独立控制;若可同时对两个或两个以上车轮的制动压力进行调节,则称这种控制方式为一同控制。在对两个车轮的制动压力进行一同控制时,如果以保证附着力较大的车轮不发生制动抱死为原则进行制动压力调节,称这种控制方式为按高选原则一同控制;如果以保证附着力较小的车轮不发生制动抱死为原则进行制动压力调节,则称这种控制方式为按低选原则一同控制。

现代轿车多采用液压电控 ABS 系统,管路布置形式多用 H 或 Y 形,如图3-1 所示。

a)H 形 4/4　　　b)Y 形 4/3　　　c)Y 形 3/3

图 3-1　ABS 的管路布置形式
「-轮速传感器;□-调压器的控制通道

四通道型(H 形):4 个轮速传感器、4 个电磁阀、4 个控制通道、各车轮单独调节,适合于各种制动管路形式和前后轮驱动的汽车。有较好的制动稳定性和操纵性。

三通道型(Y 形):3/4 个轮速传感器、3 个电磁阀、3 个控制通道,前两轮单独调节,后两轮共用一个管路调节。因汽车制动时重心前移,使前轮的附着力变大(可达 80%),后轮附着力变小(仅占 20%),为提高前轮附着力的利用率(前轮驱动汽车),多采用比例控制,用一个轮速传感器检测两后轮的平均转速即可满足需求。

轿车用防抱死制动系统的形式及其性能见表3-2。

轿车用防抱死制动系统的形式及其性能　　　　　表 3-2

系统名称	传感器数	通道	适用车种	控制方法	转向性能	方向稳定性	制动距离
四通道	4	4	X形配管车 前后配管车	4轮独立控制	◎◎ ◎◎	◎ ◎◎	◎◎ ◎◎
			X形配管车	前轮:独立控制 后轮:低选控制	◎◎ ◎◎	◎◎ ◎◎	◎◎ ◎◎
三通道	4	3+PLG	X形配管车	前轮:独立控制 后轮:近似低选控制	◎◎ ◎◎	◎◎ ◎◎	◎◎ ◎◎
		3	前后配管车				
	3	3	前后配管车	前轮:独立控制 后轮:对应与对角前轮压力	◎◎ ◎◎	◎◎ ◎◎	◎◎ ◎◎
双通道	4	2+SLV	X形配管车	前轮:独立控制 后轮:低选控制	◎◎ ◎◎	◎◎ ◎◎	◎◎ ◎◎
		2		前轮:独立控制 后轮:对应与对角前轮压力	◎◎ ◎◎	◎◎ ◎◎	◎◎ ◎◎
	2	2	X形配管车（机械式）	前轮:独立控制 后轮:对应与对角前轮压力	◎◎ ◎	◎◎ ◎◎	◎◎ ○
			X形配管车（液压式）	前轮:独立控制 后轮:对应与对角前轮压力	◎◎ ◎	◎◎ ◎◎	◎◎ ○
单通道	1	1	前后配管车	前轮:无控制 后轮:近似低选控制	◎◎ ◎	◎◎ ◎	○ ○

注:①○为不装 ABS;②PLG 为柱塞;③SLV 为低选阀。

1.2 防抱死制动系统的基本组成与工作原理

1.2.1 防抱死制动系统的基本组成

防抱死制动系统是在普通制动系统的基础上,加装 ABS ECU、轮速传感器、制动压力调节器、制动控制电路等装置而形成的制动系统。其结构形式和控制方法因车而异,基本结构如图3-2、图3-3所示。

1.2.1.1 轮速传感器

轮速传感器的作用是检测车轮的运动状态,获得车轮的转速信号,并将车轮的减速度(或加速度)信号送给ECU。它一般安装在车轮处,但有些驱动车轮的轮速传感器则设置在主减速器或变速器中。轮速传感器的结构形式主要有电磁感应式和霍尔式。

（1）电磁感应式轮速传感器

它主要由传感器头和齿圈（信号转子）组成,其外形如图3-4a）所示。

传感器头是静止部件,安装于车轮托架上,由永久磁铁、感应线圈和极轴等组成。齿圈是运动部件,安装于轮毂或轮轴上,随车轮一同旋转。通常传感器头与齿圈之间有 0.5~1mm 的间隙(具体间隙的大小应参考具体车型的维修手册)。

其工作原理如图3-4b）所示。永久磁铁产生一定强度的磁场,齿圈随车轮旋转时,因齿圈的齿峰与齿谷交替通过时,引起磁场强弱变化,在感应线圈内产生一定的交流信号,如图3-4c)所示。交流信号的频率与车轮速度成正比,电控单元通过识别传感器交流信号的频率来确定车轮的转速。

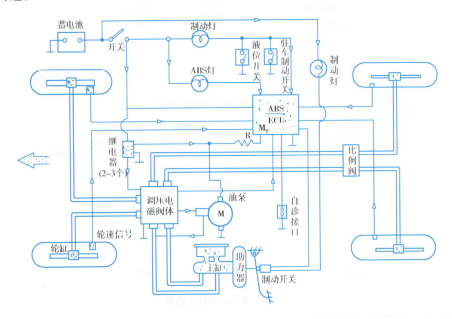

图3-2 分离式真空助力的ABS系统

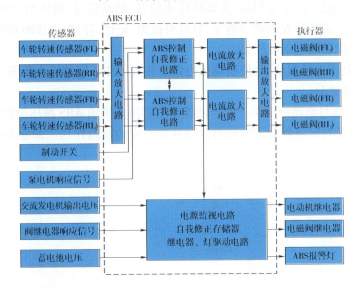

图3-3 ABS的组成框图

(2)霍尔式轮速传感器。

其组成及安装如图3-5所示,主要由传感器头和磁性转子组成。传感器头是静止部件,内有霍尔片及电路元件。磁性转子随车轮一同旋转,由内置磁性粒子的橡胶组成,磁极方向圆周交替排列。磁性转子旋转,使经过传感器头的磁场交替变化,传感器头检测到这种磁场的变化,以脉冲方式输出信号。该传感器能检测到从0km/h开始的车速,具有较高的灵敏度。

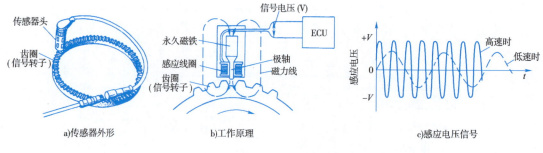

图 3-4 电磁感应式轮速传感器

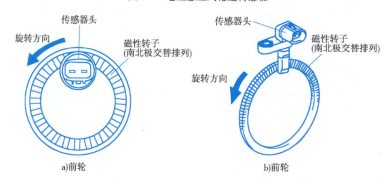

图 3-5 霍尔式轮速传感器

1.2.1.2 电控单元(ECU)

它负责接收轮速信号、车速信号、发动机转速信号、制动信号、液压信号和液位信号,分析判定车轮制动状态,需要时发出调节指令,并具有报警、记忆、存储、自诊断和保护功能。

1.2.1.3 储能器及电动液压泵

它们的作用是产生控制油压,使制动压力调节装置工作。因其压力范围不同,它有低压储能器和高压储能器之分。

(1) 低压储能器与电动液压泵。低压储能器主要用来接纳 ABS 减压过程中从制动轮缸流回的制动液,同时还对回流制动液的压力波动具有一定的衰减作用。储能器内有一活塞和弹簧,如图3-6所示。

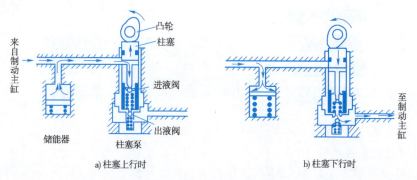

图 3-6 低压储能器与电动液压泵

当制动液从制动轮缸流入储能器时,具有一定压力的制动液就会压缩弹簧并推动活塞下移,使储能器容积变大,以暂时储存制动液,然后由电动泵将制动液泵入制动主缸。电动液压泵由直流电动机与柱塞泵组成。在 ABS 工作时,根据 ECU 输出的控制信号,直流电动机带动凸轮转动。凸轮转动时,驱动柱塞在泵内上下运动。柱塞上升时,储能器与制动轮缸内具有一定压力的制动液通过柱塞泵的进液孔推开进液阀流入泵腔内;柱塞下行时,首先封闭进油阀,继而使泵腔内制动液压力升高,然后推开出液阀将制动液压入制动总泵。

(2)高压储能器与电动液压泵。如图 3-7 所示,高压储能器用于储存制动中或 ABS 工作时所需的高压制动液。它是制动系统的能源。高压储能器多为黑色皮囊状,内部由一个膜片将储能器分成上下两个腔室。上腔为气室,充满氮气并具有一定压力。下腔为油室,与液压泵油道相通,用来填充来自液压泵的制动液。在液压泵工作时,向储能器下腔泵入制动液,使膜片向上移,进一步压缩氮气,此时氮气和制动液压力都会升高,直到储能器下腔室内制动液压力升高到规定值。

电动液压泵由直流电动机和回转球阀活塞式液压泵组成。储能器的进液口处设有止回阀,使制动液只能流入。出液口处设有限压阀,当储能器内压力超过规定值时,限压阀打开,使储能器中制动液流回液压泵的进液端,以降低储能器中制动液压力。

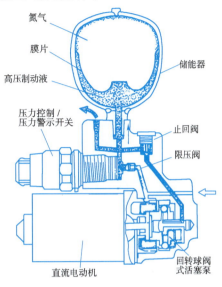

图 3-7 高压储能器与电动液压泵

1.2.1.4 制动压力调节器

制动压力调节器由调压电磁阀和调压缸等组成。其功用是:接受 ECU 的控制信号,使电磁阀动作,实现降压、保压、升压的调节功能,属执行元件。

电磁阀是制动压力调节器的主要工作元件,电磁阀的位置由电磁线圈直接控制,而流过电磁线圈的电流受 ECU 控制。循环式制动压力调节器采用的电磁阀一般都是独立电磁阀和三位三通电磁阀。独立电磁阀结构简单,只能控制液压管路的通断,在部分 ABS 中使用的进油阀和出油阀均属于独立电磁阀。三位三通电磁阀的基本结构及工作原理如图 3-8 所示,阀上有三个通道(三通),分别与制动主缸、制动轮缸和储能器连接。ECU 控制流过电磁线圈的电流能使电磁阀有如下三种不同的位置(三位)。

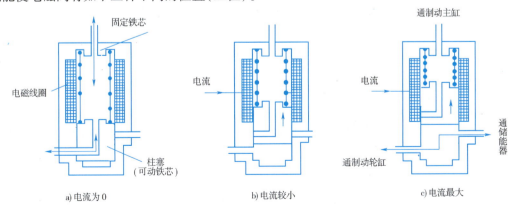

图 3-8 三位三通电磁阀基本结构及工作原理

在普通制动模式(ABS 不起作用)或在防抱死制动模式(ABS 起作用)"增压"时,流过电磁线圈的电流为0,电磁阀处于"增压"位置,制动主缸与制动轮缸连通,通储能器的通道关闭。

在防抱死制动模式"保持"制动压力时,ABS 电脑向电磁线圈提供一个较小的电流,使电磁阀处于"保持"位置,电磁阀上分别与制动主缸、制动轮缸和储能器连接的三个通道全部关闭。

在防抱死制动模式"减压"时,电磁线圈通入最大电流,电磁阀处于"减压"位置,制动轮缸与储液器连通,通制动主缸的通道关闭。

1.2.1.5 报警灯

报警灯可显示系统工作状态及自诊断报警。黄色的 ABS 灯可显示 ABS 控制系统的故障(如4个轮速传感器、4个电磁阀、ABS 主继电器、油泵继电器、报警灯继电器等),它报警后汽车仍能维持常规制动,但 ABS 系统已断电保护,停止工作;红色的"BRAKE"灯亮,显示驻车制动开关、行车制动开关信号、液压高低信号、液位高低信号等有故障,危险性大,应停车检修。

1.2.2 防抱死制动系统的工作原理

ABS ECU 根据各轮速传感器传来的信号,通过控制执行器进而控制轮缸液压压力(迅速变大或变小),防止车轮抱死(实际是滑移率最佳)。

驾驶员踩在制动踏板上的力较小时,车轮不会被抱死,此时制动力完全由踏板力来控制。主缸里的制动液可直接通过执行器进入轮缸产生制动力,ABS 系统不起作用。

若 ABS ECU 根据轮速传感器信号判断出某车轮即将抱死(滑移率低于规定值),则立即向相应的执行器发出指令,执行器迅速降低轮缸压力,防止车轮抱死。

当轮速达到或超过最佳值时,ABS ECU 便向执行器发出指令,执行器"保持"或"增加"液压压力,将车轮的滑移率保持在最佳(10%~20%)的范围内,以获得最好的制动效果。

总之,汽车制动时,ECU 通过执行器不断地控制制动系统完成增压、保压、降压、升压的过程,使车轮始终处于将要抱死而又未抱死的临界状态。车轮转动→滑移→转动的频率为约10~20 次/s。每一循环仅 0.1~0.2s,每一脉冲,即电磁阀每次作用的时间仅 0.002s,因此 ABS 制动系统是只有计算机才能实施控制的高新技术。

1.2.3 防抱死制动系统的调压方式

ABS 的制动压力调节装置串接在制动总泵和分泵之间,由 ABS ECU 控制。变容调节式应用于本田、大众等轿车;但循环调节方式结构简单,动作灵敏度高,逐渐成为 ABS/ASR(驱动防滑系统)的主流。

1.2.3.1 变容调节式

变容调节式 ABS 系统,利用制动主缸和制动轮缸间容积的改变而调节制动油压的大小,间接控制调节压力。它由液压泵、直流电动机、储能器8、电磁阀5和高压缸3等组成,如图3-9所示。

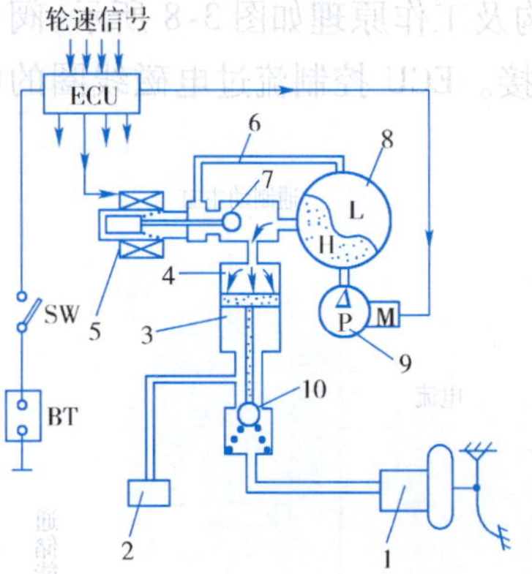

(1)不制动时,两位三通阀5不通电,控制油压使球阀7关闭低压油管6,通过调压柱塞将球阀10推开,使制动主缸和制动轮缸相通,随时可实现制动。

图3-9 变容调节方式 ABS 系统

1-制动主缸;2-制动轮缸;3-调压缸;4-控制腔;5-2/3 电磁阀;6-低压管;7、10-球阀;8-储能器;9-油泵电动机

(2) 常规制动时，电磁阀不起作用，液压泵不工作，制动主缸和制动轮缸相通。由制动踏板力自由调节制动轮缸油压的大小（即制动力的大小）。

(3) 降压时，当车轮将要抱死时，ECU 根据轮速信号，使电磁阀通电（脉冲电流），产生磁吸力推开球阀 7，关闭高压油道，开启低压油道，调压柱塞在制动油压的作用下上移，球阀 10 关闭。由于增大了调压缸下方的容积，制动轮缸的油液流回可变的容器中，制动压力下降。

(4) 保压时，由于控制油压的下降，调压缸柱塞上移到极限位置，瞬时上下油压平衡，两球阀同时处于"双阀关闭"的状态，制动主缸和制动轮缸隔离，制动油压保持不变。

(5) 升压时，由于制动油压的下降，抱死现象解除，车轮又处于滚动状态，ECU 又根据轮速信号，使电磁阀断电，球阀 7 左移关闭低压油道，开启高压油道，调节柱塞下移，将容器中的油液充入制动管路，制动压力随之升高。同时，打开球阀 10，使制动主缸和制动轮缸导通。

如此反复，其频率可达 10 ~ 12 次/s。制动过程液路控制情况分别如图 3-10、图 3-11、图 3-12 和图 3-13 所示。

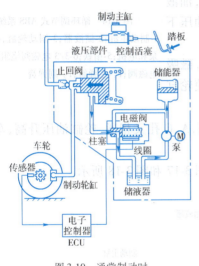

图 3-10　通常制动时

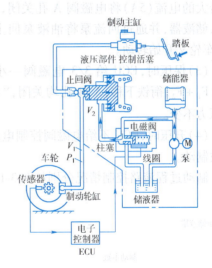

图 3-11　减压工况

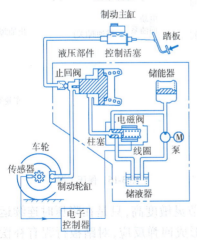

图 3-12　保压工况

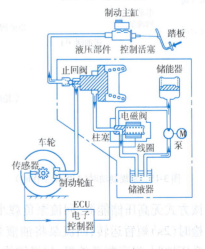

图 3-13　增压工况

1.2.3.2 循环调节式

循环调节式 ABS 系统,利用主缸和轮缸间油液的回流,直接调节制动轮缸油压的大小,进而控制车轮滑转情况。在调节过程中,利用三位三通电磁阀(3/3 阀),直接使轮缸中的油液流回主缸,实现制动压力的减小;又通过电磁阀使总泵高压油流入轮缸,实现制动压力增大;当电磁阀处于不泄油、不充油位置时,实现保压控制,如图 3-14 所示。

(1) 不制动时,回流泵、电磁阀不工作,回油孔 B 关闭,进油孔 A 打开,A、C 孔相通,随时可以制动,ABS 系统不工作。

(2) 降压时,当车轮将要抱死时,ECU 根据轮速信号,用最大的电流(5A)将电磁阀 A 孔关闭,B、C 孔导通,油液泄入储液器,并通过回流泵将油液泵回主缸。轮缸油压下降,车轮又开始转动。

(3) 保压时,ECU 给 3/3 电磁阀一小电流(2A),磁吸力 $< F_1 + F_2$;衔铁下移;A、B 孔均关闭,"双阀关闭"使轮缸内压力不变。

(4) 升压时,ECU 不给电磁阀控制电流,B 孔关闭,A、C 孔又相通,轮缸油压升高,车轮逐渐被制动。

制动过程液路控制情况分别如图 3-15、图 3-16、图 3-17 和图 3-18 所示。

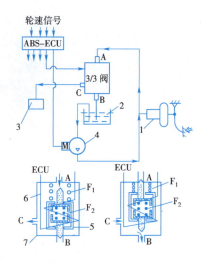

图 3-14 循环调节式 ABS 系统
1-制动主缸;2-储液器;3-制动轮缸;4-回流泵和电机;5-衔铁;6-3/3 电磁阀绕组;7-3/3 电磁阀;F_1-主弹簧;F_2-副弹簧

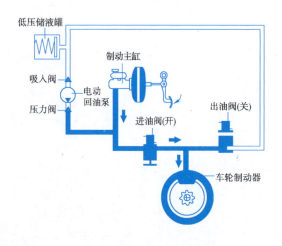

图 3-15 常规制动时(ABS 未工作时)

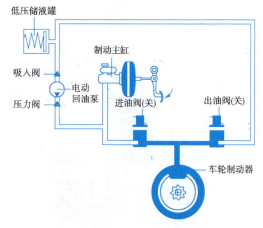

图 3-16 保压工况

该方式无高压储能器,回流泵负载小,寿命长,调节灵敏度高,只是在降压时连续运转,并在自检时(2s)短暂运转;回流泵将油液泵回主缸端,形成回弹反应,对踏板行程有补偿作用,便于升压控制,提高制动效果;如果结构上稍加扩展,即形成驱动防滑系统。

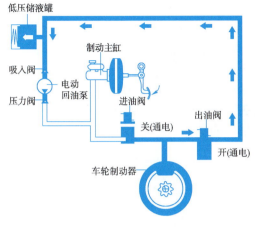
图 3-17 减压工况

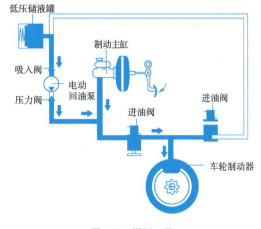
图 3-18 增压工况

1.3 防抱死制动系统的故障诊断与检修

1.3.1 防抱死制动系统故障诊断和检修的一般方法

1.3.1.1 直观检查

ABS 系统出现故障时,应先初步目视检查下列内容:

(1)驻车制动是否完全释放;

(2)制动液有无渗漏,制动液面是否正常;

(3)ABS 所用熔断丝、继电器是否完好,插接是否牢固;

(4)ABS 所有连接器、导线和搭铁线是否良好;

(5)蓄电池电压是否在规定范围内,正、负极柱的导线是否连接可靠。

1.3.1.2 读取故障码

若 ECU 发现系统中存在故障,它首先使警示灯点亮,中断 ABS 系统工作,恢复常规制动;再将故障信息以代码形式存入存储器内,以便修理人员将故障码读取。ABS 系统故障码的读取方法有三种:

(1)跨接端子读码。按规定的方法跨接诊断插座中相应端子,根据 ABS 系统警示灯、跨接线中的发光二极管或 ECU 上的发光二极管的闪烁规律,读取故障码。

(2)解码器读码。借助解码器与 ABS ECU 故障诊断通信接口相连,按照一定的操作规程,通过与 ECU 双向通信,从解码器的显示器上读取故障码。

(3)利用汽车仪表板上的信息显示故障码。有的汽车仪表板上具有驾驶员信息系统,即中心计算机系统,检修人员可以按照一定的自检操作程序,从信息显示屏上显示 ABS 系统的故障码和故障信息。

1.3.2 ABS 主要部件的检修

1.3.2.1 轮速传感器的检修

(1)检查。

轮速传感器可能出现的故障有:感应线圈短路、断路或接触不良,传感器齿圈上的齿有缺损或脏污,信号探头安装不牢或磁极与齿圈之间有脏物等。

如图 3-19 所示,前轮速传感器在安装时注意其传感头的额定力矩为 7.8 N·m,不要拧得过紧或过松,否则极轴与齿圈的间隙过小或过大,影响轮速信号的产生与输出;检查轮速传感器与桥壳之间无间隙(图 3-20);传感器齿圈的齿面应无刮痕、裂缝、变形或缺齿等,严重时应更换转子轴总成,如图 3-21 所示。

检查传感器安装有无松动,导线及线束插接器有无松脱。检查传感器感应线圈的电阻值(前轮为 0.8～1.3 Ω,后轮为 1.1～1.7Ω),方法如图 3-22 所示。检查传感器线圈与金属壳体间的绝缘性能,方法如图 3-23 所示。转动车轮,测量传感器输出交流电压信号,其电压值应随车轮转速的增加而升高,一般应能达到 2V 以上。

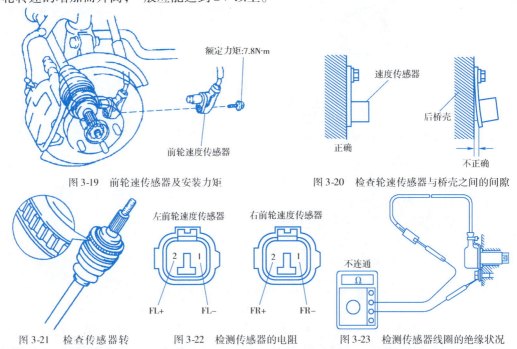

图 3-19　前轮速传感器及安装力矩　　图 3-20　检查轮速传感器与桥壳之间的间隙

图 3-21　检查传感器转子齿圈的齿面　　图 3-22　检测传感器的电阻　　图 3-23　检测传感器线圈的绝缘状况

示波器检测传感器的输出信号电压波形,应为均匀稳定的正弦波形,如图 3-24 所示。如果信号电压无或有残缺,应拆下传感器作进一步的检查。

(2) 轮速传感器的调整。

轮速传感器出现故障,不一定说明传感器已损坏。若传感器头脏污、传感器的空气隙没有达到要求,都会引起传感器工作不良。通过对传感器进行调整,可恢复其正常的工作。前轮速传感器的调整方法如下(图 3-25):

①升起汽车,拆下相应的前轮和车轮装置;

②拧松紧固螺栓,拆下传感器头,并清除头部脏物;

③在传感头端面粘贴一纸片,纸垫片上做一"F"标记表示前轮,对于 32 脚的 ABS,纸垫片的厚度是 1.3mm,对于 35 脚的 ABS 则是 1.1mm;

④拧松把衬套固定在传感器支架上的螺栓,旋转钢衬套,给固定螺栓提供一个新的锁死痕面;

⑤将传感头装进支架上的衬套,确定纸片在传感头端面上;

⑥拧紧传感器支架上固定钢衬套的螺栓,确定传感器上连线良好;

⑦推动传感头向传感器齿圈顶端移动,直到纸片与齿圈接触为止,用 2~4 N·m 的力矩拧紧紧固螺栓,使传感头定位;

⑧重新安装好轮胎和车轮等装置,并且放下汽车;

⑨开动汽车,观察 ABS 故障灯是否点亮,如果不亮说明系统正常,传感器良好,否则说明 ABS 系统还有问题。

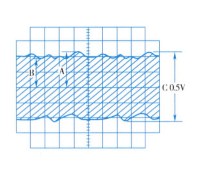

图 3-24 检测前轮速传感器的输出信号（用示波器）

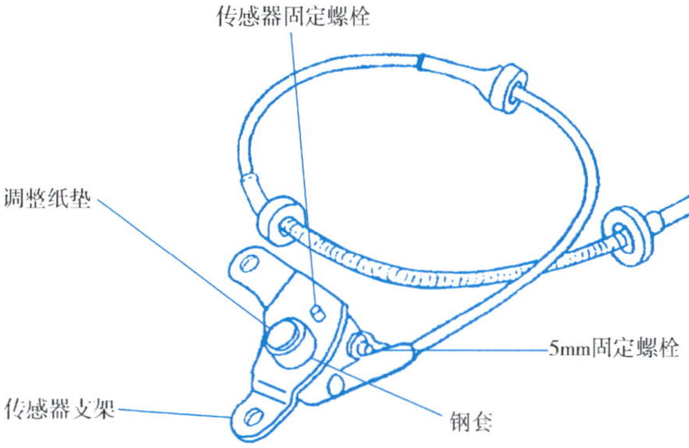

图 3-25 前轮速传感器的调整

1.3.2.2 ABS ECU 的检修

首先检查 ABS ECU 线束插接器有无松动,连接导线有无松脱;再检查其线束插接器各端子的电压、电阻值或波形与标准值进行比较。如果与之相连的部件和线路正常,则应更换 ECU 再试。

更换 ABS ECU 时,将点火开关关闭,拆下 ECU 上的线束插头,拆下旧的 ECU,固定好新的 ECU,插上所有的线束插头（注意线束不能损坏和腐蚀,插头应接触良好）对角线拧紧固定螺钉;起动发动机,红色制动灯和 ABS 灯应显示系统正常。

1.3.2.3 ABS 控制继电器的检修

ABS 控制继电器包括泵电机继电器和电磁阀继电器,如图 3-26 所示。

（1）检查泵电机继电器。如图 3-27 所示,泵电机继电器的端子 7 和端子 8 不导通（电阻应为 ∞）,端子 9 和端子 10 导通（电阻应符合要求）,否则,应更换继电器。

如图 3-28 所示,在泵电机继电器的端子 9 和端子 10 间加上蓄电池电压后,端子 7 和端子 8 应该导通,否则应更换继电器。

（2）检查电磁阀继电器。如图 3-29 所示,用万用表电阻挡检查各端子连通与否。若不符合要求,应更换继电器。

1.3.2.4 制动压力调节器的检修

制动压力调节器可能会出现电磁阀线圈不良、阀门泄漏等故障。

检测电磁阀线圈的电阻,如果电阻值无穷大或过小等,均说明其电磁阀有故障;将制动压力调节器电磁阀加上其工作电压,看阀能否正常动作,如果不能正常动作,则应更换制动压力调节器;如果怀疑是制动压力调节器有问题,则应在制动压力调节器内无高压制动液时,拆下调节器进一步检查。

1.3.2.5 制动管路中空气的排放

ABS 系统中进入气体,会破坏系统对制动压力的正常调节,可导致 ABS 失去作用。当更换制动器、打开制动管路、更换制动系统液压部件,以及制动踏板发软、变低、制动效果变差时,需对 ABS 进行排气。装备 ABS 的汽车与常规制动系统的汽车空气排除方法不大相同,且不同形式的 ABS 系统,空气排放程序也可能不同;在进行空气排除时,应按照相应的维护手册所要求的方法和顺序进行。

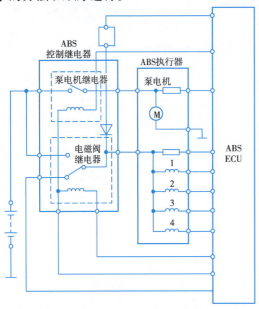

图 3-26　继电器及其控制电路

1-右前轮电磁阀;2-左前轮电磁阀;3-右后轮电磁阀;
4-左后轮电磁阀

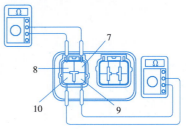

图 3-27　泵电机继电器的检查(一)

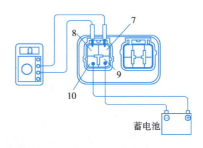

图 3-28　泵电机继电器的检查(二)

对装有制动真空助力器的轿车排除液压管路中的空气时,首先要把制动助力控制装置断开,使制动系统处于无助力状态;再断开 ABS ECU,以使排气过程 ABS ECU 不起作用,避免 ABS 对排气造成影响;ABS 排气时间要比普通制动系统长,消耗的制动液也较多,需边排气边向制动总泵储液罐内添加制动液,使储液罐制动液液面保持在 MAX 与 MIN 之间;刚放出的制动液不能马上回添入储液罐,需在加盖的玻璃瓶中静置 3 天以上;在排气过程中,制动踏板要缓缓地踩,这与普通制动系统一样;一些 ABS 排气可让 ABS 油泵工作,在加压的情况下可使排气更快更彻底。

1.3.3　ABS 检修注意事项

(1)装用 ABS 系统的汽车出现制动系统故障时,应本着先简后繁,先外部后内部的原则,对 ABS 的外观进行检查,确定无异常后,再对系统进一步检查。

(2)遇到制动不良故障时,应先区分是 ABS 机械部分还是电控系统的故障,不能只把注意力集中到传感器、ECU 和压力调节器上。

(3)ABS 电控系统故障多出现在线束插接器或导线接头松脱、轮速传感器不良等,应先对这些部件和部位进行检查,而制

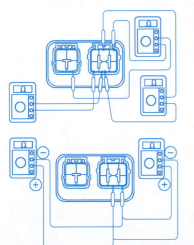

图 3-29　检查电磁阀继电器电路的连通性

动压力调节器等故障相对较少,ABS ECU 故障更少,不要轻易去拆检。

(4)拆检 ABS 液压器件时,应先进行泄压,以避免高压喷出伤人,尤其是有蓄压器的 ABS。在制动液系统没有完全装好之前,不能接通点火开关,以免电动泵运转泵油。

在检修下列部件时,需进行泄压:制动压力调节器的各部件、制动轮缸、蓄压器、电动油泵、比例阀、制动液管路、压力警告和控制开关。卸压的方法是:关掉点火开关,然后反复踩制动踏板 20 次以上,直到感觉制动踏板力明显增加(无液压助力)时为止。

(5)由于 ABS ECU 对过电压、静电压非常敏感。在点火开关处于接通位置时,不要拆装系统中的电气元件和线束插头;充电机给汽车蓄电池充电时,要从车上拆下蓄电池电线后再进行充电,不可用充电机起动发动机;在车上进行电焊时,要带好静电器,在拔下 ECU 连接器后再进行焊接。

(6)应及时检查、补充制动液,每年更换一次制动液。一般制动液液面过低时,ABS 系统会自动关闭。

(7)拆卸轮速传感器时,要保护好传感头,要防止上面沾上油污和其他脏物。调整可调式传感器间隙时,应用非磁性塞尺或纸片。

(8)装有 ABS 的汽车出现下列情况时属正常现象:某些装有 ABS 的汽车,在发动机发动时踩下的制动踏板不会弹起、在发动机熄火时制动踏板会下沉、制动时制动踏板会有轻微的振动(ABS 起作用的正常现象);制动时转动转向盘,会感到转向盘有轻微的振动(这是由于制动压力调节器与动力转向器共用一个油泵所引起的正常反应);制动时,有时会感到制动踏板有轻微下沉(由于道路路面附着系数变化,ABS 正常反应而引起);高速行驶急转弯时,或冰滑路面上行驶时,有时会出现警告灯亮起的现象(上述情况中出现了车轮打滑现象,ABS 产生保护动作而引起);在制动后期,有车轮被抱死、地面留有拖印(车速小于 10km/h 时,ABS 不起作用,地面上会有浅拖印)。

1.4 典型汽车防抱死制动系统的检修

1.4.1 本田雅阁轿车 ABS 系统的检修

1.4.1.1 本田雅阁轿车 ABS 系统的结构特点

本田雅阁轿车 ABS 系统采用直接控制循环调压方式,其结构与原理如图 3-30 和图 3-31 所示。4 个电磁式轮速传感器,4 个控制通道,制动管路采用对角排列,分别由两个循环泵控制,共用一个直流电动机。

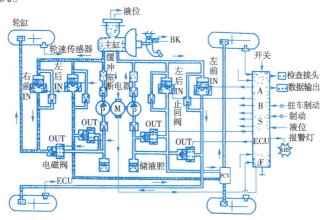

图 3-30 本田雅阁轿车 ABS 系统

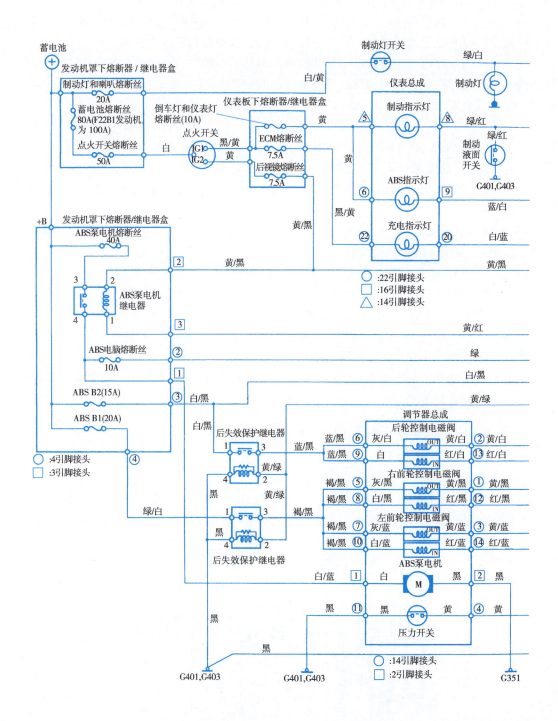

图 3-31 本田雅阁轿车

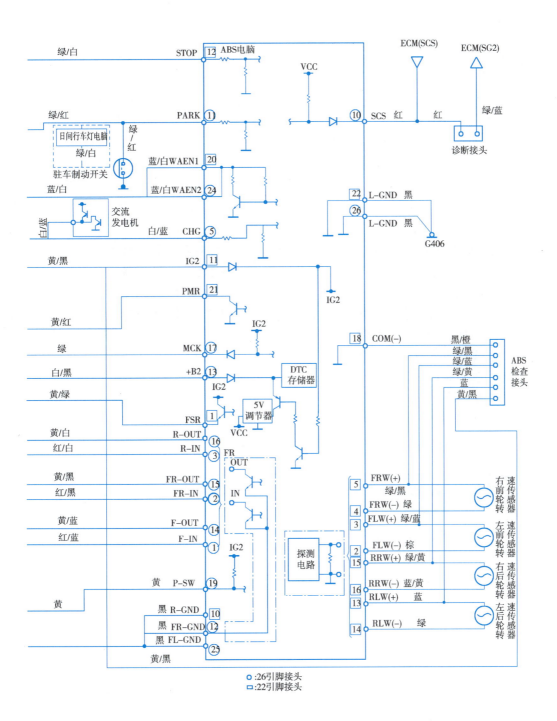

ABS 系统电路图

4个分置式输入电磁阀(常开阀),线圈电阻值为 8~14Ω;4个分置式输出电磁阀(常闭阀),线圈电阻值为 3~5Ω。ECU 能对每个车轮进行独立式调节,为 H 形的 ABS 系统。

为了提高 ABS 系统的调压性能,在总泵和分泵的管路之间,设有降压用的储液腔、缓冲室和单向阀。可保证 ABS 系统频繁工作时,有效地调节系统油压。

1.4.1.2　ABS 系统的检查

(1)一般检查。首先检查执行器能否工作(听声响),其次起动发动机并以 10km/h 以上的车速行驶,检查项目如下。

①检查 ABS 调压器,应能听到 ABS 调压器的工作声响。

②依次检查液压泵、泵电动机、进油阀和排油阀的工作声响。检查时不要踩下制动踏板。

③检查自诊断装置。检查蓄电池电压应不低于 12V;在接通点火开关时,ABS 指示灯应亮 2s 后熄灭。如果在接通点火开关后,ABS 指示灯不亮,应检查熔断丝、ABS 指示灯灯泡及配线,根据需要进行修理或更换。

(2)故障码的读取。故障码的读取可使用 HONDA PGM 检测仪来进行,其故障代码(DTC)显示的条件为车速不大于 10km/h;在接通点火开关之前,SCS 短路插头已连在诊断插头上,具体步骤如下。

①从位于前排乘客侧仪表板下的接头盖上拔出诊断接头,将短路插头连接到 2 号引脚接头上。

②在没有踩下制动踏板时接通点火开关,否则系统将转换为故障码清除模式。

③如果 ABS 系统有故障,ABS 指示灯便会闪烁显示故障码;如果存储器中无故障代码储存,则 ABS 指示灯将会熄灭。

④读取并记录故障码(ABS 指示灯闪烁的频率代表故障码),故障码的含义见表3-3。

⑤关闭点火开关,并取下短路插头。如果短路插头未取下,则在发动机起动后,故障指示灯就会一直点亮。

本田雅阁轿车的故障码　　　　　　表3-3

代　码	含　　义	代　码	含　　义
11、13、15、17	轮速传感器短路(右前、左前、右后、左后)	51~53	电动机卡死,卡死在 OFF 位置,卡死在 ON 位置
12、14、16、18	轮速传感器间歇性故障(右前、左前、右后、左后)	61/62	电压低和电压高
21~24	励磁齿圈脉冲发生器故障(右前、左前、右后、左后)	71	车轮直径有差异
31~38	电磁阀短路(右前输入/输出、左前输入/输出、右后输入/输出、左后输入/输出)	81	ECU 故障
41~44	车轮抱死或阻滞力大(右前、左前、右后、左后)		

(3)故障码的清除。ABS 系统若显示故障码,应立即进行检查修复,修复后应清除故障码。

①将短路插头 SCS 连接到位于驾驶员侧脚踏板后的诊断接头上。

②踩下并保持制动踏板,接通点火开关。

③指示灯熄灭后,松开制动踏板。

④指示灯亮起后,再次踩下制动踏板;指示灯熄灭后,再次松开制动踏板。

⑤几秒后,ABS 指示灯会闪烁两次,表明故障码已清除。如果指示灯不是闪烁两次,则需要重复上述步骤。若 ABS 指示灯闪烁两次后仍亮着,需再次检查 DTC(因为在转换到 DTC 清除模式之前的诊断期间已检测到故障)。

⑥关闭点火开关,并拆下短路插头 SCS。

1.4.1.3　ABS 故障的诊断

(1) ABS 指示灯不亮。当接通点火开关时,ABS 系统指示灯应连接点亮两次,并随后自行熄灭。若 ABS 系统指示灯一直不亮,则应按图 3-32 所示步骤进行故障检测。

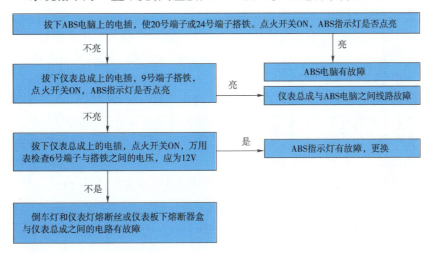

图 3-32　ABS 指示灯不亮的故障检测

(2) ABS 指示灯常亮,则应按图 3-33 所示步骤进行故障检测。

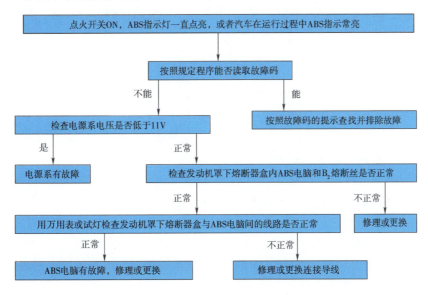

图 3-33　ABS 指示灯常亮的故障检测

(3) ABS 指示灯偶尔点亮。ABS 灯偶尔亮多数是因偶发故障引起的,特别是电磁式轮速传感器工作环境差、先天性的影响因素较多,故报警故障率较多。

①车轮直径有差异或驻车制动未解除彻底行驶 30s 以上时,会引起报警。

②长时间使用低速挡行驶,轮速传感器的电压值和频率值反常,会引起报警。

③在泥泞、雪地、沙地行驶,驱动轮打滑 1min 以上,或高速转向某车轮离地滑转时,轮速传感器会失常报警。

④在非常粗糙的路面上行驶时,因轮速传感器输出的信号失常,会引起电脑无法判定工作状况而报警。

⑤轮速传感器磁隙中有金属磨料时,轮速传感器会失效报警。

⑥汽车受无线电干扰时,ABS 电脑会报警。

⑦制动灯导通发亮时的"搭铁电压信号"给 ECU。此信号的有无和强弱与灯泡的好坏与功率的大小有关。有时因一个灯泡的参数不符或损坏,而导致 ECU 报警,代码是制动灯开关故障。

⑧在举升机或在制动试验台上,只驱动轮空转时,因轮速信号有异,也会使 ABS 灯偶尔发亮。

(4) 轮速传感器的检修。若故障代码显示轮速传感器有故障(代码 3-1、3-2、3-4、3-8),应检查相应脉冲发生器齿轮的牙齿是否碎裂,脉冲发生器是否正常,若脉冲发生器齿轮牙齿碎裂应更换半轴或轮毂装置。若一切正常,应检查 ABS ECU 插头是否松动,如有必要更换一好的 ABS ECU 后再试。

(5) 车轮抱死故障的检修。若故障代码 DTC 为 5-4、5-8,则为后轮抱死故障,其检修步骤如下:

将点火开关转至 ON 位置,拉起驻车制动手柄,检查指示灯是否点亮。如果未点亮,则可能是由于驻车制动开关卡在 OFF 位置,或是仪表板下的熔断器/继电器盒与驻车制动开关之间断路;如果指示灯点亮,应进一步检测。

以 10km/h 以上的速度试车,观察 ABS 指示灯是否显示故障代码 5-4 或 5-8,如果是则说明是后轮速度传感器发生故障;如果不是,根据所显示的故障代码进行检修。若指示灯根本不点亮,应进行下一步检测。

顶起汽车的后部,并用安全架支好,转动左或右后轮,检查制动器是否拖滞;若不是,应进行下一步检测。

将检测仪连接到 ABS 检查接头上。起动发动机,将检测仪的模式开关旋至"2",踩下制动踏板不放,按下开始测试开关。当 ABS 作用时,确认可用手转动后轮。如果不能,应更换调节器;如果能,则说明为间歇性故障,此时系统正常。如该症状再次出现,则应更换 ABS ECU。

1.4.2 雷克萨斯 LS400 轿车 ABS 电路及检修

图 3-34 所示为丰田雷克萨斯 LS400 轿车 ABS 系统电路原理图,图 3-35 所示为其 ABS ECU 插接件引脚排列方式,表 3-4 所示为 ABS ECU 插件引脚功能。

(1) 电源电路及检修。

ABS ECU 的 IG(AI6-7)脚为供电输入及检测端,该脚电压来自点火开关,经一熔断器后得到的。当该脚电压低于 9.5V 或高于 17V 时,自诊断系统就进入电源欠压或过压保护状态,并产生故障码 41,同时也使 ABS 警告灯点亮。

ABS ECU 的 BAT(A16-6 脚)为备用电源输入端,该脚电压自蓄电池正极,经 ALT FL 熔断器、ECU + B 熔断元件后得到的。作为 ABS ECU 自诊断系统故障代码存储器信息保持的电源,只要不拔下 ECU + B 熔断丝或拆下蓄电池的负极接线,BAT 引脚就保持通电状态。

单元三　电控制动系统的构造与维修

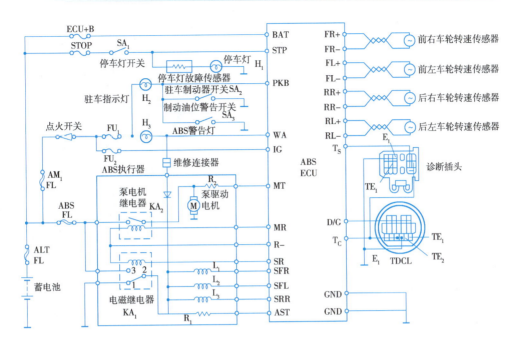

图 3-34　丰田雷克萨斯 LS400 轿车 ABS 系统电路

图 3-35　丰田雷克萨斯 LS400 轿车 ABS ECU 插件引脚排列方式

丰田雷克萨斯 LS400 轿车 ABS ECU 插件引脚排列功能　　表 3-4

端子编号	端子符号	连 接 对 象	端子编号	端子符号	连 接 对 象
A16-1	D/G	诊断插头 TDCL	16	GND	搭铁
2	RR-	后右轮速度传感器	17	/	/
3	RL-	后左轮速度传感器	18	/	/
4	TC	诊断插头 TDCL	A17-1	SFR	液压单元前右电磁线圈
5	GND	搭铁	2	WA	ABS 警告灯
6	BAT	备用电源	3	STP	停车灯开关
7	IG	电源	4	/	/
8	SFL	液压单元接前左电磁线圈	5	PKB	驻车制动开关
9	RR+	后右轮速度传感器	6	SRR	液压单元后电磁线圈
10	R-	继电器搭铁	7	/	/
11	RL+	后左轮速度传感器	8	MT	回油泵电机继电器监控器
12	FR-	前右轮速度传感器	9	SR	液压单元电磁继电器线圈
13	FR+	前右轮速度传感器	10	MR	回油泵电机继电器
14	FL-	前左轮速度传感器	11	TS	诊断插头
15	FL+	前左轮速度传感器	12	AST	液压单元电磁继电器监控器

(2)液压单元电磁继电器及检修。

液压单元电磁继电器中电磁线圈的一端与 ECU 的 R-(A16-10,继电器搭铁端)脚相连,另一端接 SR(A17-9)脚。当接通点火开关后,若系统自检结果正常,则 ABS ECU 的 SR 端就有电流输出。这一电流流过电磁继电器线圈后,就会使其内的 2 号、3 号触点闭合,向三位置电磁阀的电磁线圈 $L_1 \sim L_3$ 供电。同时也经 R_1 加至 ABS ECU 的 AST(A17-12)脚作为检测信号。

ABS 系统工作时,ABS ECU 的自诊断系统经 AST 监测 ABS 液压单元电磁继电器的工作。当 ABS ECU 向液压单元电磁继电器 K_{A1} 发送 ON(接通)信号时,若 ECU 的 AST 脚电压为 0,则就产生故障代码 11,说明电磁继电器有开路故障;ECU AST 脚电压为蓄电池电压,则产生代码 12,说明 ABS 液压单元电磁继电器有短路现象。

若自检中发现 ABS 控制电路中有故障,ABS ECU 则立即切断电磁继电器 K_{A1} 线圈的电路,闭锁 ABS 控制,使制动系统的工作与无 ABS 的系统相同。

(3)三位置电磁阀。

三位置电磁阀 L_1、L_2、L_3 线圈受控于 ABS ECU 的 SFR(A17-1)脚、SRR(A17-6)脚输出信号,对电磁线圈的电流强度(0、2A、5A)进行控制,从而改变滑阀的位置和制动液的通道,实现对车轮制动器的增压、保压、降压的调节,防止车轮抱死。同时,自诊断系统还监视各电磁阀的工作。

(4)回流泵电动机及其继电器。

回流泵电动机继电器 KA_2 线圈的一端接 ABS ECU 的 R-端,另一端接 MR(A17-10)脚,用以控制回流泵电动机的电源。当制动压力调节进入降压阶段时,ECU 经 MR 脚接通回流泵电动机继电器线圈电流的通路,使其内的触点闭合。这样,蓄电池正极输出的电流,经 ABS FL 熔断器、回流泵电动机继电器闭合的触点后分成两路:一路加压回流泵驱动电动机上,使其运转;另一路经降压电阻 R_2,作为检测信号加至 ABS ECU 的 MT(A17-8)脚。

当自诊断系统经 MT 端检测到回流泵电动机继电器电路出现故障时,ABS ECU 内的安全保护功能起动工作,切断回流泵电动机继电器 M_2 线圈的电流通路,闭锁 ABS 控制系统,从而达到了自动保护的目的。

(5)轮转速传感器。

前后车轮转速传感器共有 4 路,分别与 ABS ECU 的 FR+(A16-13)与 FR-(A16-12)脚、FL+(A16-15)与 FL-(A16-14)脚、RR+(A16-9)与 RR-(A16-2)脚、RL+(A16-11)与 RL-(A16-3)脚相连。

前后车轮转速传感器的信号板都具有 48 个齿,车轮每转一周在传感器线圈中产生 48 个脉冲信号,输入至 ABS ECU 中,用于计算车轮转速和判断车轮抱死的趋势。

(6)制动灯开关电路。

制动灯开关 SA_1 一端通过 STOP 熔断丝与蓄电池正极相连,另一端与 ABS ECU 的 STP(A17-3)相连。

当踩下制动灯开关 SA_1 时,从该开关输出的蓄电池电压分成两路:一路经制动灯故障传感器、制动灯 H_1、搭铁至蓄电池负极,使制动灯 H_1 点亮发光;另一路经 STP 端进入 ABS ECU 内,作为制动踏板是踩下还是放开的检测信号。

(7)驻车制动开关电路。

驻车制动开关 SA_2 连接在驻车指示灯与 ABS ECU 的 PKB(A17-5)脚相接的连线上。

当踩下驻车制动踏板时,点火开关输出的蓄电池电压经 RU_1 熔断丝、驻车制动灯泡 H_2、闭合的 SA_2 开关、搭铁至蓄电池负极,使 H_2 点亮。

同时,驻车制动开关接通的信号也经 ABS ECU 的 PKB 端进入微电脑内,作为驻车制动踏板踩下(或放开)的检测信号。

(8)ABS 警告灯。

ABS 警告灯 H_3 一端通过 FU_1、点火开关、AM1 FL 易熔线与蓄电池正极相连,H_3 的另一端与 ABS ECU 的 WA(A17-2)脚相连。

ABS 防抱死制动系统工作时,其自诊断系统监视各传感器和执行器的工作情况,若发现有故障,一方面从其 WA 脚输出低电平,使 ABS 警告灯点亮,同时闭锁 ABS 控制作用,并将故障代码存入存储器中。当 ABS 维修连接器脱开,诊断插头或 TDCL 的相应端子被短接后,ABS 警告灯立即闪烁,输出故障代码。完成上述操作后,如果 ABS 警告灯不亮或持续亮,不输出故障代码,也不输出正常代码,则表明 ABS 警告灯电路有故障。

(9)诊断插头。

ABS 诊断插头连接在 ABS ECU 的 TS(A17-11)、D/G(A16-1)与 TC(A16-4)脚间,其中诊断插头主要用于手工调故障代码,一般安装在发动机室内;TDCL 插头主要用于解码器调故障代码,也可用于手工调故障代码,一般安装在驾驶室内仪表板下。

2 驱动防滑系统的构造与检修

2.1 驱动防滑系统的作用

驱动防滑系统简称 ASR(Acceleration Slip Regulation)或 TRC(Traction Control System)。

汽车的制动、加速和转向是由驾驶员完成的基本操作。当路面的附着状况不好或交通状况突然改变时,就要求驾驶员有熟练的驾驶技术很好地适应行驶条件的变化。ASR 的作用是:维持汽车行驶时的方向稳定性,并尽可能利用车轮—路面的纵向附着能力,提供最大的驱动力。即驱动防滑系统(ASR)可在行驶、加速方面解决对驾驶员的高要求。

2.2 驱动防滑系统的控制原理

当驾驶员在光滑路面上过多踩加速踏板时,会造成车轮的滑转。驱动防滑系统通过自动施加部分制动或减少发动机输出功率的方式,可使车轮的滑移率保持在最佳范围内,由此可防止驾驶员过多踩加速踏板所带来的副作用,获得较好的行驶安全性及良好的起步加速性能。当然,也可减少轮胎及动力传动系统的磨损。例如,当车轮右侧是结冰路面,左侧是水泥或沥青路面,两侧的附着力不同,汽车起步受阻,如果汽车装有 ASR 系统就可通过制动滑转车轮的办法来平衡驱动轮的转速差。这实际上是差速锁效应。差速锁效应的产生,一方面使驱动力得到充分的发挥,在较大程度上提高附着较好一侧的附着力;另一方面也能防止差速器行星齿轮的快速转动,避免差速器的早期磨损。ASR 的这种控制方式称为"制动力控制"。

若两侧附着状况均不好(如均为结冰路面),当猛踩加速踏板时,由于地面附着力不足,两侧驱动轮会同时滑转。在这种情况下,驱动防滑系统通过自动减小发动机功率输出的方法来控制。发动机输出功率和发动机转速的适度降低,可减少驱动轮的过分滑转,一方面提高了车轮—路面间的侧向附着力,维持了方向稳定性;另一方面增大了纵向附着力,有利于加速与起步。驱动防滑系统的这种控制方式称为"发动机调速控制"。

驱动防滑系统进行制动力控制和发动机调速控制时,仪表盘上的 ASR 指示灯就会闪亮,以告知驾驶员路面的状况,从而可及时采取相应措施。驱动防滑系统的这种控制方式称为"光滑路面状况显示控制"。

如果应用气体悬架的汽车在光滑路面上起步或行驶比较困难,可通过 ASR 控制作用使驱动力获得一定程度的增加,但仍不足以正常行驶,为增加驱动力,改善行驶状况,可通过轴荷转移的方法,增大驱动桥的附着载荷,增大驱动力。轴荷转移是通过部分释放驱动桥气体悬架中压力气体,造成悬架重量向驱动桥一边倾斜,整车重心位置的改变来实现。压力气体释放的多少取决于驱动轮的滑转程度。ASR 系统这种控制方式称为"轴荷转移控制"。

2.3 驱动防滑系统的组成与工作原理

ASR 通常是和 ABS 结合在一起应用,其基本结构如图 3-36 所示。各构件的功用见表 3-5。

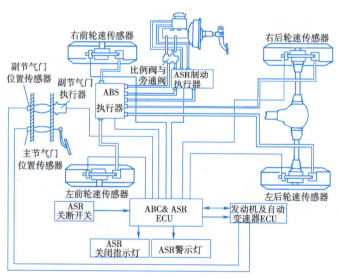

图 3-36　ABS/ASR 典型结构示意图

驱动防滑控制是建立在防抱死制动控制和发动机调速控制的基础上的,因此,这个系统包括电子控制装置、轮速传感器、节气门位置传感器、电控单元和压力调节器。4 个轮速传感器为 ABS 与 ASR 共有,ABS 和 ASR 共用一个 ECU。与 ASR 有关的装置(如 ASR 执行器、由发动机控制的发动机副节气门装置、ASR 控制开关及显示灯等)不直接完成防滑转的功能,只实现 ASR 的控制功能。

车速的信号可从前轮中测得,滑转状况信号可通过测得后驱动转速信号后再通过一定计算获得。

车轮转速传感器能将行驶汽车驱动车轮转速及非驱动车轮转速转变为电信号,传送给 ECU。ECU 根据车轮转速传感器的信号计算驱动车轮的滑移率,如果滑移率超出了目标范围,ECU 再综合参考节气门开度信号、发动机转速信号、转向信号等因素确定控制方式,输出控制信号,使相应的执行器动作,将驱动车轮的滑移率控制在目标范围之内。

在 ASR 处于防滑控制过程中,当驾驶员踩下制动踏板进行制动时,ASR 会自动终止控制,而不影响制动过程的正常进行。在采用 ASR 的汽车上,一般在仪表板上都装有 ASR 控制主开关(ASR 断开开关),如果驾驶员断开 ASR 开关,ASR 将不起作用且 ASR 警告灯点亮。

ASR 主要机件的功能 表3-5

主要机件	功　　能
ECU	根据前后轮速传感器传递的信号及发动机与变速器 ECU 的节气门开度信号判断汽车行驶的条件,并给副节气门执行器、ASR 制动执行器传送控制信号。同时给发动机 ECU 传送信号,使之得到 ASR 的运转信息。若 ASR 出现故障,其警示灯亮,并显示故障代码
前、后轮速传感器	检测车轮转速,并将此信号传送给 ASR ECU
空挡起动开关	给 ASR ECU 输入变速杆位置信号
制动液面警示灯	检测制动总泵储液罐中的制动液面高度,并将此信号传送给 ASR ECU
制动灯开关	检测制动状态,并将此信号传送给 ASR ECU
发动机和 AT ECU	接收主、副节气门的开度信号,并送到 ASR ECU
ABS 执行器	根据从 ASR ECU 传来的信号,分别控制左、右车轮制动分泵中的制动液压
ASR 制动执行器	根据从 ASR ECU 传来的信号,为 ABS 执行器提供液压
主节气门开度传感器	检测主节气门开度并将信号传送给发动机 ECU
副节气门开度传感器	检测副节气门开度并将信号传送给发动机 ECU
副节气门执行器	根据从 ASR ECU 传来的信号,控制副节气门的开启角
ASR 警示灯	通知驾驶员 ASR 正在工作,若 ASR 出现故障则闪亮警告
ASR 关闭指示灯	通知驾驶员由于 ABS 或发动机控制系统出现了故障,ASR 不工作或 ASR 切断开关已经断开
ASR 制动主继电器	给 ASR 制动执行器及泵电机继电器提供电流
ASR 泵电机继电器	给 ASR 泵电机提供电流
ASR 节气门继电器	通过 ASR ECU 给副节气门执行器提供电流
ASR 切断开关	允许驾驶员让 ASR 处在不工作状态

由于驱动防滑系统总是和防抱死制动系统结合在一起应用,通常称为 ABS/ASR 系统。这两个系统都有自检、报警、自诊断的功能,功能互不影响,但二者既有共同点也有不同点。

共同点为:二者都是利用轮速传感器的控制方式,取其低速抱死信号或高速滑转信号控制车轮的制动力矩,使其在最佳滑移率区域工作,提高附着力和利用率,从而缩短制动距离,提高加速性能,改善汽车的行驶方向的稳定性和转向操纵能力。但也有不同,具体如下:

(1)ABS 对驱动轮和非驱动轮都进行控制,ASR 只对驱动轮进行控制。并有选择开关(ASR-SW),控制其使用时机。

(2)ASR 的调节功能在低速以提高驱动力为主,对两驱动轮能分别调节制动力;在高车速时,以提高行驶的稳定性为主,对两驱动轮统一地调节驱动力或制动力。ASR 只在一定的车速范围内进行滑转调节,当车速在 80km/h 以上时,不起调节作用(没有必要调节)。

(3) ABS 是单环节制动系统,ASR 是多环节控制系统(包括发动机控制环节和制动控制环节等)。

(4) ABS 可用整体式制动压力调节器,也可用分离式制动压力调节器;而 ASR 必须用分离式制动压力调节器,以便于管路布置方便。

2.4　典型汽车驱动防滑系统的检修

丰田雷克萨斯 LS400 轿车驱动防滑系统简称 TRC。该车 TRC 系统与 ABS 系统结合在一起,称之为 ABS/TRC 系统,具有制动防抱死和驱动防滑转功能。在制动过程中采用流通调压方式对 4 个车轮进行防抱死控制;在驱动过程中,通过副节气门的开度和对驱动车轮进行制动的方式对两驱动轮进行控制。

丰田雷克萨斯 LS400 轿车驱动防滑系统的组成及原理如图 3-37 所示,其液压系统如图 3-38所示。它主要由轮速传感器、ECU、ABS 执行器(制动压力调节器)、TRC 制动执行器(包括隔离电磁阀总成和制动供能总成)、副节气门控制步进电机和主副节气门位置传感器等组成。

TRC 正常工作需具备以下条件:TRC 开关处于断开位置;主节气门位置传感器怠速触点应断开(驾驶员在踩加速踏板);制动开关处于断开位置;发动机及变速器系统正常;变速操纵杆不在"P"、"N"位置。

TRC 未进入工作时,各电磁阀均不通电,制动总泵到各车轮制动轮缸的油路处于连通状态如图 3-38 所示;蓄能器中的制动液压力保持在一定范围内;控制副节气门的步进电机不通电,副节气门保持在全开位置,进气量由驾驶员通过主节气门控制。

在汽车起步、加速及行驶过程中,ECU 根据轮速传感器输入的信号,判定驱动轮的滑移率超过设定值时,就进入防滑转控制过程;首先 ECU 控制副节气门的步进电机转动使副节气门开度减小,减小进入发动机的进气量,使发动机输出转矩减小,同时使 TRC 警告灯闪烁;当 ECU 判定需要对驱动轮进行制动介入时,将 TRC 隔离电磁阀总成中的三个隔离电磁阀通电,使制动总泵隔离电磁阀处于关断状态,蓄能器和储液器隔离电磁阀处于通流状态。这样,蓄能器中被加压的制动液会通过蓄能器隔离电磁阀,需制动后轮的三位三通调压电磁阀进入相应制动轮缸,产生制动作用。ECU 通过独立地控制两个后轮制动轮缸的制动压力进行增大、保持和减小的循环调节,以将车轮的滑移率控制在设定值范围内。注意此时的压力调节与 ABS 的压力调节过程不同,增压时进入制动液能器被加压后的制动液;减压时制动液不是流到储液器,而是经调压电磁阀、储液器隔离电磁阀流回到制动总泵的储液室,此时 ABS 电动回油泵并不工作。

2.4.1　故障码的读取与清除

(1)故障码的读取。把点火开关转到 ON 位置,用 SST(专用维修工具)连接 TDCL(检查连接器)的端子 T_C 和 E_1,从组合仪表上的 TRC 指示灯读出故障码。检查结束后脱开端子 T_C 和 E_1,关掉显示器。如果有两个或更多故障同时出现,则数字最小的故障码将首先出现。

说明:跨接不同的端子将完成对不同系统故障代码的调取,见表 3-6。

单元三 电控制动系统的构造与维修

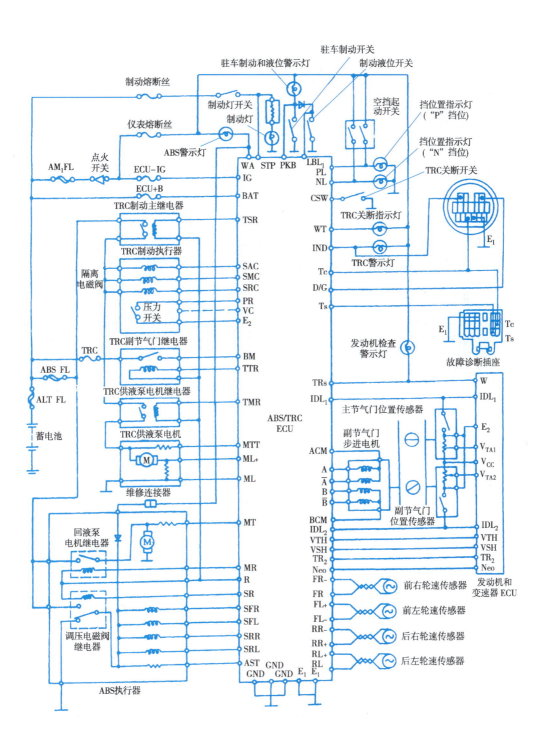

图 3-37 丰田雷克萨斯 LS400 驱动防滑系统的原理图

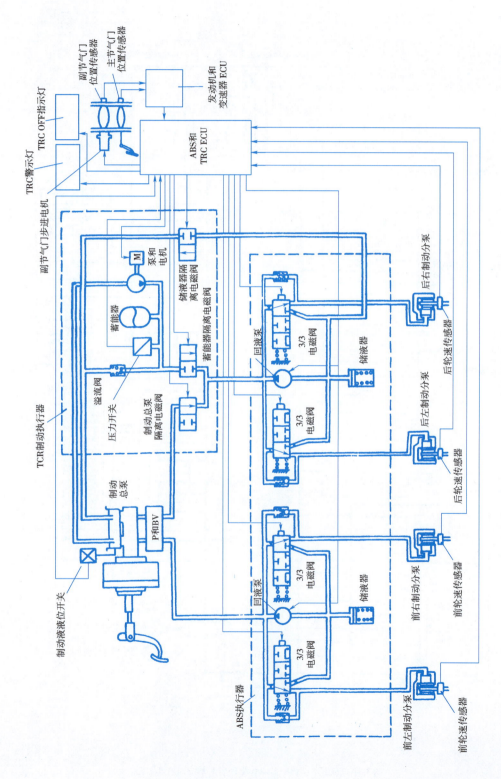

图 3-38 丰田雷克萨斯 LS400 驱动防滑系统液压系统

跨接不同端子调取不同系统的故障代码　　　　　　　　　表3-6

端　子	系　统	端　子	系　统
T_{E1}-E_1	发动机和ECT(正常代码)	T_C-E_1	ABS、A/C、安全气囊、空气悬架、驱动防滑和巡航控制系统
T_{E2}和T_{E1}-E_1	发动机和ECT(试验代码)	T_T-E_1	ECT

(2)故障码的清除。用SST连接检查连接器的端子T_C和E_1,在3s内连踩制动踏板数次或更多次清除ECU中存在的故障码。检查TRC指示灯是否指示正常代码,从检查连接器的端子上拆下SST,警告灯应熄灭。

2.4.2　主要电路的检查

(1)TRC指示灯电路。TRC工作时,TRC指示灯闪烁。若指示灯不亮,按组合仪表的故障诊断进行检查;若TRC指示灯亮,则检查故障代码。若输出不正常代码,则修理输出代码指示的电路;指示灯一直亮,检查TRC ECU与TRC指示灯之间的配线和连接器。若不正常,修理或更换配线或连接器;正确,检查和更换TRC ECU。

(2)诊断电路。把检查用连接器的T_C和E_1连接后,ECU通过TRC指示灯闪烁的方式显示故障码。

检查TDCL(故障诊断通信连接器)的端子T_C和E_1之间的电压,其正常电压为蓄电池电压。若正常,则进行到故障征兆表所示的下一个电路检查;不正常,检查TRC ECU与TDCL之间、TDLC与车身地线之间的配线和连接器。若正常,则检查和更换TRC ECU;不正常,修理或更换配线或连接器。

(3)TRC制动主继电器电路。当点火开关转到ON位置时,继电器闭合。如果继电器电路中有故障,ECU即断开至TRC制动主继电器的电流,闭锁驱动控制功能。TRC制动主继电器线路如图3-39所示。

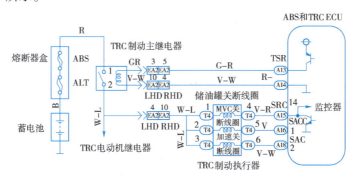

图3-39　丰田雷克萨斯LS400 TRC制动主继电器线路图

拆下TRC制动主继电器,将点火开关转至ON,测量TRC制动主继电器导线侧连接器端子1与车身搭铁之间的电压(应为蓄电池电压)。若不正常,则检查TRC制动主继电器与蓄电池之间的配线和连接器;正常,则检查TRC制动主继电器。若继电器良好,则检查TRC ECU与TRC制动主继电器之间、TRC制动主继电器与TRC执行器之间的配线和连接器。

(4)TRC节气门继电器电路。它通过ECU控制通向辅助节气门的电流,如图3-40所示。

当点火开关转到 ON 时,继电器闭合。如果继电器电路有故障,ECU 切断通向节气门继电器的电流,闭锁驱动控制功能。

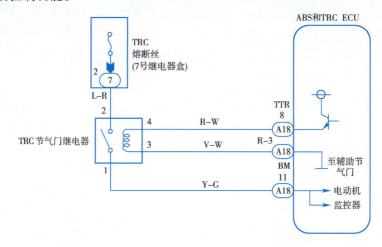

图 3-40　丰田雷克萨斯 LS400 TRC 节气门继电器线路图

先检查该继电器的电源电压,应为蓄电池电压。若不正常,则检查和修理 TRC 节气门继电器与蓄电池之间的配线或连接器;正常,则检查 TRC 继电器。若继电器正常,则检查 TRC ECU 与 TRC 节气门继电器之间的配线和连接器。若正常,则检查和更换 TRC ECU;若不正常,则修理或更换配线或连接器。

(5)压力开关电路。压力开关电路如图 3-41 所示。该压力开关检测 TRC 蓄压器的油液压力。如果压力低,它就向 ECU 发送泵工作的信号。如果压力高,它就向 ECU 发送泵停止的信号。

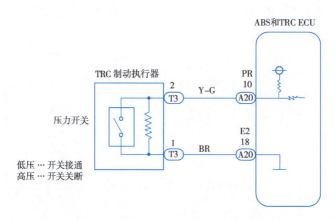

图 3-41　雷克萨斯 LS400 TRC 压力开关线路图

①检查 ABS 和 TRC ECU 连接器的端子 PR 和 E_2 之间的电压。拆下空气滤清器和管道,拆下 TRC ECU,而连接器仍连接着;使发动机怠速运转 30s,使 TRC 执行器的油压升高。发动机熄火,把点火开关转到 ON,测量 TRC ECU "PR" 处的电压,应为 5V。

放出执行器中的油压以降低压力,测量 TRC ECU "PR" 处电压,应为 0V。若正常,则检查或更换 TRC ECU;不正常,则检查压力开关。

②检查压力开关。向储油罐中加入油液,脱开压力开关连接器,测量压力开关内部电阻,应为0Ω;接上压力开关连接器,发动机怠速运转30s,使TRC执行器的油压升高。发动机熄火,把点火开关转到ON,测量压力开关内部电阻,应为1.5kΩ。

若不正常,则更换TRC执行器;正常则检查TRC ECU与执行器之间的配线和连接器。亦正常,则检查和更换TRC ECU;不正常,则修理和更换配线或连接器。

(6)TRC制动执行器线圈电路。TRC制动执行器线圈的电路图如图3-42所示。TRC制动执行器按照ECU的信号工作,改变TRC至正常压力,升压、降压或保持压力不变。

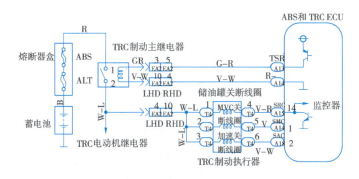

图3-42 丰田雷克萨斯LS400 TRC制动执行器线圈电路

拆下TRC ECU而连接器仍连接着,把点火开关转到ON,测量TRC ECU端子SRC、SMC、SAC处的电压(应为蓄电池电压)。正常则检查和更换TRC ECU,不正常则检查TRC制动执行器线圈,仍正常则向蓄电池方向查找。

(7)发动机信息交换电路。它向"发动机和ECT ECU"和"TRC ECU"发出要求推迟点火正时的信号,以推迟发动机的点火正时,如图3-43所示。

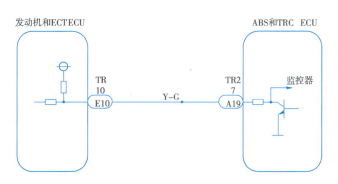

图3-43 丰田雷克萨斯LS400发动机信息交换电路

脱开TRC ECU连接器,把点火开关转到ON,测量TRC ECU配线侧连接器端子TR_2处电压(应为5V)。若正常则检查和更换ECU;若不正常则检查二ECU之间的配线和连接器。正常则检查和更换发动机ECU,不正常则修理或更换配线或连接器。

其他电路(如门执行器电路、NE信号电路、主节气门位置传感器电路、辅助节气门位置传感器电路、TRC泵电机继电器电路、泵电机闭锁传感器电路、空挡起动开关电路、TRC关断开关电路)略。

3 电子稳定程序系统的构造与维修

3.1 概述

3.1.1 电子稳定程序系统的作用

电子稳定程序简称 ESP(Electronic Stability Program)。车型不同,其缩写有所不同,沃尔沃汽车公司称为 DSTC,宝马汽车公司称为 DSC,丰田汽车公司称为 VSC,日产汽车公司称为 VDC,但原理和作用基本相同。

ESP 属汽车主动安全系统,又可称为动态驾驶控制系统,是 ABS/ASR 两种系统功能上的延伸。ABS/ASR 只能被动地做出反应,而 ESP 则能够识别车辆的不稳定状态,并通过对制动系统、发动机管理系统和变速器管理系统实施控制,从而有针对性地弥补车辆的滑动,防患于未然。

ABS/ASR 系统是要防止车辆制动或加速时出现的纵向滑移,而 ESP 是要控制横向滑移。ESP 可降低各种场合下发生侧滑的危险,对过度转向或不足转向特别敏感,例如汽车在路滑时左拐过度转向(转弯太急)时会向右侧甩尾,传感器感觉到滑动就会迅速制动右前轮使其恢复附着力,产生一种相反的转矩而使汽车保持在原来的车道上。它可使驾驶员操作轻松,汽车容易控制,减少交通事故。

3.1.2 电子稳定程序系统的类型

ESP 能自动地向一个或多个车轮施加制动力,在某些情况下可进行 150 次/s 的制动,以确保汽车行驶在选定的运行轨迹。ESP 有三种类型:

(1)四通道或四轮系统,能自动地向 4 个车轮独立施加制动力;

(2)二通道系统,只能对两个前轮独立施加制动力;

(3)三通道系统,对两个前轮独立施加制动力,对后轮一同施加制动力。

3.1.3 电子稳定程序系统的控制原理

3.1.3.1 电子稳定程序系统的布置

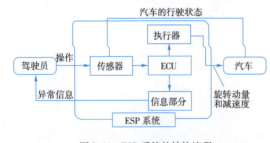

图 3-44 ESP 系统的结构流程

ESP 系统的结构流程(图 3-44)大致可分成 4 个部分,分别为:用于检测汽车状态和驾驶员操作的传感器部分;用于估算汽车侧滑状态和计算恢复到安全状态所需的旋转动量和减速度的 ECU 部分;用于根据计算结果来控制每个车轮制动力和发动机输出功率的执行器部分;用于告知驾驶员汽车失稳的信息部分。ESP 系统各零件在车上的分布位置如图 3-45 所示。

3.1.3.2 电子稳定程序系统的控制原理

ESP 控制单元根据转向角度传感器和轮速传感器的信号判断驾驶员控制的行驶方向,再根据横摆率传感器和加速度传感器判断车辆实际行驶方向,如果车辆实际行驶方向和驾驶员控制的行驶方向相同,则 ESP 系统不工作。如果车辆发生侧滑或偏摆导致车辆实际行驶方向

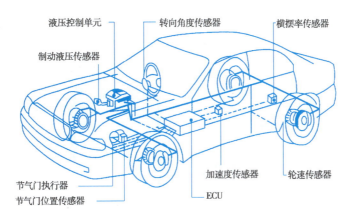

图 3-45　ESP 系统各零件在车上的分布位置

和驾驶员控制的行驶方向不同时,控制 ESP 系统工作,发出平衡纠偏指令,自动纠正的转向不足和过度转向,如图 3-46 所示。

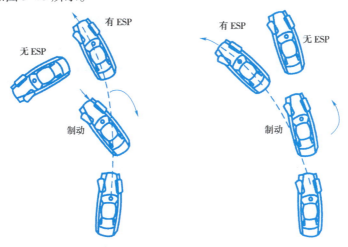

图 3-46　ESP 对转向不足和过度转向的纠偏

(1) 如车辆行驶在路滑的左弯道上,当过度转向使车辆向右甩尾时,ESP 传感器测得车轮滑动,信息迅速送入 ECU,ASR 牵制发动机动力输出,通过 ABS 对各个车轮进行有目的地制动,重新分配力矩,使汽车产生顺时针方向的力矩,而将汽车保持在原来的行驶轨道内。

(2) 在同样弯路中行驶,由于转向不足,车速较快使前轮侧滑而丧失地面附着力时,对于 4 通道的 ESP,左后轮制动;对于 2 通道的 ESP,使左前轮制动,由此产生逆时针方向的力矩,使汽车回到正确的轨道上。

3.2　电子稳定程序系统的组成

电子稳定程序系统的组成如图 3-47 所示,主要由信号传感部分、控制单元和执行部分组成。

传感器用于检测车辆状态和驾驶员的操作意图。ESP 系统的传感器是在 ABS/ASR 的基础上增加了转向角传感器、加速度传感器(又称 G 传感器)、横摆率传感器、制动压力传感器、

ESP OFF 开关等。

ESP 控制单元一般与 ABS/ASR 系统共用,通过线束与每个传感器和执行器相连,接收传感器的信号,计算、分析、比较车辆侧滑状态和恢复到安全状态所需的旋转动量和减速器。

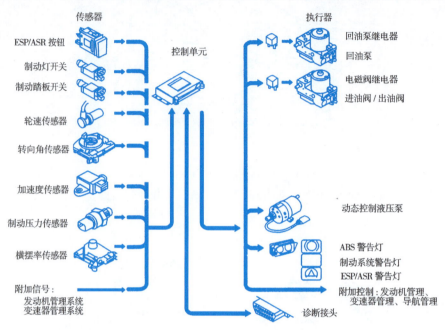

图 3-47 ESP 的组成

执行器,根据 ECU 指令控制每个车轮制动力、发动机输出功率,以及告知驾驶员汽车失控的信息发布。主要包括节气门体和 ESP 液压控制单元。

3.2.1 转向角传感器

3.2.1.1 作用

转向角传感器用于检测转向盘转动的速度和角度,并为控制单元提供驾驶员的操作意图信号。其测量范围为 ±540°或 ±720°,对应转向盘转 3~4 圈。测量精度为 1.5°。

该传感器是 ESP 系统中唯一直接通过 CAN – Bus 线路向控制单元传递信号的传感器。接通点火开关后将转向盘转动 4.5°,转向角传感器即完成初始化。

3.2.1.2 安装位置

它安装在组合开关内或转向管柱旁边,如图 3-48 所示。

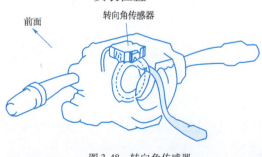

图 3-48 转向角传感器

3.2.1.3 结构原理

转向角传感器的结构如图 3-49 所示。它由一个信号盘和两个遮光器组成,每个遮光器有一个发光二极管和光敏晶体管,两者相互对置,并固定在转向柱管上。信号盘沿圆周开有光缝,并随主轴转动。

当汽车转弯时,转向盘转动,信号盘也随之转动。从 ECU-IG 熔丝来的电流使两个发光二

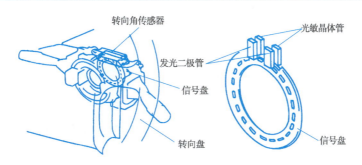

图 3-49 转向角传感器结构

极管发光。当信号盘在两个发光二极管和光敏晶体管之间通过时,从发光二极管发出的光线被交替切断和通过,光敏晶体管也就被这光线交替接通和切断。这样,晶体管 VT_1 和 VT_2 就按照来自光敏晶体管的信号而发出信号,送至 ECU,从而检测到转向盘转动的方向和角度。转向角传感器电路原理如图 3-50 所示。

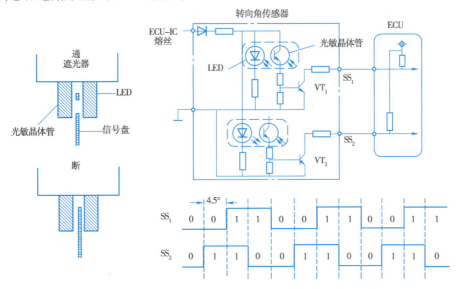

图 3-50 转向角传感器结构

3.2.2 加速度传感器

3.2.2.1 作用

加速度传感器的作用是:检测车辆是否有偏离预定方向的侧向力,及侧向力的大小。

3.2.2.2 安装位置

安装时尽可能将其放在车辆的重心附近。有些车型将加速度传感器与横摆率传感器安装成一个整体,位于中央控制台下方。有些独立安装,可装于驾驶员座椅下、变速操纵杆旁或杂物箱下。

3.2.2.3 结构原理

常见的加速度传感器有霍尔式及电容式两种。

(1)霍尔式加速度传感器。它由永久磁铁、弹簧、减振板和霍尔传感器组成,如图 3-51 所示。

霍尔式加速度传感器的工作原理如图 3-52 所示。加速度作用到车辆上,由于惯性,永久磁铁稍微延迟一些才会随之运动,即刚开始时,永久磁铁保持静止,而减振板随着传感器机体和整

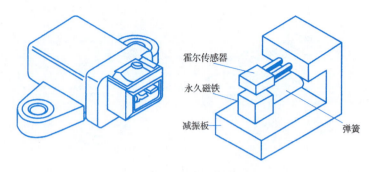

图 3-51 霍尔式加速度传感器结构

个车辆一起运动。由于移动,在减振板上就会产生电涡流,形成一个与永久磁铁相反的磁场,从而减小总磁场的强度,而引起霍尔电压的变化。该变化与加速度的大小成反比。减振板和磁铁间摆动越大,磁场强度就越减弱,霍尔压力变化越明显。没有加速度时霍尔电压是一个常数。

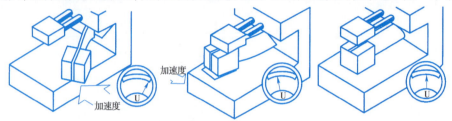

图 3-52 霍尔式加速度传感器工作原理

(2)电容式加速度传感器。如图 3-53 所示,它在传感器设置两个串联电容,中间极片在力的作用下摆动,电容可吸收一定量的电荷。

工作原理如图 3-54 所示:没有侧向力作用在中间极片上时,两侧电容间隙保持恒定,电容相等;中间极片有侧向力的作用时,其中一个电容间隙增加,另一个减小,电容值随之改变,最终电荷的改变决定了侧向力的大小和方向。

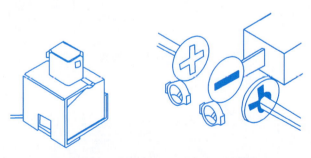

图 3-53 电容式加速度传感器结构示意图

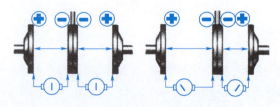

图 3-54 电容式加速度传感器工作原理示意图

3.2.3 横摆率传感器

3.2.3.1 作用
横摆率传感器的作用是检测车辆整体是否绕着垂直轴线发生转动,并检测转动率。

3.2.3.2 安装位置
其安装位置应尽可能安装在车辆的重心附近。

3.2.3.3 结构原理
如图3-55所示,横摆率传感器的基本部件是一个金属空心圆柱体,其表面有8只压电元件,其中4只压电元件使空心圆柱处于谐振状态,另外4只元件检测所在圆筒的振荡波是否改变。当有转矩作用在空心圆柱体上时,振荡波节就完全改变。如果压电元件检测出振荡波节在移动,就将信息传送给控制单元。

图3-55 横摆率传感器结构原理图

3.2.4 制动压力传感器

3.2.4.1 作用
制动压力传感器用于检测制动管路的实际制动压力,以使控制单元据此计算车轮制动力及作用在车辆上的轴向力。

3.2.4.2 安装位置
制动压力传感器被安装于动态控制液压泵中。

3.2.4.3 结构原理
如图3-56所示,制动压力传感器的核心部件是一个会受到制动液作用的压电元件和一个传感器电子元件。

制动液挤压压电元件,压电元件上的电荷分布就会变化,对外输出一信号电压,压力越大,信号电压也越大。信号电压经放大后输送给控制单元。

3.2.5 液压控制单元

3.2.5.1 作用
液压控制单元通常都有两条对角线制动管路,每条制动管路上都装有分配阀和高压阀。各制动轮缸的压力,通过液压控制单元内的电磁阀控制相应的进油阀和

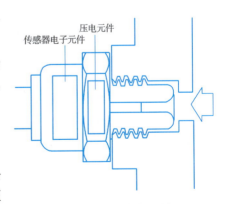

图3-56 制动压力传感器结构

回油阀进行控制。制动时,如果车轮即将抱死,执行 ABS 的功能;而起步/加速出现打滑空转时,执行 ABS/ASR 功能;当车辆转向出现侧滑时,执行 ESP 功能。总之,在控制单元的控制下,液压控制单元把受到控制的制动液压施加到每个车轮。

3.2.5.2 安装位置
它一般装在发动机舱的一侧。

3.2.5.3 结构原理
如图 3-57 所示,液压控制单元主要由 4 个部分组成。

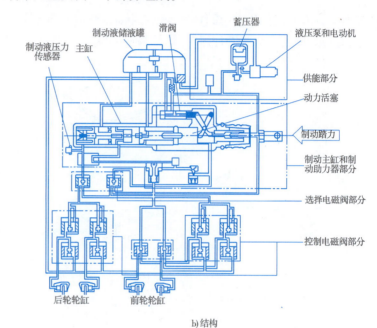
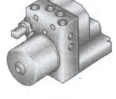

图 3-57 ESP 液压控制单元的结构

(1)液压制动力的产生部分。这部分由电动机驱动液压泵和蓄压器组成。蓄压器储存由液压泵供应的制动液,作为液压控制单元的压力源。

(2)制动总泵和制动助力器部分。这部分可以根据驾驶员的制动操作产生液压,并进行助力。

(3)选择电磁阀部分。这部分的作用是:当 ABS、ASR 或 ESP 工作时,关闭制动主缸的制动液,并把从液压制动力产生部分来的制动液或从制动助力器(调节液压)来的制动液送到控制电磁阀,从而控制每个车轮制动轮缸的液压。

(4)控制电磁阀部分。这部分的作用是:当 ABS、ASR 或 ESP 工作时,增加或降低每个车轮制动轮缸的液压,以控制每个车轮的制动力。

3.2.6 警告信号装置

ESP 工作的同时,还通过视觉(指示灯)和声音(蜂鸣器)来预警汽车在转弯时出现失控,告知驾驶员车轮有附着力不足的危险,提醒注意安全行驶。仪表板上设有与 ESP 有关的警告信号,如图 3-58 所示。

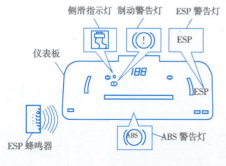

图 3-58 ESP 警告信号装置

3.3 典型汽车电子稳定程序系统的检修

丰田雷克萨斯 LS400 轿车电子稳定程序系统称为 VSC 系统,即 Vehicle Stability Control,其含义是车辆稳定控制系统。

VSC 系统在车辆转向时检测驾驶员的转向目标、车辆的实际行驶方向,以及检测车辆的侧滑与横摆率,在需要调整时,对车辆的单个或几个车轮的制动力进行调节,防止出现转向不足和转向过度而发生事故。

3.3.1 VSC 系统元件位置

雷克萨斯 LS400 ABS/TRC/VSC 系统元件位置如图 3-59 所示。

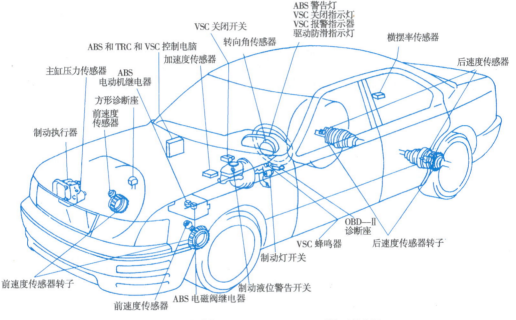

图 3-59 雷克萨斯 LS400 ABS/TRC/VSC 系统元件位置

3.3.2 故障代码的读取与清除

(1)人工读取故障代码:用专用跨接线连接诊断座的 T_C 和 E_1 端子,点火开关转到"ON",按下转向开关功能键,从组合仪表的多路信息显示读取故障代码,如图 3-60 所示。

(2)用诊断仪读取故障代码:连接诊断仪至 DLC3,点火开关转到"ON",依照诊断仪屏幕提示读取故障代码,如图 3-61 所示。

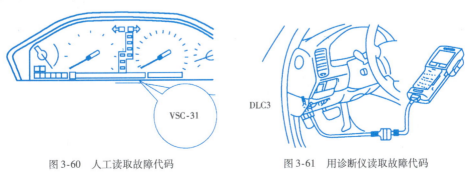

图 3-60 人工读取故障代码　　　图 3-61 用诊断仪读取故障代码

(3)人工清除故障代码:用专用跨接线连接诊断座的 T_C 和 E_1 端子,点火开关转到"ON",在 5s 内踩制动踏板不小于 8 次,清除存储在 ECU 中的故障代码,拆下跨接线。

(4)用诊断仪清除故障代码:连接诊断仪至 DLC_3,点火开关转到"ON",依照诊断仪屏幕提示删除故障代码。

3.3.3 VSC 系统元件检测

3.3.3.1 轮速传感器

VSC 系统的轮速传感器是与 ABS 系统共用的,检修见前述相关章节。

3.3.3.2 转向角传感器

转向角传感器电路如图 3-62 所示。当存在转向角传感器的故障时,应先检查转向角传感器和 ECU 间的线束、插头有无断路和短路。如果线路、插头正常,则更换传感器。

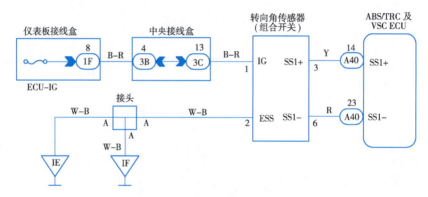

图 3-62 转向角传感器电路图

(1)波形测试。如图 3-63 所示,拆下转向管柱上盖和下盖,拔下组合开关插头(含转向角传感器),给传感器插头的 1 号端子和 2 号端子供电,缓慢转动转向盘,用示波器检测 3 号端子和 6 号端子间的波形。正常波形如图 3-64 所示。

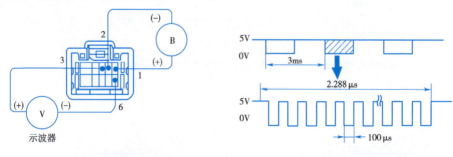

图 3-63 转向角传感器波形测试　　图 3-64 转向角传感器波形图

(2)失效保护模式。如果转向角传感器发生故障,ECU 禁止驱动防滑(TRC)系统和动态稳定制动(VSC)系统工作。

3.3.3.3 加速度传感器

加速度传感器电路如图 3-65 所示。

(1)检测正常的加速度传感器信号在车辆运转时,应不断变化。如果不正常,应先检查传感器和 ECU 间的线束、插头有无断路和短路。如果线路、插头正常,则更换传感器,并重新检测。

（2）失效保护模式：如果加速度传感器发生故障，ECU切断ABS电磁继电器的电流，禁止ABS/TRC系统和VSC系统工作。

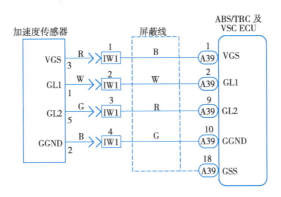

图3-65　加速度传感器电路图

3.3.3.4　横摆率传感器

横摆率传感器电路如图3-66所示。

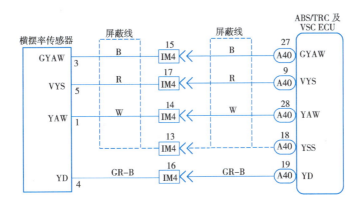

图3-66　横摆率传感器电路图

检测时将点火开关转到"ON"位置，测量ABS/TRC及VSC控制单元ECU的YD端子与车身搭铁之间的电压值；测量横摆率传感器1号端子和3号端子，3号端子和4号端子之间的电压值，如图3-67所示。正常电压见表3-7。

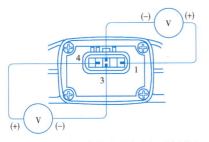

图3-67　横摆率传感器端子电压检测图

横摆率传感器端子电压　　　表3-7

端　子	电　压（V）
1-3（YAW-GYAW）	2.5
3-4（GYAW-YD）	4.5~5.3
4-搭铁（YD-GND）	4.5~5.3

3.3.4　VSC系统电路

丰田雷克萨斯LS400 ABS/TRC/VSC系统电路如图3-68、图3-69所示。

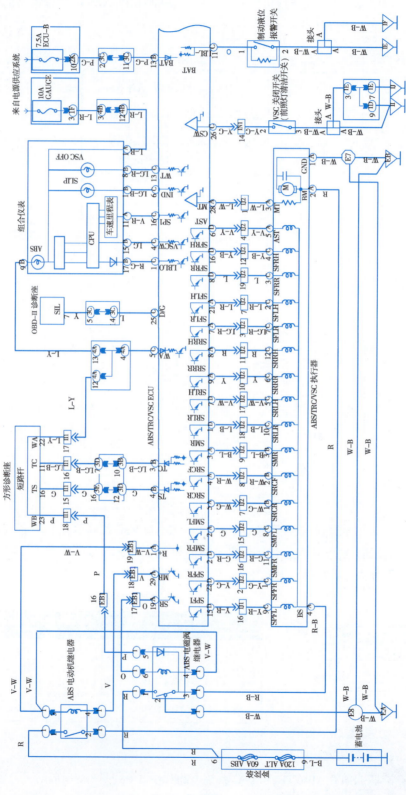

图 3-68 丰田雷克萨斯 LS400 ABS/TRC/VSC 系统电路（1）

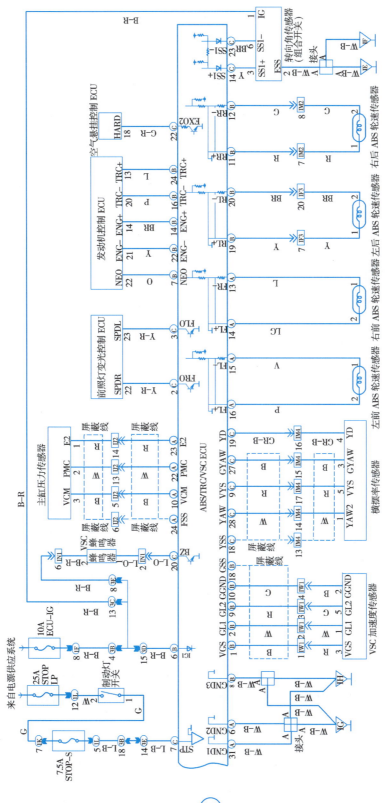

图 3-69 丰田雷克萨斯 LS400 ABS/TRC/VSC 系统电路（2）

4 电控制动系的扩展功能

4.1 电子制动力分配系统

4.1.1 概述

电子制动力分配系统即 Electronic Brake-force Distribution,简称为 EBD。该系统能够根据由于汽车制动时产生轴荷转移的不同,而自动调节前、后轴的制动力分配比例,提高制动效能,发挥最佳制动效果,并配合 ABS 提高制动稳定性。汽车在制动时,4 只轮胎附着的地面条件往往不一样。比如,有时左前轮和右后轮附着在干燥的水泥地面上,而右前轮和左后轮却附着在水中或泥水中,这种情况会导致在汽车制动时 4 只轮子与地面的摩擦力不一样,制动时容易造成打滑、倾斜和车辆侧翻事故。EBD 用高速计算机在汽车制动的瞬间,分别对 4 只轮胎附着的不同地面进行感应、计算,得出不同的摩擦力数值,使 4 只轮胎的制动装置根据不同的情况用不同的方式和力量制动,并在运动中不断高速调整,从而保证车辆的平稳、安全。

4.1.2 电子制动力分配的控制原理

电子制动力分配控制利用防滑控制制动系统,根据行驶条件,帮助 ABS 达到前后轮之间的良好制动力分配。另外,在转弯的过程中,还控制右和左轮的制动力,以帮助保持车辆稳定性。

4.1.2.1 前后制动力分配

如果在车辆向前行驶中实施制动时,由于车辆的惯性导致施加到后轮上的荷载下降。控制单元根据来自速度传感器的信号判断这种情况,并通过执行器控制对后轮的制动力分配。如图 3-70 所示,在制动过程中,施加到后轮上的荷载是随车辆的制动情况而变化的。施加到后轮上的制动力也随减速的变化程度而变化。这样,对后轮的制动力分配得到最佳控制,以便有效地利用后轮的制动力又保证制动中后轮不出现侧滑。

a) 后轮不带荷载　　　　　　　　　b) 后轮带荷载

图 3-70　前后轮制动力分配

4.1.2.2 右左轮制动力分配

在车辆转弯实施制动力时,由于车辆的离心力的作用,使施加到内侧轮上的荷载下降。控制单元根据来自速度传感器的信号判定这种情况,并通过制动系统执行器控制各车轮的制动力分配,实现各车轮的制动有效利用,如图 3-71 所示。

4.1.3 电子制动力分配的组成

电子制动力分配系统架构在 ABS 系统的基础上,没有增加新的硬件,而是通过软件来实现制动力的合理分配(此功能通过 ABS 系统实现),在进行制动力合理分配的同时保证车轮有

a) 直道

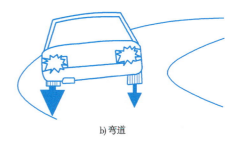
b) 弯道

图 3-71 左右轮制动力分配

较高的附着力。

车辆制动时,根据各轮速传感器的信号计算滑移率,通过控制后轮制动压力,使后轮滑移率始终保持小于或等于前轮滑移率,实现接近于理想制动分配的制动效果。

EBD 系统基本组成原理示意如图 3-72 所示。

EBD 的升压和保压过程同与 ABS 的工作过程相同,降压控制过程则有所不同。其降压过程,如图 3-73 所示:当后轮有抱死倾向时,后轮常开阀关闭,常闭阀打开,制动压力下降。与 ABS 不同的是液压泵不工作,降压所排放的制动液暂存于低压蓄能器中。当制动结束,制动踏板松开,主缸内压力下降,此时再次打开常闭阀,低压蓄能器中的制动液通过常开、常闭阀回流到制动主缸,为下一次工作做准备。

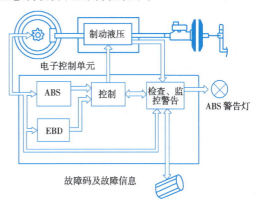
图 3-72 EBD 系统基本组成原理示意图

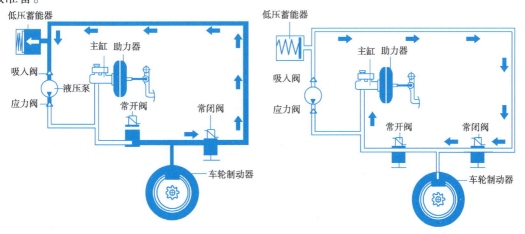
图 3-73 EBD 的降压过程

4.2 电子差速锁系统

4.2.1 电子差速锁的功用和工作原理

电子差速锁即 Electronic Differential System,简称为 EDS。

4.2.1.1 电子差速锁的功用

电子差速锁也是制动防抱死系统的一种功能扩展,用于汽车的加速打滑控制(ASR 系统含有此功能)。在汽车加速过程中,当电子控制单元根据轮速信号判断出某一侧驱动轮打滑时,EDS 就会通过防滑控制系统控制液压控制单元来对该车轮进行适当强度的制动,从而提高另一侧驱动轮的附着力利用率,提高车辆的通过能力。当车辆的行驶状况恢复正常后,电子差速锁即停止作用。

4.2.1.2 电子差速锁的工作原理

EDS 作为 ABS 系统的一种附加功能,除了在软件上有变化之外,还在 ABS 控制单元上新增加了专用的电磁阀及电子元件。

当行驶中车辆的左右驱动车轮处在不同附着系数路面上,尤其是当一侧车轮处在光滑路面上时,这一侧的车轮可能出现打滑现象,在车辆起步、加速或上坡时这种趋势更明显。此时,电子控制单元根据轮速传感器传来的信号,比较左右驱动轮的轮速,当轮速差值较大,即一侧车轮出现打滑时,ECU 将发出指令,对滑转车轮施加制动。这样,打滑车轮的速度降低直到接近另一侧的轮速,保证另一侧车轮有足够的驱动力。

4.2.2 电子差速锁的工作过程

4.2.2.1 常规制动过程

如图 3-74 所示,当驾驶员踩下制动踏板后,制动管路由制动主缸建立油压,EDS 系统使液压阀不通电关闭,电磁隔离阀不通电打开,常压阀不通电打开,常闭阀不通电关闭,轮缸压力升高,车轮进行常规制动。

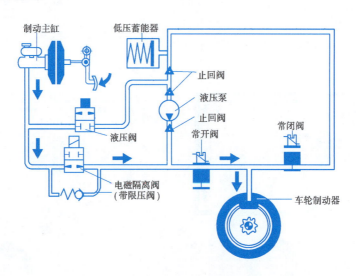

图 3-74 常规制动过程

4.2.2.2 EDS 工作中的加压制动过程

如图 3-75 所示,当电子控制单元根据轮速信号判断出某一侧驱动轮打滑时,EDS 系统使液压阀通电打开,电磁隔离阀通电关闭,液压泵通电工作,制动管路建立油压,通往该轮管路中常压阀通电打开,常闭阀不通电关闭,轮缸压力升高,系统对该车轮进行适当制动,使该车轮得到一定的制动力矩。相应的,该轮得到的驱动力矩将增加,由于差速器转矩特性使两侧车轮分得的转矩总是相等的,所以通过差速器使另一侧车轮的驱动力也增加,从而提高了车辆的整体驱动力,车辆的通过能力大大增加。

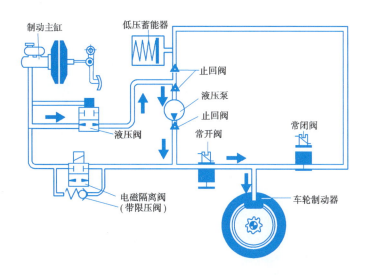

图 3-75　EDS 工作中的加压制动过程

4.2.2.3　EDS 工作中的保压过程

如图 3-76 所示,当电子控制单元根据轮速信号判断出该侧车轮需要保持压力时,常开阀通电关闭,常闭阀不通电关闭,该轮制动轮缸压力保持不变。车轮制动力保持不变。

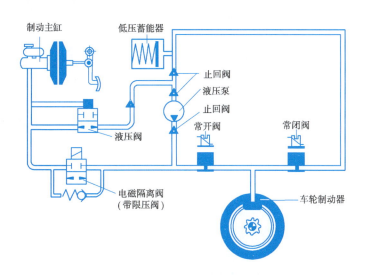

图 3-76　EDS 工作中的保压过程

4.2.2.4　EDS 工作中的减压过程

如图 3-77 所示当电子控制单元根据轮速信号判断出该侧车轮需要制动压力减小时,常压阀不通电打开,常闭阀不通电关闭,电磁隔离阀不通电打开,该轮制动轮缸与主缸相通,该轮制动压力减小。

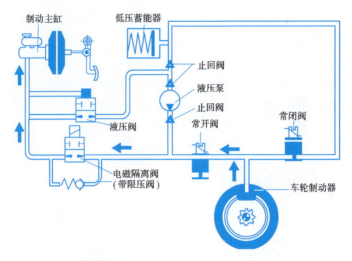

图 3-77　EDS 工作中的减压过程

一、判断题(正确打√、不正确打×)

1. 在一些防抱死制动系统中,制动助力是靠液压储能器供应的高压制动液保证的。(　)
2. 装有 ABS 系统的汽车,在制动后期,会有车轮被抱死、地面留有拖印的现象。(　)
3. ABS 系统排气时间比普通制动系统长,消耗的制动液也较多。(　)
4. ABS 对驱动轮和非驱动轮都进行控制。(　)
5. ASR 只对驱动轮进行控制。(　)
6. 轮速传感器一般安装在车轮处,而在有些驱动车轮的轮速传感器则设置在主减速器或变速器中。(　)
7. 低压储能器主要用来接纳 ABS 减压过程中从制动轮缸流回的制动液,同时还对回流制动液的压力波动具有一定的衰减作用。(　)
8. 高压储能器用于储存制动中或 ABS 工作时所需的高压制动液。它是制动系统的能源。(　)
9. 电子制动力分配系统(EBD)能够根据汽车制动时产生轴荷转移的不同,自动调节前、后轴的制动力分配比例,提高制动效能,发挥最佳制动效果,并配合 ABS 提高制动稳定性。(　)
10. 电子制动力分配 EBD 系统是在 ABS 系统的基础上,通过软件来实现制动力的合理分配(此功能通过 ABS 系统实现),在进行制动力合理分配的同时保证车轮有较高的附着力。(　)
11. 电子差速锁(EDS)的控制功能是在 ABS 系统的基础上实现的,仅在软件上有变化,没有增加新的元件。(　)
12. 在汽车加速过程中,当某一侧驱动轮打滑时,电子差速锁(EDS)会通过防滑控制系统

控制液压控制单元来对该车轮进行适当强度的制动,从而提高打滑车轮的附着力利用率,提高车辆的通过能力。（　　）

13. 电子稳定程序(ESP)属汽车主动安全系统,又可称为动态驾驶控制系统,是 ABS/ASR 两种系统功能上的延伸。（　　）

14. 转向角传感器是 ESP 系统中唯一直接通过 CAN－Bus 线路向控制单元 ECU 传递信号的传感器。（　　）

15. 如果丰田雷克萨斯 LS400 轿车电子稳定程序系统中的转向角传感器发生故障,ECU 切断 ABS 电磁继电器的电流,禁止 ABS/TRC 系统和 VSC 系统工作。（　　）

16. 车型不同,电子稳定程序的缩写有所不同。沃尔沃汽车公司称为 DSTC,宝马汽车公司称为 DSC,丰田汽车公司称为 VSC,日产汽车公司称为 VDC,其原理和作用基本相同。（　　）

二、选择题

1. (　　)是防抱死制动系统的缩写。
   A. ASR　　　　B. EFI　　　　C. ABS　　　　D. ATS

2. 装有 ABS 系统的汽车制动时,不正常的现象是(　　)。
   A. 制动踏板有轻微的振动　　　　B. 制动踏板有轻微的下沉
   C. 地面上留有拖印　　　　　　　D. 汽车跑偏

3. 装有 ABS 系统的汽车,在制动过程中应使车轮滑移率保持在(　　)的范围内,以获得良好的制动性能。
   A. 15%～20%　　B. 20%～30%　　C. 30%～40%　　D. 80%～100%

4. 装用 ABS 系统的汽车制动时,某一瞬间车轮(　　)。
   A. 不可能抱死　　B. 可能抱死　　C. 始终在转　　D. 可能不转

5. 装有 ABS 系统的汽车高速行驶制动时,地面上(　　)。
   A. 可能留下拖印　　B. 不可能留下拖印　　C. 可能有断续的拖印

6. 轮速传感器的类型主要有(　　)。
   A. 电磁感应式和光电感应式　　　B. 光电感应式和霍尔式
   C. 电磁感应式和电热式　　　　　D. 电磁感应式和霍尔式

7. 制动压力调节器由(　　)等组成。
   A. 调压电磁阀和调压缸　　　　　B. 储能器和制动主缸
   C. 调压电磁阀和储能器　　　　　D. 调压电磁阀和制动主缸

8. 在防抱死制动模式"保持"制动压力时,ABS 电脑向电磁线圈提供(　　)的电流,使电磁阀处于"保持"位置,电磁阀上分别与制动主缸、制动轮缸和储能器连接的三个通道(　　)。
   A. 较大　制动轮缸与储液器连通,通制动主缸的通道关闭
   B. 较小　全部关闭
   C. 较大　全部关闭
   D. 较小　制动轮缸与储液器连通,通制动主缸的通道关闭

9. 车辆向前行驶中实施制动时,电子制动力分配系统(EBD)通过控制(　　)制动压力,使(　　)滑移率始终保持小于或等于(　　)滑移率,实现接近于理想制动分配的制动效果。
   A. 后轮　前轮　后轮　　　　　　B. 后轮　后轮　前轮

C. 前轮　后轮　前轮　　　　　　D. 前轮　前轮　后轮

10. ABS/ASR 系统控制车辆制动或加速时的(　　)滑移,ESP 控制车辆的(　　)滑移。

　　A. 横向　纵向　　B. 横向　横向　　C. 纵向　横向　　D. 纵向　纵向

11. 二通道的 ESP 系统(　　)。

　　A. 能自动地向 4 个车轮独立施加制动力

　　B. 能分别对两个前轮一同施加制动力,和对后轮一同施加制动力

　　C. 只能对两个前轮独立施加制动力

　　D. 对两个前轮独立施加制动力,对后轮一同施加制动力

12. 常见的加速度传感器的类型有(　　)。

　　A. 霍尔式、电容式　　　　　　B. 电磁感应式、霍尔式

　　C. 电容式、电磁感应式　　　　D. 电容式、电阻式

13. 检测车辆整体是否绕着垂直轴线发生转动并检测转动率的传感器是(　　)。

　　A. 加速度传感器　　　　　　　B. 横摆率传感器

　　C. 转向角传感器　　　　　　　D. 减速度传感器

三、简答题

1. ABS 有哪些类型?

2. ABS 由哪些机件组成? 各有何作用?

3. 简述 ABS 的工作原理。

4. 试述 ABS 各传感器的检修方法。

5. 检修 ABS 系统故障时,应注意哪些问题?

6. ABS、ASR、ESP 的控制目标有何异同?

7. ASR 的控制方式有哪些? 如何实现?

8. 试分析导致本田雅阁轿车 ABS 灯偶尔点亮的原因及诊断方法。

9. 试分析 ABS 与 ASR 的异同。

10. 试分析 ABS 的优缺点。

11. 电子差速锁的功用和工作原理是什么?

12. 电子制动力分配的控制原理是什么?

13. 电子稳定程序系统的类型有哪些?

14. 电子稳定程序系统的结构流程有哪几部分? 控制原理是什么?

15. ESP 系统在 ABS/ASR 的基础上增加的传感器主要有哪些? 其作用分别是什么?

单元四　电控悬架的构造与维修

学习目标

知识目标

1. 简单叙述电控悬架的作用、组成、工作原理和典型汽车电控悬架故障诊断与检修方法；
2. 正确描述电控悬架各传感器的功能。

能力目标

1. 能够安全正确检修各传感器；
2. 能正确使用检测设备对传感器性能和控制电路进行检查。

1　概　述

1.1　电控悬架的类型与要求

根据刚度和阻尼系数是否可调，悬架分为主动悬架和被动悬架；根据有源和无源，电控悬架分为半主动悬架和全主动悬架；根据传力介质的不同，悬架分为油气式主动悬架和空气式主动悬架。

主动悬架是在悬架系统中采用控制元件组成一个闭环控制系统，根据车辆的运动状况和路面状况主动做出反应，以抑制车身的振动和摆动，使悬架始终处于最佳的减振状态。由于主动悬架在汽车行驶中速度变化，以及汽车起动、制动、转向等工况时，都可进行有效的控制，甚至可根据车速的变化自动控制车身高度，所以现代高级轿车广泛使用空气式主动悬架。

电控空气悬架是利用压缩空气充当弹簧作用，弹簧的刚度和车身的高度是根据汽车行驶状况进行自动控制，减振器的减振力控制也用来抑制汽车行驶和停驶时车身姿态的变化。

电控悬架的要求是：

（1）在水平路面上高速行驶时，使车身变低、弹簧变软，以提高舒适性；
（2）在凹凸不平的路面行驶时，使车身变高、悬架变硬，以消除颠簸，提高通过性；
（3）防止纵向仰头、栽头及横向倾斜，保持前照灯光轴不变，提高安全性。

1.2　电控悬架的功能

1.2.1　减振力和弹簧刚度的控制

（1）防侧倾控制。侧倾发生于汽车在横向坡道高速行驶和汽车高速转弯时。电控悬架能根据汽车行驶速度和转向角度,使减振力和弹簧刚度转换为"坚硬"状态,抑制转弯期间的侧倾(使汽车转向时的姿势变化尽量小),改善汽车的操纵性。这种控制持续时间大约为 2s,然后恢复到最初减振力和弹簧刚度。

(2)防栽头控制。电控悬架能根据汽车行驶速度、制动开关信号和汽车高度的变化,将减振力和弹簧刚度转换为"坚硬"状态,使汽车制动时的姿势变化尽量小,抑制制动期间的栽头现象。

(3)防后坐控制。电控悬架能根据汽车速度、节气门开启角度和速度的变化,将减振力和弹簧刚度转换为"坚硬"状态,用来抑制汽车起步和急加速时汽车后部下坐。在 2s 后或当汽车速度达到一定水平时,恢复最初的状态。

(4)高速控制。当汽车行驶速度超过一定设置水平时,电控悬架使弹簧刚度变成"坚硬"状态,减振力变成"中等"状态。以提高汽车高速行驶时直线行驶稳定性和操纵性能。

(5)不平道路控制。根据道路的不平整性,电控悬架使弹簧刚度和减振力转换为"中等"或"坚硬"状态,以抑制汽车车身在悬架上下垂,从而改善汽车在不平道路上行驶时的乘坐舒适性(抑制汽车在不平道路上行驶时的颠簸,抑制汽车在不平道路上行驶时的上下跳动)。实施不平道路控制时,能分别精确地对前、后轮发令执行,当汽车行驶速度低于 10km/h 时,不能进行调整。

1.2.2 车身高度的控制

(1)自动高度控制。不管乘客和行李重量如何,使汽车高度始终保持一个恒定的高度。操作高度控制开关能使汽车的目标高度变为"正常"或"高"的状态。

(2)高速控制。当汽车在良好路面高速行驶时,若汽车高度控制开关选择在"HIGH"上,汽车高度将自动转换为"NORM",以提高汽车行驶时的稳定性和减少空气阻力。

(3)点火开关 OFF 控制。当点火开关断开后,随乘客重量和行李重量变化而使汽车高度变为高于目标高度时,能使汽车高度降低到目标高度。即能改善汽车驻车时的姿势(汽车高度降低),减小空间占据量和更加安全。

2 电控悬架的组成与工作原理

2.1 电控空气悬架系统

2.1.1 电控空气悬架的组成和工作原理

电控空气悬架中储有起弹簧作用的压缩空气,弹簧刚度和汽车高度控制可根据驾驶条件自动控制。减振器的减振力也由电子控制,以抑制车辆侧倾、制动时前部栽头和高速行驶后部下坐时汽车姿势发生变化,因此,能明显保持乘坐的舒适性及操纵性。

以丰田雷克萨斯 LS400 为例,电控空气悬架由传感器、悬架 ECU 和执行器组成,如图 4-1 所示,其在车上的安装位置如图 4-2 所示。

(1)模式选择开关。模式选择开关位于变速杆旁边。设有 SPORT(运动)或 NORM(正常)两种模式,由驾驶员根据行驶条件进行选择,从而确定减振器阻尼力和悬架刚度或车身高度的调节模式。模式开关的工作原理如图 4-3 所示。选择正常模式时,施加在 ECU 端子 SW-S 的电压为 0V,选择运动模式时为 12V。ECU 根据该信号判定驾驶员选择的模式。

单元四 电控悬架的构造与维修

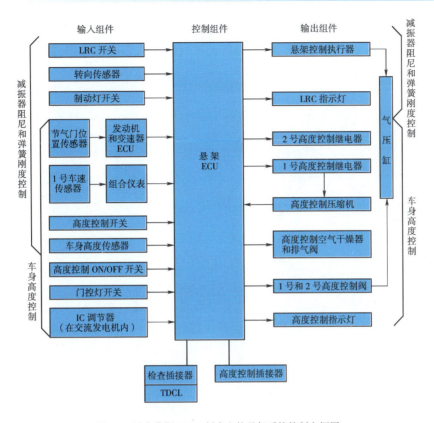

图 4-1 雷克萨斯 LS400 轿车电控悬架系统控制方框图

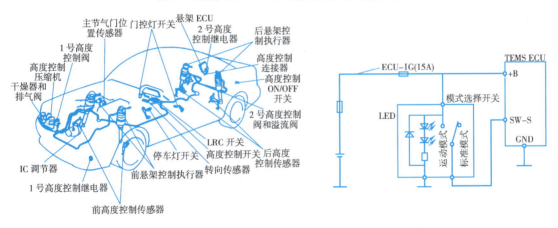

图 4-2 雷克萨斯 LS400 轿车电控悬架各部件在车上的安装位置

图 4-3 模式选择开关电路

丰田雷克萨斯 LS400 轿车电控悬架系统的模式选择开关由 LRC 开关和高度控制开关组成,如图 4-4 所示。

①LRC 开关:LRC 开关可以选择悬架的刚度和阻尼力。LRC 开关在 SPORT 位置时,系统进入"高速行驶(硬状态)自动控制";当 LRC 开关在 NORM 位置时,系统对悬架刚度和阻尼力进行"常规值自动控制"。此时悬架 ECU 根据车速传感器信号,使悬架刚度、阻尼力自动处于软、中、硬三种状态。

②高度控制开关:选择汽车目标高度。当该开关处于 HIGH(高)位置时,系统对车身高度进行"高值自动控制";当该开关处于 NORM(正常)位置时,车身高度则进入"常规值自动控制"状态。

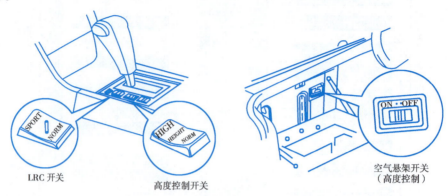

图 4-4 LRC 开关、高度控制开关、空气悬架开关

(2)高度控制 ON/OFF 开关。又称车高控制通/断开关或空气悬架开关,它安装在汽车的行李舱中,作用是接通或断开悬架 ECU 的电源。将它置于 ON 时,悬架系统可以进行车身高度控制;将它置于 OFF 时,系统不执行车身高度控制。在使用千斤顶或举升机上升车、汽车被牵引、在起伏的路面上驻车时,都应将此开关处于 OFF 位置,防止可充气汽缸中的气体释放而引起的车身高度降低。

(3)制动灯开关。制动灯开关用于检测汽车是否进行制动,向 ECU 提供汽车制动信号,以便据此产生抑制车身点头的控制信号。

(4)门控灯开关。又称车门传感器或车门开关,它是为防止行车时车门未关而设置的。福特轿车控制装置利用车门开关输入信号来实现两种功能:在任何一个车门打开时,立即停止排气,并可视需进行调平校正。

(5)转向传感器。它安装在转向组合开关上,检测转向的方向和角度。当判定转向盘的转角和车速大于设定值时,ECU 会促使减振力和弹簧刚度增加,抑制车身侧倾。

转向传感器的结构如图 4-5 所示。传感器圆盘压装在转向轴上,圆盘中间装有带均匀分布着窄缝的遮光盘。传感器的信号发生器由发光二极管和光敏二极管组成。信号发生器以两个为一组,从上面套装在带窄缝的遮光盘上。遮光盘随转向轴转动时,两个信号发生器的输出端则会输出 ON、OFF 的交变信号(图 4-6),ECU 根据两个信号发生器输出的交变信号变换的速率,即可检测出转向的转动速率;ECU 计数器统计信号发生器 ON/OFF 变换的次数,即可检测出转向轴的转角。另外,设计时将两个信号发生器 ON/OFF 变换的相位错开 90°,因此,只要判断哪个信号发生器首先转变为 ON 状态,即可检测出转向轴的转动方向。

(6)车速传感器。车速传感器通常安装在变速器输出轴附近的壳体上,用于检测汽车的行驶速度,并将信号传给 ECU,作为防后坐、防侧倾、防点头控制、高速控制的一个依据。常用的车速传感器有电磁感应式和可变磁阻式两种。

(7)节气门位置传感器。它向 ECU 提供节气门位置的信号。悬架 ECU 根据节气门开启或关闭、开度的大小、关闭的速率,以及车速信号等进行防后坐控制,并在汽车加速时和满负荷时供给必要的浓混合气。

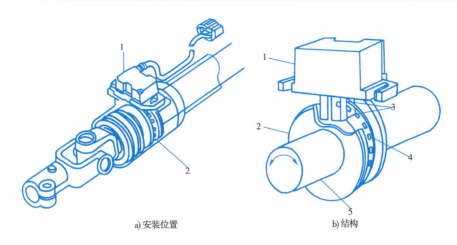

图 4-5 转向传感器

1-转向传感器;2-传感器圆盘;3-信号发生器;4-遮光盘;5-转向轴

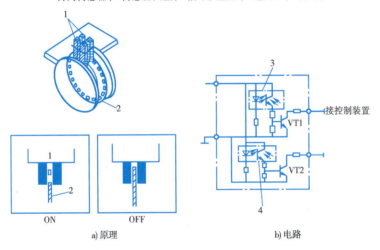

图 4-6 转向传感器的工作原理

1-信号发生器;2-遮光盘;3-1 号信号发生器;4-2 号信号发生器

（8）车身高度传感器。持续不断地检测车身与悬架下臂之间的距离（车身与车架的相对高度,其变化频率和幅度反映了车身的振动）。再根据路况,以确定车身的高度。ECU 根据车身高度传感器输入的信号,控制空气压缩机工作或排气阀的开启,以增加或减少空气悬架主气室中的空气量,保持车身高度为一定值。车身高度传感器有光电式和霍尔效应式两种。

（9）高度控制阀。按照悬架 ECU 的信号,高度控制阀控制压缩空气流进或流出可充气汽缸。

1 号高度控制阀控制前悬架,两个电磁阀分别控制左、右侧的可充气汽缸;2 号高度控制阀控制后悬架,也有两个电磁阀,但它们不能单独操作。为了防止空气管路中产生不正常的压力,2 号高度控制阀中有一个溢流阀,如图 4-7 所示。

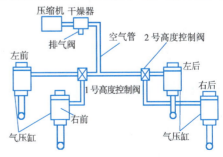

图 4-7 高度控制阀布置

(10) 空气压缩机总成。空气压缩机总成包括空气压缩机、排气电磁阀、干燥器、电动机等,如图4-8所示。除干燥器总成外,压缩机和排气电磁阀均不可维修,只能进行总成更换。

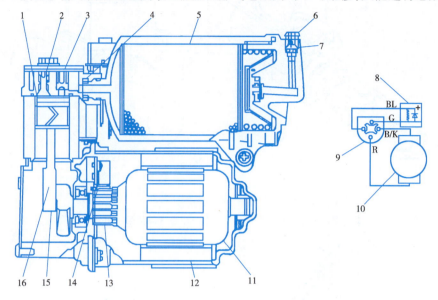

图4-8 空气压缩机总成

1-活塞;2-进气阀;3-排气阀;4-干燥器O形密封圈;5-干燥器总成;6-空气管路放气按钮;7-空气管路接头;8-排气电磁阀;9-压缩机总成插接器;10、11-电动机;12-磁极;13-换向器;14-电刷;15-连杆;16-压缩机/排气电磁阀总成

空气压缩机由ECU通过继电器进行控制,用来提供车身高度调节所需的压缩空气。从压缩机出来的空气进入干燥器,经干燥吸湿后被送入高度控制电磁阀,由高度控制电磁阀控制空气弹簧的充气量。空气弹簧空气室的压力由调节阀控制,当排气阀打开时,空气弹簧内的压缩空气从排气阀排入大气,同时将干燥器内的水分一起带走。

当轿车载客人数增加时,车身高度会下降,车身高度传感器将这一信号传送给悬架ECU,ECU控制空气压缩机、车身高度电磁阀工作,向空气弹簧主气室充气,直至车身高度达到规定值;当车内载荷减少时,车身高度上升,此时,ECU根据车身高度传感器传来的信号发出控制信号,打开车身高度控制电磁阀,使空气弹簧主气室的空气通过高度控制电磁阀、空气管路,从排气阀排出,从而使车身下降。

(11) 空气弹簧。雷克萨斯LS400轿车电控悬架系统的空气弹簧安装在阻尼可调减振器的上端,与阻尼可调减振器一起构成了悬架支柱,上端与车架连接,下端安装在悬架摆臂上。空气弹簧由主气室和副气室组成,主、副气室之间有大小两个通道,执行器带动气阀控制杆转动,使阀芯转过一个角度,以改变主、副气室之间通道的大小,即改变主、副气室之间的空气流量,使空气弹簧的有效容积改变,从而使悬架刚度(空气弹簧的弹性系数)发生变化。空气弹簧和减振器总成的结构如图4-9所示。

空气弹簧悬架刚度可在低、中、高三种状态之间调整。当阀芯的开口转到对准图4-10所示的低位置时,大空气通道被打开,主气室的气体经由阀芯的中间孔、阀体的侧面大空气通道与副气室的气体相通,两气室之间的流量大,相当于参与工作的气体容积增大,悬架刚度处于"低状态";当阀芯的开口转到中位置时,小气体通道被打开,两气室之间的空气流量小,悬架刚度处于"中状态";当阀芯开口转到高位置时,两气室的气体通道全关闭,两气室之间的气体不能流动,此时只有主气室的气体参加工作,悬架刚度处于"高状态"。

(12)悬架执行器。悬架控制执行器安装在空气弹簧和减振器的上方,它不仅控制减振器的回转阀进行阻尼调节,同时还驱动空气弹簧汽缸主、辅汽缸的阀芯进行刚度调节。为了适应频繁变化的工况,并保证精确的定位,采用了直流步进电动机进行驱动。它通过驱动减振器的阻尼调节杆和空气弹簧汽缸的气阀控制杆(刚度控制杆)来改变减振器的阻尼力和悬架的刚度。

电控悬架执行器的结构如图 4-11 所示。步进电动机作为驱动元件,它带动小齿轮驱动扇形齿轮转动,与扇形齿轮同轴的减振器阻尼调节杆带动减振器回转阀转动,使阻尼孔开闭的数量或大小发生变化,从而调节减振器的阻尼。在调节阻尼力的同时,齿轮系统带动与空气弹簧气室阀芯相连的气阀控制杆转动,随着气室阀芯角度的改变,悬架的刚度也得到调节。

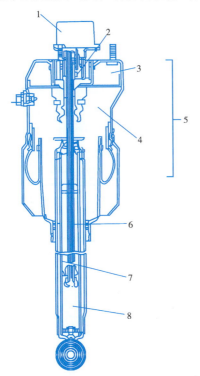

图 4-9 空气弹簧和减振器总成
1-悬架控制执行器;2-空气阀;3-辅助气室;4-主气室;5-汽缸;6-阻尼调节杆;7-活塞量孔;8-减振器

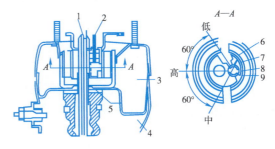

图 4-10 空气弹簧的工作原理示意图
1-阻尼调节杆;2-气阀控制杆;3-主副气室通道;4-副气室;5-主气室;6-气阀体;7-小空气通道;8-阀体;9-大空气通道

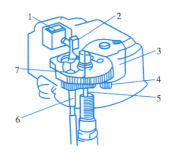

图 4-11 电控悬架执行器
1-电磁线圈;2-挡块;3-步进电动机;4-小齿轮;5-阻尼调节杆;6-气阀控制杆;7-扇形齿轮

电磁线圈不通电时,它控制的电磁制动开关松开,挡块处于扇形齿轮的滑槽内,扇形齿轮可以转动;电磁线圈通电时,电磁制动开关吸合,挡块被拉紧,齿轮系统处于锁止状态,各转阀均不能转动,使悬架的阻尼力和刚度保持在相对稳定状态。

步进电动机的基本工作原理如图 4-12 所示。步进电动机的转子由永久磁铁制成,定子有两对磁极,其上绕有 A-B、C-D 两相绕组,当 A-B 绕组接通正向电流时,永磁转子将在定子磁极磁场的作用下,处于"低状态";当 A-B 绕组不通电,C-D 绕组接通电源时,永磁转子处于"高状态"位置;当 A-B 绕组接通反向电流时,与"低状态"时相对比,左右磁极磁性相反,于是永磁转子处于"中状态"。

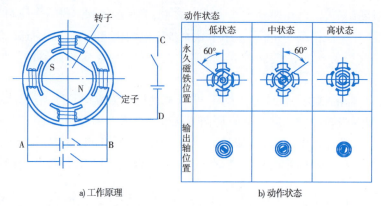

图 4-12 步进电动机的工作原理及动作状态

（13）悬架 ECU。根据各种传感器的信号,以及悬架控制开关操作方法的选择(LRC 开关和高度控制开关),悬架 ECU 控制减振力、悬架弹簧刚度和汽车高度。ECU 还具有自我诊断功能、失效保护功能(当出现故障时,能暂停悬架的控制)。

2.1.2 控制功能

电控空气悬架的工作原理如图 4-13 所示。

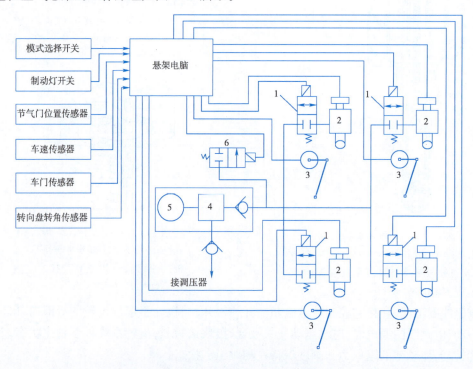

图 4-13 电控空气悬架原理示意图
1-高度控制阀;2-空气悬架;3-车身高度传感器;4-干燥器;5-空气泵;6-排气阀

2.1.2.1 车速与路面感应控制

车速与路面感应控制主要是根据车速与路面的变化来改变悬架的刚度和阻尼。有"软"和"硬"两种选择,由电脑控制或由驾驶员通过手动开关选择。在这两种模式中,又按刚度和阻尼的大小分为低(软)、中(标准)、高(硬)三种状态。在"软"模式中,悬架常处在"低"状态,而在"硬"模式中,悬架则经常处于"中"状态。在这两种不同的模式下,悬架由ECU控制在三种状态,根据车速和路面的变化自动地调节刚度了阻尼系数,使车身的振动达到最佳的控制。

车速路面感应控制又可分为高速感应控制、前后车轮相关控制和坏路面控制三种控制。

(1)车速感应控制。在车速很高时,ECU输出控制信号使悬架的刚度和阻尼相应增大,以提高汽车高速行驶时的操纵稳定性。

当汽车速度超过110km/h时,ECU输出控制信号:如果驾驶员选择"软"模式,则悬架的刚度和阻尼就会自动从"低"状态转入"中"状态;如果驾驶员选择"硬"模式,则悬架在"中"状态保持不变。当车速降低后,悬架的刚度和阻尼又自动回到选定模式的经常保持状态。

(2)前后轮相关控制。当汽车前轮在遇到路面接缝等凸起时,ECU输出控制信号:相应减小后轮悬架的刚度和阻尼,以减小车身的振动和冲击。

前后轮相关控制与车速有关,当汽车以30~80km/h的速度行驶遇到障碍时,ECU输出控制信号:如果选定的是"软"模式,后轮悬架保持"低"的状态;如果是"硬"模式,则从"中"状态自动转入"低"的状态。当后轮越过障碍后,悬架又自动回到选定模式的经常保持状态。

若车速超过80km/h,在前轮遇到障碍时,后轮悬架若转入"低"的状态会影响车辆的操纵稳定性,因此,无论是在哪种模式下,悬架的刚度和阻尼都将在"中"的状态。

(3)坏路面感应控制。汽车进入坏路面行驶时,为抑制车身产生大的振动,ECU输出控制信号,相应增大悬架的刚度和阻尼。

当汽车以40~100km/h的速度驶入不良路面时,车身高度传感器输出周期小于0.5s的车身高度变化信号。ECU输出控制信号:如果是在"软"模式下,悬架就自动从"低"状态转入"中";如果是在"硬"模式下,则保持"中"的状态不变。

当汽车在高于100km/h的速度驶入坏路面时,ECU输出控制信号:如果是在"软"模式下,悬架会在"低"或"中"的状态下转入"高"的状态;如果在"硬"的模式下,则是从"中"转入"高"的状态。

2.1.2.2 车身姿态控制

车身姿态控制是指在汽车车速突然改变及转向等情况下,ECU对悬架的刚度的阻尼实施控制,以抑制车身的过度摆动,从而确保车辆乘坐舒适性和稳定性。车身姿态控制包括:转向车身侧倾控制、制动车身点头控制和起步车身俯仰控制。

(1)转向车身侧倾控制。在汽车急转弯时,增大悬架的刚度和阻尼,以抑制车身的侧倾。即当驾驶员急转转向盘时,转向传感器将转向盘的转角和转速信号输入ECU,ECU控制执行:如果驾驶员选择的是"软"模式,悬架则自动从"中"或"低"状态转入"高"状态;如果在"硬"模式,则从"中"转入"高"状态。

(2)制动车身点头控制。在汽车紧急制动时,应增大悬架的刚度和阻尼,以抑制车身的点头。即当汽车在高于60km/h速度下紧急制动时,车速传感器的车速信号和制动开关的阶跃信号输入ECU,ECU控制调整悬架的刚度和阻尼。如果这时处在"软"模式下,悬架就从"低"

或"中"的状态自动转入"高"状态;如果是在"硬"模式下,则从"中"转入"高"状态。

(3)起步车身俯仰控制。在突然起步或突然加速时,也应增加悬架的刚度和阻尼,以抑制车身的俯仰。即在车速低于20km/h的情况下,猛踩加速踏板时,车速传感器的车速信号和节气门开度传感器的阶跃信号输入ECU,ECU控制调整悬架的刚度和阻尼。如果这时处于"软"模式,则悬架自动从"低"或"中"转入"高"状态;如果是处于"硬"模式,则从"中"状态转入"高"状态。

2.1.2.3 车身高度控制

车身高度控制是ECU在汽车行驶车速和路面变化时,ECU对悬架输出控制信号,调整车身的高度,以确保汽车行驶的稳定性和通过性。车身高度控制也分"标准"和"高"两种模式,每种模式又分"低"、"中"、"高"三种状态。控制方式包括高速感应控制和连续坏路面行驶控制。

(1)高速感应控制。当车速超过90km/h时,为了提高汽车的行驶稳定性和减少空气阻力,ECU使排气阀和高度控制阀工作,悬架气室向外排气,以降低车身高度。如果悬架是在"标准"模式下,则车身将从"中"状态降低到"低"状态;如果是"高"模式,则从"高"状态转入"中"状态。当车速低于60km/h时,又恢复原有的高度。提高车身高度是通过ECU输出的控制信号,使空气压缩机和高度控制阀通电工作,将压缩空气送入悬架空气室实现的。

(2)连续不良路面行驶控制。汽车在坏路面上行驶时,提高车身高度,以减弱来自路面的突然抬起感,并提高汽车的通过性能。

当车身高度传感器连续2.5s以上输出大幅度的振动信号,且车速在40~90km/h时,如果悬架处于"标准"模式,则车高从"中"状态转为"高"状态;如果是"高"模式,则维持在"高"状态不变。

当汽车在连续不平路面行驶的速度在90km/h以上时,汽车的行驶稳定性优先考虑,因此,在标准模式下将维持"中"状态不变,在"高"模式下则从"高"转入"中"的状态。

2.2 电子控制油气弹簧悬架系统

电子控制油气弹簧悬架系统属于主动悬架系统。油气弹簧以氮气作为弹性介质,用油液作为传力介质。油气弹簧一般由气体弹簧和相当于液力减振器的液压缸组成。它通过油液压缩气室中的空气实现变刚度特性,通过电磁阀控制油液管路中的小孔节流实现变阻尼特性,如图4-14所示。油气弹簧的形式主要有带隔膜式、不带隔膜式和带反压气室式三种,如图4-15所示。

雪铁龙XM轿车采用了电子控制油气弹簧悬架系统,该系统主要由悬架ECU、转向传感器、加速度传感器、制动压力传感器、车速传感器、车身高度传感器、油气弹簧刚度调节器和电磁阀等部件组成。

加速度传感器与加速踏板相连接,将测得的加速动作信号传送给ECU;制动压力传感器安装于制动管路中,当汽车制动时,它向ECU发送一个阶跃信号来表示制动,使ECU输出抑制汽车点头的信号;车速传感器安装在车轮上,用于产生与转速成正比的脉冲信号,ECU利用车速传感器和转向传感器的转角信号,可以计算出车身的侧倾程度。车身高度传感器变化频率和幅度可反映车身的平顺性,同时还用于车身高度自动调节。

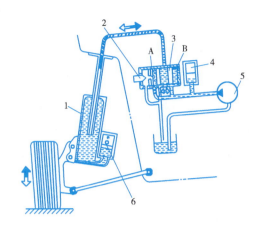

图 4-14 油气弹簧悬架基本原理
1-液控油缸;2-电控液压比例阀;3-机械式伺服滑阀;4-蓄能器;5-液压泵;6-气体弹簧

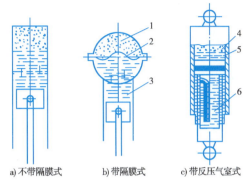

图 4-15 油气弹簧示意图
1、4-油液;2-隔膜;3、5-气体;6-反压气室

雪铁龙 XM 轿车的油气弹簧悬架系统在各车轴上均使用了氮气弹簧,系统的工作原理如图 4-16 所示。该系统能提供两种弹簧刚度(运动和舒适)和两种悬架阻尼力(软和硬)。在汽车正常行驶时,悬架 ECU 发出控制信号,使电磁阀向右移动(图 4-16a),接通压力油道,使辅助液压阀的阀芯向左移动,由于中间油气室与主油气室连通,从而使总的气室容积增加,气压减小,因而刚度变小。a、b 节流孔起阻尼器的作用,系统处于软状态,以提高乘坐舒适性。当高速、转向、起步和制动时,电磁阀中无电流通过,在弹簧作用下,阀芯左移(图4-16b),关闭压力油道,原来用于推动液压阀的压力油通过电磁阀的左边油道泄出,辅助液压阀阀芯右移,关闭刚度调节器,气室总容积减小,刚度增大,使系统处于硬状态,以提高车辆的操纵稳定性。

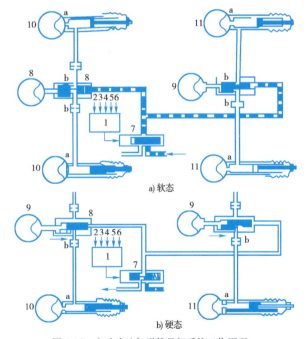

图 4-16 主动式油气弹簧悬架系统工作原理
1-悬架 ECU;2-转向传感器;3-加速度传感器;4-制动压力传感器;5-车速传感器;6-车身高度传感器;7-电磁阀;8-辅助液压阀;9-中间油气室(刚度调节器);10-前主油气室;11-后主油气室

2.3 带路况预测传感器的主动悬架系统

路况预测传感器通常为超声波传感器,该传感器安装在车身前面,以便对其下方的路面状

况进行检测。

带有路况预测传感器的主动悬架系统工作原理如图 4-17 所示。该系统包括一个悬架弹簧和一个单向液压执行器，控制阀 6 通过油管 8 与单向液压执行器的油压腔相通。油管上还接有支管 8a，该支管与蓄能器 11 相连，蓄能器内充有气体，这些气体可以压缩从而产生类似弹簧的作用，另外，支管中间还设有主节流孔 12，以限制蓄能器和油压腔之间的油流，从而形成减振作用。在油管和蓄能器之间还设有旁通管路 8b，该旁通管路上带有选择阀 10 和副节流孔 9，副节流孔的直径大于主节流孔的直径。当选择阀打开时，油流通过选择阀的副节流孔，在蓄能器和油压腔之间流动，从而减小振动阻尼。因此，悬架系统在选择阀的作用下，具有两种不同的阻尼参数。

控制阀的开度可以随着输入的控制电流的大小而改变，以便控制进入油管的油量，进而控制施加到液压执行器的油压，随着输入控制阀的电流的增加，液压执行器承载能力也增加。

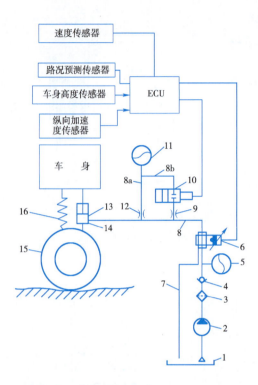

图 4-17 带路况预测传感器的主动悬架系统
1-油箱；2-液压泵；3-滤清器；4-止回阀；5、11-蓄能器；6-控制阀；7-回油管；8-油管；8a、8b-支管；9-副节流孔；10-选择阀；12-主节流孔；13-油压腔；14-液压执行器；15-车轮；16-悬架弹簧

输入到 ECU 的信号有：各车轮上设置的检测车身纵向加速度的传感器信号，路况预测传感器测出的车辆前方是否有凸起物以及凸起大小的检测信号，在各车轮处检测车身高度的传感器信号及车速传感器检测到的车速信号等。悬架 ECU 根据上述信号做出判断，然后发出控制信号，对设置在各车轮上的控制阀和选择阀进行控制。

当车辆正常行驶时，选择阀关闭，液压执行器的油压腔通过主节流孔与蓄能器相通，可吸收并降低因路面不平而引起的微小振动。当路况预测传感器发现路面上有引起振动的凸起物时，ECU 便控制选择阀打开，并将悬架系统的阻尼系数减小到某一特定值。

路况预测传感器的输出信号波形的幅值与路面凸起物的大小成正比。只有在路况预测信号介于某一区段之间时，ECU 才输出一个打开选择阀的控制信号。

悬架 ECU 在检测路况预测传感器输出信号的同时，也不断地检测车速。ECU 能够根据车速估算出测得的凸起物和实际车速通过凸起物之间的滞后时间，并使选择阀恰好在车轮通过凸起物时打开，这样，在车轮通过凸起物时，悬架的阻尼系数只作短暂变化，当车轮通过凸起物时，选择阀便再关闭。

带有路况预测传感器的主动悬架系统可以使汽车提前对路面情况进行处理，因而大大改善了悬架的工作性能。

3 电控悬架的检修

3.1 电控悬架故障的一般诊断方法

3.1.1 自诊断系统的功能

(1)监测系统的工作状况。如果系统发生了故障,装在仪表板上的车高控制指示灯就会闪亮,以提醒驾驶员立即进行检修。

(2)存储故障码。当系统发生故障时,系统能够将故障以故障代码的形式存放在悬架 ECU 中。在检修汽车时,维修人员可以采用一定的方法读取故障码及有关参数,以便迅速诊断出故障部位或查找出产生故障的原因。

(3)失效保护。当某一个传感器或执行器发生故障时,自诊断系统将以预先设定的参数取代有故障的传感器或执行器工作,即自诊断系统具有失效保护功能。系统对各传感器或执行器失效保护的方法见表4-1。

传感器或执行器失效保护方法 表4-1

失 效 部 件	失 效 保 护 方 法
加速度传感器失效	禁止汽车行驶控制(车身扭转、跳动控制)
转向传感器失效	禁止汽车侧倾控制
车速传感器失效	禁止汽车稳定性控制(抗侧倾、高度感应控制)
车身高度传感器失效	禁止汽车姿态控制(抗点头、抗后坐) 减振器阻尼力固定在中间状态
悬架执行器失效	禁止所有悬架控制功能 减振器阻尼力固定在硬状态

3.1.2 进入自诊断的方法

当维修人员需要进行电控悬架系统的故障自诊断测试,读取 ECU 中存储的故障码时,首先要进入故障自诊断测试状态。不同汽车进入故障自诊断的方法也有所不同,但归纳起来主要有以下几种。

(1)专用诊断开关法。在有些汽车上,设置有"按钮式诊断开关",或在悬架 ECU 上设置有"旋钮式诊断模式选择开关",按下或旋转这些专用开关,即可进入故障自诊断测试状态,进行故障代码的读取。

(2)空调面板法。在林肯·大陆和凯迪拉克等轿车上,空调控制面板上的相关控制开关,可兼作故障诊断开关,一般是将空调控制面板上的"WARM(加温)"和"OFF(关闭)"两个按键同时按下一段时间,即可使故障自诊断系统进入故障自诊断状态,读取 ECU 随机存储器中存储的故障码。

(3)加速踏板法。有的汽车在规定的时间内将加速踏板连续踩下 5 次,即可使 ECU 故障自诊断系统进入故障自诊断状态。

(4)点火开关法。在规定的时间内将点火开关进行"ON-OFF-ON-OFF-ON"循环一次,即可使 ECU 故障自诊断系统进入故障自诊断状态。如美国克莱斯勒汽车公司生产的电子控制悬架系统采用这种方法。

(5)跨接导线法。利用 ECU 故障自诊断系统读取故障码时,需要用跨接导线将高度控制连接器和发动机室的检查插接器的"诊断输入端子"和"搭铁端子"进行跨接,方可进入故障自诊断状态和读取存储的故障码。如丰田汽车电子控制悬架系统即可使用采用该方法调取故障码。

(6)解码器诊断法。利用解码器与汽车电子控制系统故障检查插接器相连接,便可以直接进入故障自诊断测试状态和读取故障码。

3.2 典型汽车电控悬梁的检修

丰田雷克萨斯 LS400 轿车电控悬架的工作原理如图 4-18 所示。

3.2.1 一般检查

电控悬架的一般性检查是对悬架的一些功能、状态进行检查和调整,以便及时发现问题,确保电控悬架系统正常工作。

(1)汽车高度调整功能的检查。

①大致检查。拨动手动车身高度控制开关,看汽车高度变化是否正常。

②车身升高检查。检查轮胎气压,胎压应符合要求(前轮为 230kPa,后轮为 250kPa);起动发动机,将车身高度控制开关从 NORM 转到 HIGH,检查车身高度的变化情况及所需的时间。如果不符合要求,应对车身高度调节系统进行检查。

从高度控制开关拨到高位置到压缩机起动约需 2s;从压缩机开始工作到完成车身高度调整需 20~40s;车身高度变化量应为 10~30mm。

③车身降低检查。在车身处于高的状态下起动发动机,将车身高度控制开关从高位置拨到常规位置,检查车身高度的变化和所需的时间(标准同上);如果不符合要求,则对车身高度调节系统进行检查。

(2)溢流阀工作的检查。

强制压缩机工作,检查溢流阀能否动作:用导线将高度控制连接器的 1 号端子与 7 号端子连接(图 4-19),将点火开关转到 ON,压缩机开始工作;待压缩机工作一段时间后,检查溢流阀是否放气(图 4-20);关闭点火开关,并清除故障码。

如果不能放气,则检查:管路中有无漏气、压缩机工作是否正常、溢流阀是否堵塞等。

上述故障都将引起悬架气室压力不正常,造成悬架刚度和车身高度调整不正常;用导线连接高度连接器 1 号端子与 7 号端子的方法使压缩机工作,悬架 ECU 会认为有故障而记录下故障代码,因此,检查完后,应进行故障码的清除工作。

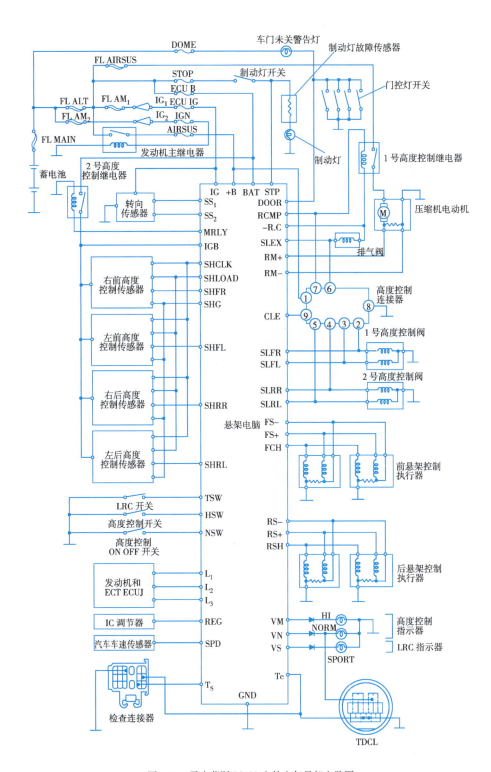

图 4-18 雷克萨斯 LS400 电控空气悬架电路图

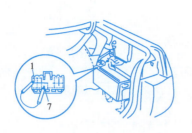 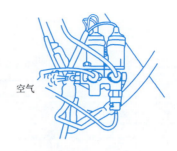

图 4-19　高度连接器端子连接　　　　图 4-20　溢流阀放气

（3）空气管路漏气检查。

管路漏气将直接影响悬架正常的调节功能。起动发动机，将手动高度控制开关拨到高位置，使车身升高；待车身升高后，关闭点火开关，在管子的接头处涂上肥皂水，检查有无漏气，如图 4-21 所示。

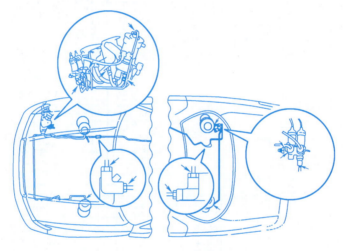

图 4-21　需检查漏气的管子接头处

（4）车身高度的检查与调整。

①车身高度的检查。将 LRC 开关拨到"NORM"位置，使车身上下跳振几次，以使悬架处于稳定状态；前、后推动汽车，以使车轮处于稳定状态；将变速器操纵杆置于"N"挡位，松开停车制动器（应挡住车轮不让它转动），起动发动机；将车身高度控制开关拨到"HIGH"位置，车身升高后，等待 60s，然后再将车身高度控制开关拨到"NORM"位置，使车身下降，待车身下降后再过 50s，重复上述操作，以使悬架各部件稳定下来；测量车身高度（如图 4-22 所示，前端：地面-下悬架臂安装螺栓中心；后端：地面-2 号下悬架臂安装螺栓中心），应符合表 4-2 的要求，否则应通过转动车身高度传感器连接杆进行高度调整。

车身的正常高度（NORM 位置）　　　　表 4-2

部位	车前端	车后端	左右误差	前后误差
高度（mm）	228 ± 10	210 ± 10	<10	17.5 ± 1.5

②车身高度的调整。拧松车身高度传感器连接杆上的两个锁紧螺母，转动车身高度传感

器连接杆,以调节其长度(连接杆每转一圈,车身高度变化大约4mm);检查车身高度传感器连接杆的尺寸,不应小于极限尺寸(前后端均为13mm);暂时拧紧锁紧螺母,复查车身高度;车身高度调整完后,拧紧锁紧螺母,拧紧力矩为 4.4N·m。

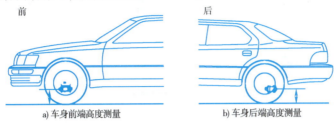

图 4-22　车身高度测量位置

注意:车身高度的检查与调整应在水平的地面进行,且高度控制开关拨到常规位置;在拧紧车身高度传感器连接杆锁紧螺母时,应确保球节与托架平行;车身高度调整后,应检查车轮定位。

3.2.2　自诊断系统

(1)指示灯的检查。当点火开关在"ON"位置时,仪表板上的 LRC 指示灯和高度控制指示灯应闪亮2s左右。2s后,各指示灯的亮灭取决于其控制开关的位置,正常情况如下。

①LRC 指示灯。如果 LRC 开关拨在"SPORT"侧,LRC 指示灯仍亮;LRC 开关拨在"NORM",LRC 指示灯亮2s后熄灭。

②车身高度控制指示灯。如果车身高度控制开关拨在"NORM",高度控制指示灯的"NORM"灯亮,"HIGH"灯不亮;高度控制开关在"HIGH",高度控制指示灯的"HIGH"灯亮,"NORM"灯不亮。

③HEIGHT 照明灯。当点火开关在"ON"时,"HEIGHT"照明灯始终亮。

④当点火开关在"ON"时,如果车身高度控制"NORM"指示灯闪亮,表示悬架控制系统电脑存储器中已储存有故障码,应读取故障码后排除故障。

⑤当点火开关在"ON"时,各指示灯出现表 4-3 所列的情况,则为不正常,就应检查有关的电路。

悬架控制指示灯不正常的现象和诊断　　　　　　　表 4-3

点火开关在"ON"时,悬架控制指示灯的现象	应检查的电路
"SPORT"、"HI"和"NORM"指示灯均不亮	高度控制电源电路及指示灯电路
"SPORT"、"HI"和"NORM"指示灯亮2s后均熄灭	悬架控制执行器电源电路
某些指示灯、"SPORT"、"HI"、"NORM"、"HEIGHT"及照明灯有不亮	指示灯电路或"HEIGHT"照明灯电路
LRC 开关在"NORM"时,"SPORT"指示灯仍亮	LRC 开关电路
所亮起的高度控制指示灯与高度控制开关选定的位置不一致	高度控制开关电路

(2)故障码的读取。点火开关 ON,将检查连接器的 T_C 与 E_1 端子短接(图 4-23),通过仪表板上高度控制"NORM"指示灯的闪烁读取故障码。故障码的含义见表 4-4。

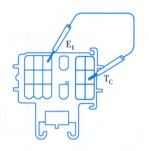 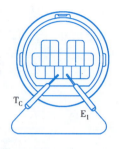

图 4-23　检查连接器及故障码的调取

丰田雷克萨斯 LS400 电控悬架系统故障码表　　　　　　　　表 4-4

故障码	诊断电路	故障诊断
11	右前高度控制传感器电路	高度控制传感器电路断路或短路
12	左前高度控制传感器电路	
13	右后高度控制传感器电路	
14	左后高度控制传感器电路	
21	前悬架控制执行器电路	悬架控制执行器电路断路或短路
22	后悬架控制执行器电路	
31	1号高度控制阀电路	高度控制阀电路断路或短路
33	2号高度控制阀电路（后悬架）	
34	2号高度控制阀电路（左悬架）	
35	排气阀电路	排气阀电路断路或短路
41	1号高度控制继电器电路	继电器电路断路或短路
42	压缩机电动机电路	短路或压缩机电机锁住
51	到高度控制继电器的持续电流	1号继电器通电时间 >8.5min
52	至排气阀的持续电流	排气阀的通电时间 >6min
61	悬架控制信号	悬架 ECU 失灵
71	高度控制 ON/OFF 开关电路	控制开关在 OFF 或电路断路
72	悬架控制执行器电源电路	电源电路断或熔断丝断

(3) 故障码的清除。在关闭点火开关的情况下，拆下 1 号接线盒中的 ECU-B 熔断丝 10s 以上。或在关闭点火开关的情况下，同时将高度控制连接器的 9 号端子与 8 号端子以及检查连接器的 T_S 与 E_1 端子短接 10s 以上，然后接通点火开关并拆掉各端子的短接导线。

(4) 检查输入信号。输入信号的检查主要是动态检查各传感器和开关的信号是否正常输入悬架电脑。检查步骤如下。

将悬架刚度和阻尼控制均固定在"硬"状态，车身高度控制则在"NORM"；将检查连接器 T_C 与 E_1 端子短接，如果高度控制"NORM"指示灯闪示故障码，则应按故障检修故障码电路；如果高度控制"NORM"指示灯不闪烁故障码，则可按下列步骤进行：接通点火开关，将检查连接器的 T_S 与 E_1 端子短接（这时车身高度控制"NORM"指示灯以 0.2s 的时间间隔闪烁，表示诊断系统已进入输入信号检查状态，且当发动机运转时，车身高度控制"NORM"指示灯的闪烁将会停止);每个检查项目都在 A 状态和 B 状态下各检查一次,正常情况下信号显示见表 4-5。

电控悬架输入信号的检查　　　　　　　　　　表 4-5

检查项目	A 状态	"NORM"灯		B 状态	"NORM"灯	
		点火开关 ON	发动机运行		点火开关 ON	发动机运行
转向传感器	转向角为 0	闪烁	常亮	转向角 >45°	闪烁	常亮
制动灯开关	不踩制动踏板	闪烁	常亮	踩下制动踏板	闪烁	常亮
门控灯开关	所有车门关闭	闪烁	常亮	所有车门打开	闪烁	常亮
节气门位置传感器	不踩加速踏板	闪烁	常亮	踩下加速踏板	闪烁	常亮
1 号车速传感器	车速 <20km/h	闪烁	常亮	车速 >20km/h	闪烁	常亮
高度控制开关	NORM 位置	闪烁	常亮	HIGHT 位置	闪烁	常亮
LRC 开关	NORM 位置	闪烁	常亮	SPORT 位置	闪烁	常亮
高度控制开关	ON 位置	闪烁	常亮	OFF 位置	闪烁	常亮

在进行这项检查时,减振力和弹簧刚度控制停止,并且减振力和弹簧刚度均固定在"坚硬"状态,汽车高度控制仍旧正常进行;如果将发动机室内的检查连接器的端子 T_S 与 E_1 连接,储存在存储器中的诊断代码就会输出。如果没有诊断代码输出,则要进行输入信号检查。

3.2.3 故障的诊断与排除

如果在进行诊断代码检查时,显示一个正常代码但故障仍然出现(重复出现),应进行故障征兆的故障排除,按表 4-6 给出的次序检查每个征兆电路。

雷克萨斯 LS400 轿车电控悬架故障诊断一览表　　　　　　　　　　表 4-6

		高度控制传感器	悬架控制执行器电路	高度控制阀、排气阀电路	1 号高度控制继电器电路	压缩机电机电路	高度控制开关	悬架控制执行器电源电路	汽车高度控制电路	发电机调节器电路	LRC 开关电路	高度控制开关电路	停车灯开关电路	转向传感器电路	节气门位置信号电路	车速传感器电路	门控灯开关电路	Tc 端子电路	Ts 端子电路	高度控制传感器连接杆	空气泄漏	气压缸/减振器	悬架 ECU
A	C						1																2
	D		1			6		4										2	3			5	7
	E								1														2
	F									1													2
	G										1		2										3
	H															1							2

续上表

		高度控制传感器	悬架控制执行器电路	高度控制阀、排气阀继电器电路	1号高度控制继电器电路	压缩机电机电路	高度控制开/关	悬架控制执行器电源电路	汽车高度控制电源电路	发电机调节器电路	LRC开关电路	高度控制灯开关电路	停车灯开关电路	转向传感器电路	节气门位置信号电路	车速灯开关电路	门控灯开关电路	Tc端子电路	Ts端子电路	高度控制传感器连接杆	空气泄漏	气压缸/减振器	悬架ECU
B	J		4					3	2	1													5
	K		5			4		2	1	3													6
	L											1											2
	M		2																		1		3
	N				1														2				
	O																		1				
	P			1																			
	Q						1																2
	R							2									1						3
	S																1						2
	T																				1	2	
	U				2	3																1	4

表4-6中字母的含义如下:

A 为"减振力和弹簧刚度控制失灵";

B 为"汽车高度控制失灵";

C 为"不管怎样操作LRC开关,LRC指示灯的状态不变";

D 为"减振力和弹簧刚度控制几乎不起作用";

E 为"只有防侧倾控制不起作用";

F 为"只有防下坐控制不起作用";

G 为"只有防栽头控制不起作用";

H 为"只有高车速控制不起作用";

J 为"高度控制指示灯的亮灯位置不随高度控制开关的动作变化";

K 为"汽车高度控制功能不起作用";

L 为"只有高车速控制不起作用";

M 为"汽车高度出现不规则变动";

N 为"汽车高度控制起作用,但汽车高度不均匀";

O 为"汽车高度控制起作用,但汽车高度高或低(汽车高度在NORMAL状态时,高度与标准值不符)";

P 为"当调整汽车高度时,汽车处于非常高或非常低的位置";

Q 为"即使高度控制开关在 OFF 位置时,汽车高度控制仍起作用";

R 为"点火开关 OFF 控制不起作用";

S 为"即使在车门打开时,点火开关 OFF 控制仍有作用";

T 为"汽车驻车时汽车高度非常低";

U 为"压缩机电机仍旧运转"。

3.2.4 电控悬架电路故障的检查

电控悬架出现了故障,无论自诊断系统有无故障码输出,都需要进行系统电路故障检查。

如果取得了故障码,则可根据故障码的指示对故障的电路进行检查,以找出确切的故障部位,排除故障。若故障码所指示的故障电路正常,则一般应检修或更换悬架 ECU。应注意的是,在有故障代码输出的情况下,悬架 ECU 就已中断了相应的悬架刚度和阻尼或车身高度控制。因此,不断开电脑仅通过控制开关使其执行器动作来判断故障是不可行的。

如果无故障码显示,则需根据故障分析的结果,对与故障症状有关的电路和部件逐个进行检查。如果所有可能故障电路和部件检查均无问题,但悬架控制系统故障症状确实存在,则需对悬架 ECU 进行检查或更换。

(1)车身高度传感器电路的故障检查。故障码 11、12、13、14 说明前右/前左/后右/后左位移传感器电路断路或短路。车身高度传感器电路如图 4-24 所示。可能的故障部件有:电脑与传感器之间的线路及插接器、车身高度传感器电源线路及 2 号高度控制继电器、车身高度传感器及悬架 ECU。故障检查步骤如下。

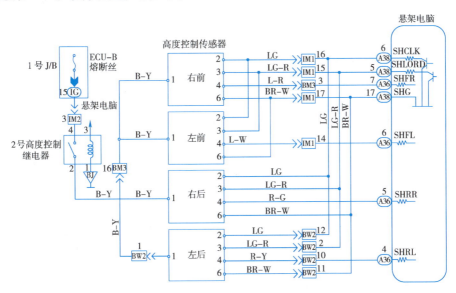

图 4-24 雷克萨斯 LS400 轿车车身高度传感器电路

①检查车身高度传感器电源电压:拆下前轮胎(故障代码 11、12)或拆下行李舱装潢前盖(故障代码 13、14);脱开车身高度传感器插接器;点火开关转到"ON",测量 1 号端子对搭铁电压(应为蓄电池电压,否则检修 2 号高度控制继电器及有关的线路)如图 4-25 所示。

②检查高度控制传感器与悬架 ECU 之间的导线和插接器:检查各线束插接器应无松动;

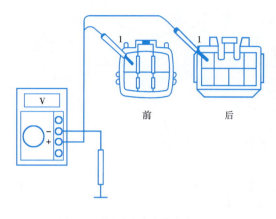

拨开线束插接器,插脚应无锈蚀;检测有导线连接的两插脚之间的通路情况(不正常,修理或更换配线及插接器)。

③检查车身高度传感器功能:换上一只性能良好的车身高度传感器,看故障症状是否消除。若能消除,更换车身高度传感器;若不能消除,则检查或更换悬架ECU。

(2)悬架控制执行器电路的故障检查。一旦ECU存储了故障码21、22,说明前/后悬架执行器电路有断路或短路故障,就不执行减振和弹簧刚度控制。悬架控制执行器电路如图4-26

图4-25 检查车身高度传感器电源电压

所示。可能的故障部位有:电脑与悬架控制执行器之间的线路及插接器、悬架控制执行器、悬架ECU。

①检查悬架控制执行器电阻:拆下悬架控制执行器盖和执行器,拨开执行器插接器,测量控制执行器各端子的电阻,如图4-27所示。各端子正常电阻见表4-7。如果电阻值不正常,应更换悬架控制执行器。

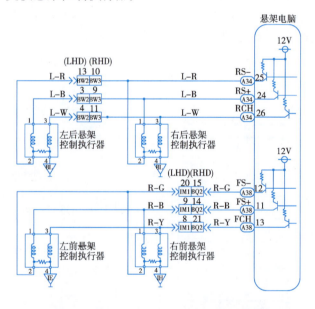

图4-26 雷克萨斯LS400轿车悬架控制执行器电路

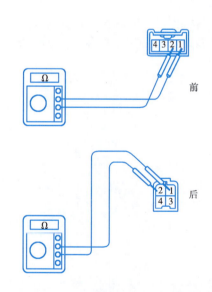

图4-27 电控悬架执行器各端子电阻检测

悬架控制执行器各端子电阻　　　　　　　　　　表4-7

端子	1-2	3-4	2-4
电阻(Ω)	3~6	3~6	2.3~403

②检查悬架控制执行器的动作:在悬架控制执行器各端子施加蓄电池电压(如图4-28所示,但施加蓄电池电压不要超过1s),检查执行器的工作情况,标准值见表4-8。若检查结果不正常,应更换悬架控制执行器。

施加蓄电池电压时的悬架控制执行器的工作情况　　表4-8

蓄电池连接的端子	1(+)~2(-)	3(+)~4(-)	2(+)~1(-)
执行器的位置	硬	中	软

③检查悬架执行器线路和插接器:检查执行器与电脑之间的线路和插接器,检查执行器的搭铁。若检查结果发现问题,更换或修理线路和插接器;若检查结果为正常,则应检查或更换悬架 ECU。

(3)高度控制阀电路的故障检查。ECU 使高度控制阀电磁线圈通电后,电磁线圈将高度控制阀打开,并将压缩空气引向气压缸,从而使汽车高度上升。当汽车高度下降时,ECU 不仅使高度控制阀电磁线圈通电,而且还使排气阀电磁线圈通电,排气阀电磁线圈使排气阀打开,将气压缸中的压缩空气放到大气中。

一旦 ECU 存储器中存入诊断代码 31、33、34、35,分别表明 1 号高度控制阀电路有短/断路、2 号高度控制阀电路中有短/断路(右悬架)、2 号高度控制阀电路中有开路或短路(左悬架)、排气阀电路有短/断路,此时不执行汽车高度控制、减振力和弹簧刚度控制。

①检查连接高度控制连接器的各端子时汽车高度是否改变:高度控制阀电路如图 4-29 所示。拆下行李舱右侧盖,测量高度控制连接器 2、3、4、5、6 端子与端子 8 间的电阻,均为 9~15Ω;将点火开关转到 ON,按表 4-9 所示方式连接高度控制连接器的相关端子,汽车高度变化应符合要求。否则检查高度控制和排气阀。

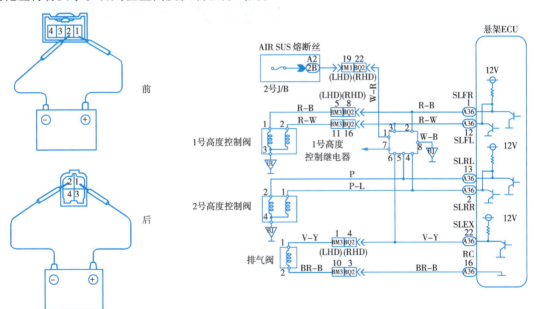

图 4-28　电控悬架执行器动作检查　　　图 4-29　高度控制阀电路

连接相关端子汽车高度的变化情况　　表4-9

端子	1	2	3	4	5	6	7
右前汽车高度上升	A	A					A
左前汽车高度上升	B		B				B

续上表

端子	1	2	3	4	5	6	7
右后汽车高度上升	C			C			C
左后汽车高度上升	D				D		D
右前汽车高度下降	E	E					E
左前汽车高度下降	F		F				F
右后汽车高度下降	G				G		G
左后汽车高度下降	H				H		H

注：相同字母表示其相通。

②检查悬架 ECU 与高度控制连接器之间的配线和连接器是否断路：不正常则修理或更换配线或连接器；正常则按故障诊断一览表中所指的下一个电路检查。

③检查高度控制和排气阀：拆下右前控制阀和排气阀，脱开阀的连接器，对 1 号高度控制阀和排气阀进行检查；拆下行李舱装潢前盖，脱开阀的连接器，对 2 号高度控制阀进行检查。各端子之间的电阻值符合表 4-10 的要求；在相应端子上接上蓄电池电压时，高度控制阀和排气阀应有工作声，不正常则更换高度控制阀或排气阀，正常则检修高度控制阀或排气阀与连接器之间的配线及连接器，见表 4-11。

相关端子之间电阻值　　表 4-10

端子		电阻（Ω）
1 号高度控制阀	1～3	9～15
	2～3	
2 号高度控制阀	1～4	
	2～4	
排气阀	1～2	

相关端子加压后阀门工作状况　　表 4-11

阀　门		蓄电池（＋）	蓄电池（－）	工作状况
1 号高度控制阀		1	3	发出卡嗒工作声
		2	3	
2 号高度控制阀		1	4	
		2	4	
排气阀		1	2	

其他电路的分析（如 1 号高度控制阀继电器电路、压缩机电机电路、高度控制 ON/OFF 开关电路、悬架执行器电源电路、发动机电压调节器电路、LRC 开关电路、高度控制开关电路、停车灯开关电路转向传感器电路、节气门位置信号电路、车速传感器电路、T_c 端子电路、T_s 端子电路），可参照图 4-19 自行分析。

思考与练习

一、判断题（正确打√、不正确打×）

1. 根据阻尼系数和刚度是否可调，悬架分为主动悬架和被动悬架两种。　　　　（　　）
2. 主动悬架是在悬架系统中采用控制元件组成的一个闭环控制系统。　　　　（　　）
3. 装有电控悬架系统的汽车，在水平路面上高速行驶时，车身会变高，弹簧会变软。（　　）
4. 装有电控悬架系统的汽车，在凹凸不平的路面上高速行驶时，车身会变高，弹簧会变软。

（　　）

5. 在进行车身高度调整后,应对汽车进行车轮定位的检查与调整。　　　　　　(　)

二、选择题

1. 装有电控悬架系统的汽车,在水平路面上高速行驶时(　　)。
　　A. 车身会变高,弹簧会变软　　　　B. 车身会变低,弹簧会变软
　　C. 车身会变高,弹簧会变硬　　　　D. 车身会变低,弹簧会变硬
2. 装有电控悬架系统的汽车,在凹凸不平的路面上高速行驶时,会自动提高汽车的(　　)。
　　A. 制动性能　　　B. 通过性能　　　C. 加速性能　　　D. 经济性能
3. 装有电控悬架系统的汽车,防止纵向仰头及横向倾斜,保持前照灯光轴(　　),以自动提高汽车的安全性能。
　　A. 不变　　　　　B. 随时变化　　　C. 视需变化
4. 当汽车行驶速度超过一定设置水平时,减振力和弹簧分别转换为(　　)状态,以提高直线行驶稳定性和操纵性能。
　　A. "中等"和"坚硬"　B. "低"和"坚硬"　C. "高"和"标准"
5. (　　)不会导致汽车车身高度出现不规则变化。
　　A. 空气泄漏　　　　　　　　　　B. 车身高度传感器故障
　　C. 悬架 ECU 有故障　　　　　　　D. 压缩机电动机有故障

三、问答题

1. 对电控悬架的要求是什么?
2. 电控悬架具有哪些功能?
3. 电控悬架的传感器及开关有哪些?各有何作用?
4. 电控悬架的执行器有哪些?各有何作用?
5. 如何读取与消除雷克萨斯 LS400 轿车电控悬架的故障代码?
6. 电控悬架是如何实现车速感应控制的?
7. 电控悬架是如何实现车身姿态控制的?
8. 电控悬架是如何实现车身高度控制的?
9. 电控悬架是如何实现路面感应控制的?
10. 雷克萨斯 LS400 轿车电控悬架的一般检查项目有哪些?如何进行检查?

单元五　电控动力转向系统的构造与维修

学习目标

知识目标

1. 简单叙述 EPS 的作用、类型、组成与工作过程和典型汽车 EPS 故障诊断与检修方法；
2. 正确描述 EPS 故障诊断和检修的一般内容和方法。

能力目标

1. 能安全正确检修各传感器；
2. 能正确使用检测设备对传感器性能和控制电路进行检查。

1　概　　述

一般说来，车速越低转向操纵越重，若采用固定的助力倍数，当低速下转向的操纵力减小到比较理想的程度时，则可能导致高速下操纵力过小、手感操纵力不明显，转向不稳定；反之，如果加大高速转向时的操纵力，则低速转向时的操纵力又过大。为了实现在各种转速下转向的都是最佳值，电子控制助力转向系统是最好的选择。它不但可以随行驶条件及时调整转向助力倍数，而且在结构上也远比单纯液力和气力式助力转向系统轻巧简便，特别适合于轿车。

电控动力转向系统简称 EPS（Electronic Control Power Steering）。根据动力源不同，电控动力转向系统分为液压式和电动式两种。

液压式 EPS 是在传统的液压动力转向系统的基础上，增设了控制液体流量的电磁阀、车速传感器和 ECU 等。ECU 根据检测到的车速信号控制电磁阀，使转向动力放大倍率实现连续可调，从而满足高、低速时的转向要求。

电动式 EPS 是利用直流电动机作为动力源，ECU 根据转向参数和车速等信号，控制电动机转矩的大小和方向。电动机的转矩由电磁离合器通过减速机构减速增矩后，加在汽车的转向机构上，使之得到一个与工况相适应的转向作用力。

通过电子控制动力转向系统，可使驾驶员在汽车低速行驶时转向轻便、灵活；在中、高速行驶时增加转向操纵力，使驾驶员的手感增强，从而可获得良好的转向路感和提高转向操纵的稳定性。

2 液压式电控动力转向系统

2.1 反力控制式电控动力转向系统

2.1.1 组成

反力控制式电控液压动力转向系统简称 PPS(Progressive Power Steering)。它由转向控制阀、电磁阀、分流阀、动力缸、转向油泵、转向器、车速传感器及 ECU 等组成,如图 5-1 所示。

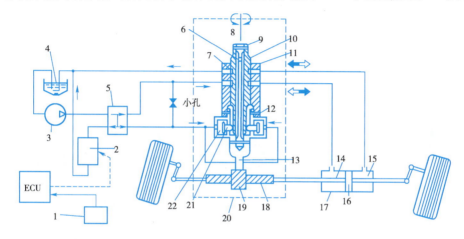

图 5-1 反力控制液压电控动力转向系统

1-车速传感器;2-电磁阀;3-动力转向油泵;4-储液罐;5-分流阀;6-扭力杆;7-通道;8-转向盘;9、12-销子;10-控制阀轴;11-回转阀;13-小齿轮轴;14-左油室;15-右油室;16-动力缸活塞;17-动力缸;18-齿条;19-小齿轮;20-动力转向器总成;21-柱塞;22-油压反力室

PPS 可按照车速的变化,由电子控制油压反力,调整动力转向器,从而使汽车在各种行驶条件下转向盘上所需的转向操纵力达到最佳状态,故称反力式电子控制动力转向系统。

(1)动力转向器总成。扭杆上端与控制阀轴 10、下端与小齿轮轴以销钉联结,小齿轮轴上端用销钉与回转阀联结,转向盘通过转向轴与控制阀轴联结。因此,转向盘回转力可通过扭杆与控制阀传递到小齿轮上。

当扭杆受到转矩作用时,控制阀与回转阀相应发生回转运动,并使各种油孔连通状态发生变化,可控制动力缸的油压流量,变化动力缸左、右室油路通道。在油压反力室受到高压作用时,柱塞将推动控制阀轴。此时,扭杆即使受到转矩作用,由于柱塞推力的影响,也会抑制控制阀轴与回转阀相对回转。

(2)分流阀。分流阀的结构如图 5-2 所示,主要由阀门、弹簧和进、出油口组成。分流阀的主要功用是将来自转向油泵的液流分送到转阀、油压反力室和电磁阀。送到电磁阀和油压反力室中的液流量是由转阀中的油压来调整的,当转动转向盘时,转阀中的油压增大,此时,分配到电磁阀和油压反力室中的

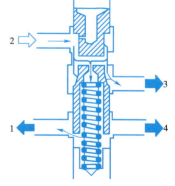

图 5-2 分流阀结构示意图

1-到电磁阀;2-来自转向油泵;3-至转阀;4-至油压反力室

液流量随转阀中的油压增大而增加;当转阀中的油压达到一定值后,转阀中的油压便不再升高,而分配给电磁阀和油压反力室的液流量则保持不变。

(3)电磁阀。电磁阀油路的阻尼面积,可随电磁线圈通电电流占空比(通断比)变化。车速较低时,通电电流大,电磁阀的节流面积(开度)变大,流回储油罐的液流量增加,分到油压反力室的液流量减少,而油压减少,使转向轻便。随着车速升高,电流减小,油液回流量也减少,而使分流阀分到油压反力室的流量增加,油压增大,使转向"沉重"。当车速超过120km/h时,ECU则保持恒流控制。

(4)车速传感器。车速传感器的主要功用是检测汽车行驶速度,通常安装在变速器输出轴上。

(5)ECU。PPS ECU 输入信号为车速传感器提供的车速信号,执行器为比例电磁阀,ECU通过控制通入比例电磁阀的电流,实现相应的控制功能。车速提高时,为了增大转向操纵力,需要加大电磁阀的电流;而当车速超过120km/h时,为了防止电流过大而造成过载,ECU则使通往电磁阀的电流保持恒定。

2.1.2 工作原理

ECU根据车速传感器的信号判断出车辆停止、低速状态与中高速状态,控制电磁阀通电电流,使动力转向液压系统根据车速的变化,在低速时操纵力减轻,在中速以上操纵力随车速而变化。

(1)停车与低速时转向。如图5-3所示,汽车在低速范围内运行时,ECU输出一个大的电流,使电磁阀的开度增加,由分流阀分出的液流流过电磁阀回到储油罐中的液流增加。因此,油压反力室压力减小,作用于柱塞的背压减小,于是柱塞推动控制阀杆的力减小。利用转向盘的转向力来增大扭杆扭力。转阀按照扭杆的扭转角作相对的旋转,使油泵油压作用于转向动力缸的右室,活塞向左方运动,从而增强了转向力,此时,驾驶员仅需提供一个较小的操纵力,就可以产生一个较大的助力,使转向轻便、灵活。

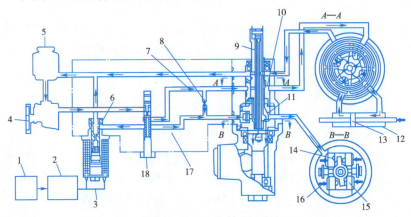

图5-3 PPS在停车或低速行驶时的转向作用

1-车速传感器;2-ECU;3-电磁阀;4-叶片泵;5-油罐;6-电磁阀开度(大);7-压力增加;8-量孔;9-扭杆;10-转阀;11-油压反力室;12-动力缸;13-活塞;14-阀杆;15-柱塞;16-压力减小;17-至反力室;18-分流阀

(2)中高速直行时转向。如图5-4所示,汽车转向盘在中、高速直行微量转动时,控制阀杆根据扭杆的扭转角度而转动,转阀的开度减小,转阀里面的压力增加,流向电磁阀和油压反力室中的液流量增加。当车速增加时,ECU 输出电流减小,电磁阀开度减小,流入油压反力室中的液流量增加,反力增大,使得柱塞推动控制阀杆的力变大。液流还从量孔流进油压反力室中,这也增大了油压反力室中的液体压力,故转向盘的转动角度增加时,将要求一个更大的转向操纵力,从而获得了稳定且直接的手感。

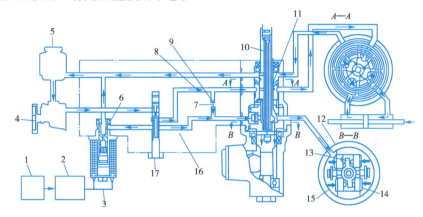

图 5-4　PPS 在中、高速行驶时的转向作用

1-车速传感器;2-ECU;3-电磁阀;4-叶片泵;5-油罐;6-电磁阀开度(小);7、9-量孔;8-压力增加;10-扭杆;11-转阀;12-油压反力室;13-控制阀杆;14-柱塞;15-压力增加;16-流量增加;17-分流阀

2.2　流量控制式电控动力转向系统

2.2.1　丰田雷克萨斯轿车电控动力转向系统

如图 5-5、图 5-6 所示,雷克萨斯轿车电控动力转向系统主要由车速传感器、电磁阀、整体式动力转向控制阀、动力转向液压泵和 ECU 等组成。

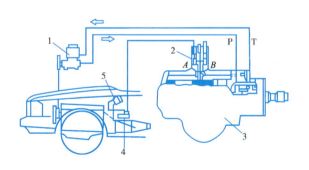

图 5-5　雷克萨斯 LS400 轿车流量控制式 EPS

1-转向油泵;2-电磁阀;3-动力转向控制阀;4-ECU;5-车速传感器

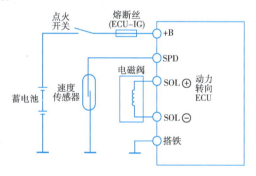

图 5-6　雷克萨斯轿车 EPS 电路图

电磁阀安装在通向转向动力缸活塞两侧油室的油道之间,当电磁阀的阀针完全开启时,两油道就被电磁阀旁通。

流量控制式动力转向系统就是根据车速传感器的信号,控制电磁阀阀针的开启程度,从而控制转向动力缸活塞两侧油室的旁路液压油流量,来改变转向盘上的转向力。车速越高,流过电磁阀电磁线圈的平均电流值越大,电磁阀阀针的开启程度越大,旁路液压油流量越大,而液压助力作用越小,使转动转向盘的力随之增加。转向助力随车速提高而减小,同时根据运行道路条件,设计了不同控制模式。可根据 20s 内的平均车速与平均转向盘转角判定车辆当前运行道路条件。变换控制模式最多需要 1.1s,可避免助力的急剧变化。

2.2.2 日产蓝鸟轿车电控液压动力转向系统

日产蓝鸟轿车电控液压动力转向系统如图 5-7、图 5-8 所示。它是在一般液压动力转向系统上增加旁通流量控制阀、车速传感器、转向角速度传感器、ECU 和控制开关等;在转向液压泵与转向器体之间设有旁通管路,在旁通管路中设有旁通油量控制阀。根据车速传感器、转向角速度传感器和控制开关等信号,ECU 向旁通流量控制阀按照汽车的行驶状态发出控制信号,控制旁通流量,从而调整转向器供油的流

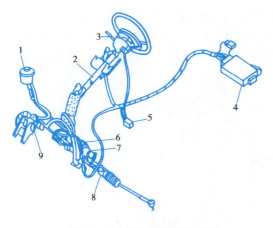

图 5-7 日产蓝鸟轿车 EPS 的组成
1-转向油罐;2-转向管柱;3-转向角速度传感器;4-ECU;
5-转向角速度传感器增幅器;6-旁通流量控制阀;7-电磁线圈;8-转向齿轮联动机构;9-油泵

量,如图 5-9 所示。当向转向器供油流量减少时,动力转向控制阀灵敏度下降,转向助力作用降低,转向力增加。驾驶员可变换仪表板上的转换开关,满足不同的行驶条件(选择不同的转向力特性,如图 5-10 所示)。同时,ECU 也可根据转向角速度传感器输出信号的大小,在汽车急转弯时,对转向力特性实施最优控制,如图 5-11 所示。

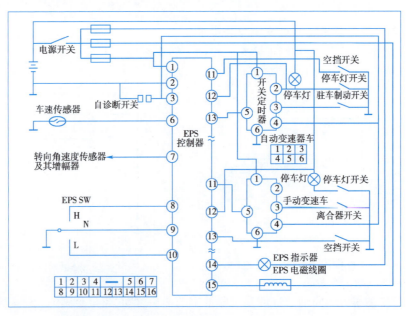

图 5-8 日产蓝鸟轿车流量控制式 EPS 的电路图

ECU 接收车速传感器、转向角速度传感器及变换开关的信号,以控制旁通流量控制阀的电流,并具有故障自诊断功能。

旁通流量控制阀的结构如图 5-12 所示。在阀体内装有主滑阀 2 和稳压滑阀 7,在主滑阀的右端与电磁线圈柱塞 3 连接,主滑阀与电磁线圈的推力成正比移动,从而改变主滑阀左端流

量主孔 1 的开口面积。调整调节螺钉 4 可以调节旁通流量的大小。稳压滑阀的作用是保持流量主孔前后压差的稳定,以使旁通流量与流量主孔的开口面积成正比。当因转向负荷变化而使流量主孔前后压差偏离设定值时,稳压滑阀阀芯将在其左侧弹簧张力和右侧高压油压力的作用下滑移。如果压差大于设定值,则阀芯左移,使节流孔开口面积没有污点,流入到阀内的液压油量减少,前后压差减小;如果压差小于设定值,则阀芯右移,使节流孔开口面积增大,流入到阀内的液压油量增多,前后压差增大。流量主孔前后压差的稳定,保证了旁通流量的大小只与主滑阀控制的流量主孔的开口面积有关。

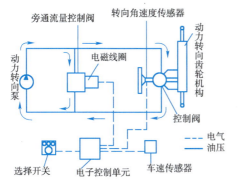

图 5-9　日产蓝鸟轿车 EPS 液流控制

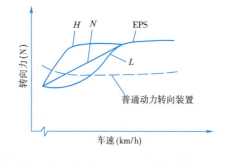

图 5-10　日产蓝鸟轿车 EPS 三种不同的转向特性曲线

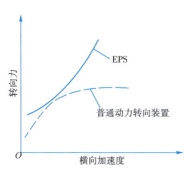

图 5-11　日产蓝鸟轿车急转弯时转向力特性

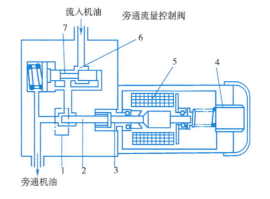

图 5-12　旁通流量控制阀

1-流量主孔;2-主滑阀;3-电磁线圈柱塞;4-调节螺钉;
5-电磁线圈;6-节流孔;7-稳压滑阀

总之,流量控制式 EPS 是一种通过车速传感器信号调节动力转向装置供应压力油,改变压力油的输入、输出流量,以控制转向力的大小。它在原来液压动力转向功能上再增加压力油流量控制功能,所以结构简单、成本较低。但是,当流向动力转向机构的压力油降低到极限值时,对于快速转向会产生压力不足、响应较慢。

2.3　阀灵敏度控制式电控动力转向系统

灵敏度控制式 EPS 根据车速控制电磁阀,直接改变动力转向控制阀的油压增益(阀灵敏度)来控制油压。这种转向系统结构简单、部件少、价格便宜,而且具有较大的选择转向力的自由度,与反力控制式转向相比,转向刚性差,但可以最大限度提高原来的弹性刚度来加以克服,从而获得自然的转向手感和良好的转向特性。

灵敏度控制式 EPS 的结构如图 5-13 所示,主要由转子阀、电磁阀及 ECU 等组成。

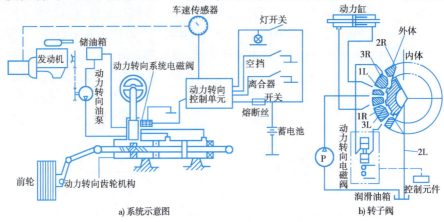

图 5-13 阀灵敏度控制式 EPS

2.3.1 转子阀

转子阀的结构如图 5-14 所示。其圆周上有 6 或 8 条沟槽,各沟槽利用阀外体,与泵、动力缸、电磁阀及油箱连接。

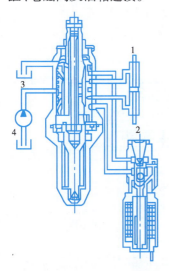

图 5-14 转子阀及电磁阀
1-动力缸;2-电磁阀;3-油箱;4-油泵

如图 5-15 所示,转子阀的可变小孔分为低速专用小孔(1R、1L、2R、2L)和高速专用小孔(3L、3R)两种,在高速专用可变孔的下边设有旁通电磁阀回路,其工作过程是:当车辆停止时,电磁阀完全关闭,如果此时向右转动转向盘,则高灵敏度低速专用小孔 1R 和 2R 在较小的转向力矩作用下即可关闭,转向液压泵的高压油液经 1L 流向转向动力缸右腔室,其左腔室的油液经 3L、2L 流回储油箱。所以,此时具有轻便的转向特性。而且施加在转向盘上的转向力矩越大,可变小孔 1L、2L 的开口面积越大,节流作用就越小,转向助力作用越明显。

随着车辆行驶速度的提高,在 ECU 的作用下,电磁阀的开度也线性增加,如果向右转动转向盘,则转向液压泵的高压油液经 1L、3R 旁通电磁阀流回储油箱。此时,转向动力缸右腔室的转向助力油压就取决于旁通电磁阀和灵敏度低的高速专用孔 3R 的开度。车速越高,在 ECU 的控制下,电磁阀的开度越大,旁路流量越大,转向助力作用越小;在车速不变的情况下,施加在转向盘上的转向力越小,调整专用小孔 3R 的开度越大,转向助力作用也越小,当转向增大时,3R 的开度逐渐减小,转向助力作用也随之增大。由此可见,阀灵敏度控制式 EPS 可使驾驶员获得非常自然的转向手感和良好的速度转向特性。

2.3.2 电磁阀

如图 5-14 所示,电磁阀上设有控制上下流量的旁通油道,是可变的节流阀。在低速时向电磁线圈通以最大的电流,使可变孔关闭,随着车速升高,依次减小通电电流,可变孔开启;在高速时,开启面积达到最大值。该阀在左右转向时,油液流动的方向可以逆转,所以在上下流动方向中,可变小孔必须具有相同的特性。为了确保高压时液体有效作用于阀,必须提供稳定的油压控制。

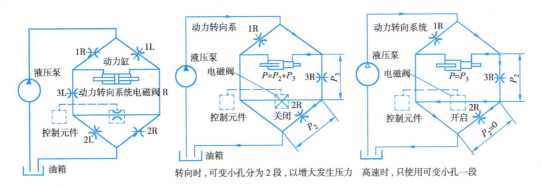

图 5-15　阀灵敏度控制 EPS 阀部的等效液压回路

2.3.3　ECU

ECE 接收来自车速传感器的信号,控制向电磁阀和电磁线圈输出电流。控制系统的回路如图 5-16 所示。

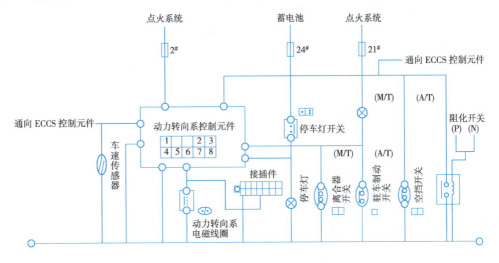

图 5-16　阀灵敏度控制式 EPS 电路图

3　电动式电控动力转向系统

3.1　电动式动力转向系统的特点

液压式 EPS 是在原有液压转向系统的基础上发展起来的,利用液压缸对转向传动机构加力,其动力由发动机驱动的液压泵供给,用分配阀来控制油液的流动方向,具有成本低、工作灵敏高的特点,因而获得了广泛的应用;但是其结构相对复杂、功率消耗大,容易产生泄漏,造成环境污染,转向力控制性能差。电动式 EPS 则利用直流电动机代替了液压缸,电动机由汽车电源供电,当驾驶员转动转向盘时,传感器检测出其运动情况,ECU 控制电动机产生动力,经过减速机构增扭后,加在汽车的转向机构上,使之得到一个与工况相适的作用力带动转向轮偏转,实现转向。电动 EPS 与液压式 EPS 相比有以下特点。

(1)质量轻。电动式 EPS 取消了油泵、皮带、皮带轮、液压软管、液压油及密封件等,其零件大大减少,因而其质量更轻、结构更紧凑,在安装位置选择方面也更容易,并且能降低噪声。可以将电动机、离合器、减速装置、转向杆等各部件装配成一个整体,这既无管道也无控制阀,使其结构紧凑、质量减轻。一般电动式 EPS 的质量比液压式 EPS 质量轻 25% 左右。

(2)转向助力特性好。电动式 EPS 能在各种行驶工况下提供最佳转向助力,减小由路面不平所引起的对转向系统的扰动,改善汽车的转向特性,减轻汽车低速行驶时的转向操纵力,提高汽车高速行驶时的转向稳定性,进而提高汽车的主动安全性,并且可以按照汽车性能的需要设置、修改转向助力特性。

(3)能源消耗少。直接由电动机提供助力,电动机由蓄电池供电,因此,即使在发动机熄火或出现故障时也能提供转向助力;而电动机只是在转向时才被接通电源,所以动力消耗和燃油消耗均可降到最低程度。而液压式 EPS 的转向油泵始终处于工作状态,动力消耗较大。

(4)减少环境污染。省去了油压系统的油路,消除了液压式 EPS 中液压油泄漏问题,可大大降低维修成本,减少对环境的污染,改善了环保性。没有液压回路,则更易调整和检测,装配自动化程度更高,并且可以通过设置不同的程序,快速与不同车型匹配,因而能缩短生产和开发周期。

3.2 电动式动力转向系统的类型和基本组成

3.2.1 电动式 EPS 的类型

根据电动机布置位置不同,电动式 EPS 可分为:转向轴助力式、齿轮助力式、齿条助力式三种,如图 5-17 所示。

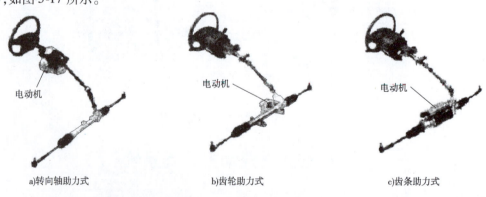

图 5-17 电动式 EPS 的类型

(1)转向轴助力式 EPS。电动机固定在转向轴一侧,通过减速机构与转向轴相连,直接驱动转向轴助力转向。

(2)齿轮助力式 EPS。电动机和减速机构与小齿轮相连,直接驱动齿轮助力转向。

(3)齿条助力式 EPS。电动机和减速机构则直接驱动齿条提供助力。

3.2.2 电动式 EPS 的基本组成

如图 5-18 所示，电动式 EPS 主要由车速传感器、转矩传感器、转向角传感器、电子控制单元 ECU、电动机及减速机构等组成。电动机是电动式 EPS 的助力源，电子控制单元根据车速和转向扭矩等参数，控制电动机工作，实现助力转向的作用。

转向盘转向时，装在转向轴上的转矩传感器不断地检测转向轴上的转矩大小，并把它变成输出信号，该信号与车速信号同时输入到电子控制单元 ECU。ECU 根据这些输入信号，判断汽车的运行工况，确定助力转矩的大小和方向，控制电动机的电流大小和转向，进而调整转向助力的大小。

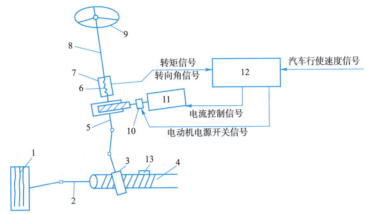

图 5-18　汽油发动机缸内喷射

1-转向车轮；2-横拉杆；3-转向齿轮；4-转向齿条；5-输出轴；6-扭杆；7-转矩传感器；8-转向轴；9-转向盘；10-电磁离合器；11-电动机；12-电子控制单元 ECU；13-转向角传感器

3.3　电动式动力转向系统主要部件的结构及工作原理

3.3.1　电动机

电动式 EPS 所用的电动机的功能是根据电子控制单元的指令输出适宜的辅助转矩，是 EPS 的动力源。通常采用无刷永磁式直流电动机。最大电流一般为 30A 左右，电压为 12V，额定转矩为 10N·m 左右。电动机对 EPS 的性能有很大影响，是 EPS 的关键部件之一，所以 EPS 对电动机有很高要求，不仅要求低转速大转矩、波动小、转动惯量小、尺寸小、质量轻，而且要求可靠性高、易控制。

电动机正反转的控制电路如图 5-19 所示，a_1、a_2 为触发信号端。当 a_1 端得到输入信号时，晶体管 VT_3 导通，晶体管 VT_2 由于得到基极电流也导通，电流经 VT_2→电动机 M→VT_3→搭铁而构成回路，于是电动机正转；当 a_2 端得到输入信号时，电流经 VT1→电动机 M→VT_4→搭铁而构成回路，电动机则因电流方向相反而反转。只要控制触发信号端电流的大小，就可以控制通过电动机电流的大小，进而可以控制电动机输出转矩的大小。

3.3.2　电磁离合器

单片干式电磁离合器主要由电磁线圈、主动轮、从动轴、压板等组成，如图 5-20 所示。

工作时，电流通过滑环进入电磁线圈，主动轮便产生电磁吸力，带花键的压板就被吸引，并与主动轮压紧，于是电动机的输出转矩便经过输出轴→主动轮→压板→花键→从动轴，传递给执行机构（蜗轮蜗杆减速机构）。

电磁离合器可保证电动助力只有在预定的车速范围内起作用。当汽车行驶速度超过系统限定的最大值时，电磁离合器便切断电动机的电源，使电动机停转，离合器分离，不起传递转向助力的作用。另外，在不传递助力的情况下，离合器还能消除电动机的惯性对转向的影响；当该动力转向系统发生故障时，离合器还会自动分离，此时又可恢复手动控制转向。

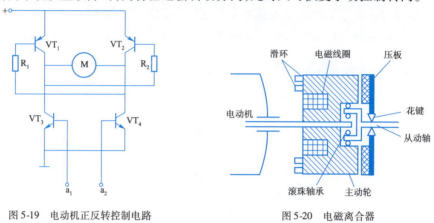

图 5-19　电动机正反转控制电路　　　图 5-20　电磁离合器

3.3.3 减速机构

减速机构是电动式 EPS 不可缺少的部件。目前使用的减速机构有多种组合方式，一般采用蜗轮蜗杆与转向轴驱动组合式，也有的采用行星齿轮与传动齿轮组合式。为了抑制噪声和提高耐久性，减速机构中的齿轮有的采用特殊齿形，有的采用树脂材料制成。

（1）蜗轮蜗杆式减速机构。由电磁离合器、一套蜗轮蜗杆助力传动机构组成，如图 5-21 所示。电动机提供的转向助力通过蜗轮蜗杆机构减速放大后，作用于转向轴，然后再通过其他部件传送给转向轮，以辅助驾驶员进行转向操作。车辆高速行驶不需要助力或在助力转向系统出现故障时，为了增加转向的可靠性，在电动机与助力机构之间采用电磁离合器来实现电动机与转向系统分离。

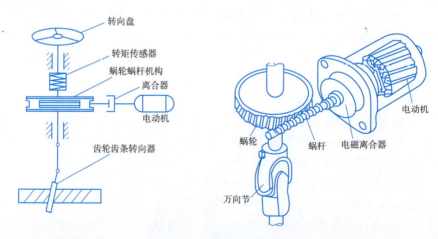

图 5-21　蜗轮蜗杆式减速机构

（2）行星齿轮式减速机构。由一套蜗轮蜗杆机构和一套差动轮系机构组成，如图 5-22 所示。转向输入轴与差动轮系的中心轮相连,电动机经过一级蜗轮蜗杆减速机构带动齿圈运动,合成的运动由行星架输出。其工作原理是根据车速和手动转向角度,电子控制单元按照事先确定的控制规律使电动机提供一个与手动转向同方向的辅助转角并利用差动轮系的运动合成得到前轮转向角度,这间接地减小了转向系统的传动比而减小了手动转向角度,从而减少了驾驶员的转向操纵力。在电动机不转即手动转向条件下,由于蜗轮蜗杆机构的反向自锁,故齿圈固定,转向动作通过行星架减速输出。这种助位移传动机构方案的最大特点是不需要电磁离合器,而且不会造成操纵力的突变。

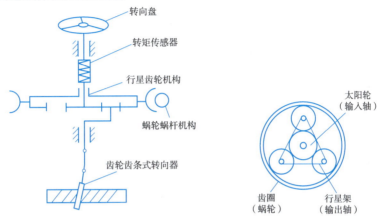

图 5-22　行星齿轮式减速机构

3.3.4 转矩传感器

转矩传感器的作用是将驾驶员打转向盘时作用于转向轴的转矩大小和方向变为相应的电压信号输入到 EPS 控制器,是 EPS 控制系统的主控制信号。转矩传感器可分为有无触点式和滑动可变电阻式。

(1)无触点式转矩传感器。其结构及工作原理如图 5-23 所示。

在输出轴的极靴上分别绕有 A、B、C、D 四个线圈,汽车直行时,转向轴处于中间位置,扭力杆的纵向对称面正好处于极靴 AC、BD 的对称面上。当在两端 V、W 加上连续的输入脉冲电压信号 U_i 时,由于通过 A、C、U、T 的闭路磁通量为 0,所以在 U、T 两端检测到的输出电压信号 U_o=0;转向时,由于扭力杆和输出轴极靴之间发生相对扭转位移 θ 时,极靴 A、D 之间的磁阻增加,B、C 之间的磁阻减少,A、D 与 B、C 之间的磁通量不能互相抵消,于是在 U、T 之间就出现了电位差。其电位差与扭力杆的扭转角 θ 和输入电压 U_i 呈一定的函数关系。

通过测量 U、T 两端的电位差就可以测量出扭力杆的扭转角 θ 的大小,就可计算出驾驶员在转向盘施加的转动扭矩。

(2)滑动可变电阻式转矩传感器。其结构和原理如图 5-24 所示。

它是将转向力矩引起的扭力杆角位移转换为电位器电阻的变化,以引起输出电压的变化,并经滑环传递出来作为转矩信号。

3.3.5 EPS 控制单元

EPS 控制单元如图 5-25 所示。系统工作时,转向转矩和转向角信号经过 A/D 转换器被输入到中央处理器(CPU),中央处理器根据这些信号和车速计算出最优化的助力转矩。ECU 把

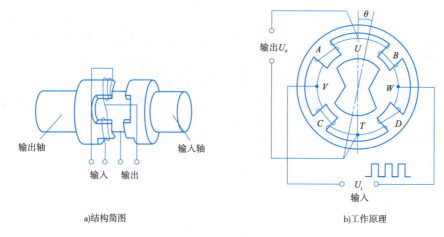

a) 结构简图　　　　　　　　　b) 工作原理

图 5-23　无触点式转矩传感器的结构及工作原理

已计算出来的参数值作为电流命令值送到 D/A 转换器并转换为模拟量,再将其输入到电流控制电路;电流控制电路把来自微处理器的电流命令值同电动机电流的实际值进行比较,产生一个差值信号。该差值信号被送到驱动电路,该电路可驱动动力装置并向电动机提供控制电流。也即当转矩传感器和转向角传感器的信号经 A/D 转换器处理后,微处理器就在其内存中寻找与该信号相匹配的电动机电流值,然后将此值输送给 D/A 转换器进行数字模拟转换,处理后的模拟信号再送给限流器,由限流器来决定电动机驱动电路电流值的大小。微处理器同时给电动机驱动电路输出另一个信号,即决定电动机(左转或右转)的转动方向。

3.4　电动式动力转向系统的工作原理

电动式 EPS 利用电动机作为助力源,根据车速和转向参数等,由 ECU 完成助力控制。当操纵转向盘时,装在转向盘轴上的转矩传感器不断地测出轴上的转矩信号,该信号与车速信号同时输入到 ECU。ECU 根据这些输入信号,确定助力转矩的大小和方向,即选定电动机的电流和转向,调整转向辅助动力的大小。电动机的转矩由电磁离合器通过减速机构增扭后,加在汽车的转向机构上,使之得到一个与汽车工况相适应的转向作用力。

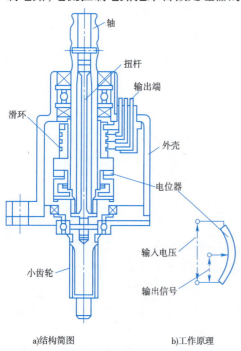

a) 结构简图　　　　　b) 工作原理

图 5-24　滑动可变电阻式转矩传感器的结构及工作原理

当车速为 45km/h 以下时,根据车速决定转向助力的大小。当车速高于 52km/h 时,ECU 停止对电动机供电的同时,使电动机内的电磁离合器分离,按普通转向控制方式工作,以确保行车安全。在转向器偏转至最大时,由于此时电动机不能转动,所以流入电动机的电流达到最大值。为了避免持续的大电流使电动机及控制组件发热损坏,每当较大电流连续通过 30s 后,系统就会控制电流使之逐渐减小。当临界控制状态解除后,控制系统就会再逐渐增大电流,一直达到正常的工作电流值为止。

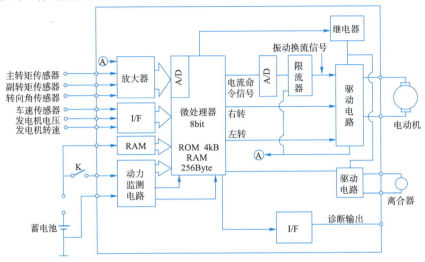

图 5-25　电动 ESP 控制单元及其控制电路

该系统的 ECU 具有故障自诊断功能,当 ECU 检测出系统存在故障时,可显示出相应的故障代码,以便采取相应的措施。当 ECU 检测到系统的基本部件(如转矩传感器、电动机、车速传感器等)出现故障而导致系统处于严重故障的情况下,系统就会使电磁离合器断开,停止转向助力控制,确保系统安全、可靠。

4　电控动力转向系统的检修

4.1　液压式电控动力转向系统的检修

4.1.1　丰田雷克萨斯 LS400 轿车电控动力转向系统的检修

该车电控动力转向系统控制电路及连接器如图 5-26 所示。

故障诊断流程如图 5-27 所示。

(1)油路的常规检查。

①使车辆保持水平。

②检查油液状况。动力转向油液应清澈微黄或微红,无发黑、结胶、乳化等情况,否则,冲洗油路系统并更换油液。

③检查液位,如图 5-28 所示。发动机停转,检查储液罐液位处于标线之间。

④发动机怠速运转。将转向盘从一侧打到另一侧,反复几次,使油温升高至约 80℃。检查油液应无发泡或乳化现象,否则应进行动力转向系统排气操作。

⑤检查油泵出油压力的检查。最低压力不小于 7.4MPa。

(2)车速传感器信号的检查。

①顶起汽车,使车轮离地。

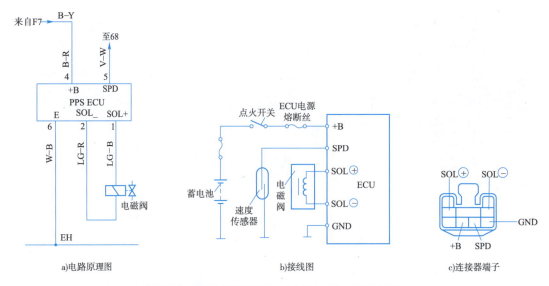

图 5-26　丰田雷克萨斯 LS400 动力转向系统电路及连接器

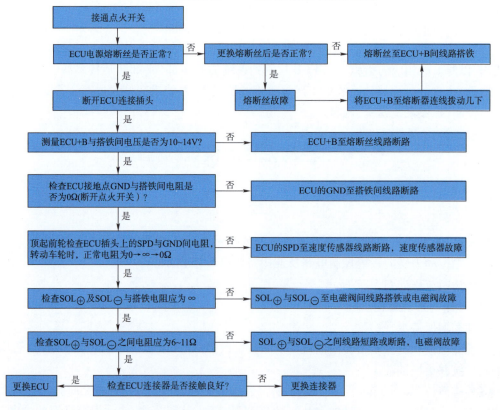

图 5-27　丰田雷克萨斯 LS400 动力转向系统故障诊断流程

②脱开动力转向 ECU 的配线连接器,用万用表电压挡测量。

③旋转后轮,测量"SPD"与"GND"端子间的电压,应为 0~5V。否则,检查车速传感器及其线路。

(3) 电磁阀的检查。

①脱开动力转向 ECU 上的配线连接器,用万用表电阻挡测量。

②测量"SOL +"与"SOL-"端子间的电阻(即电磁阀线圈电阻值),标准范围为 6~11Ω,否则检查线路连接或更换电磁阀。

③将蓄电池作正、负极分别接入电磁阀两端子"SOL +"与"SOL-",可以清晰地听到电磁阀中产生"喀哒"声,这说明电磁线圈本身工作正常。

图 5-28 检查储液罐液位

④在未脱开配线连接器之前,打开点火开关也可听到电磁阀中产生的"喀哒"声。这就进一步说明电子控制系统工作正常。

4.1.2 通用君威轿车电控动力转向系统的检查

该车电控动力转向系统控制电路如图 5-29 所示。

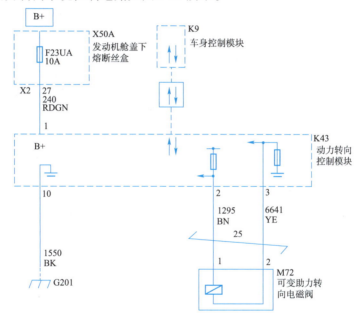

图 5-29 通用君威轿车动力转向系统线路

(1)油路系统测试。

①检查动力转向液质量状况、液位、管路连接状况及转向泵皮带张紧器等,应无异常,状态良好。

②将车辆纵向限位,并拉紧驻车制动。

③将"动力转向系统分析仪"串联在油压系统中。断开动力转向泵与转向器间的高压管路,并用容器收集流出的油液,如图 5-30 所示,连接动力转向系统分析仪。

④变速器操纵杆处于 P 挡(自动变速器)或 N 挡(手动变速器)。

⑤完全打开动力转向系统分析仪阀门。

⑥起动发动机怠速运转,并将发动机转速提高到 1500r/min。

⑦完全关闭仪表阀门,并迅速读取压力值,并在 5s 内完全打开仪表阀。

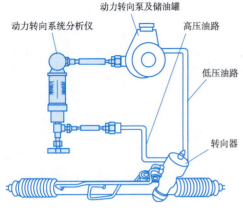

图 5-30　连接动力转向系统分析仪

⑧将转向盘向左、再向右打到底,往复几次,系统油压应在规定范围内,否则说明系统有渗漏。

阀门打开时,压力范围为 0.6~0.9MPa;阀门关闭时压力范围为 12.0~12.8MPa。

(2)动力转向系统电路测试。

①点火开关置于 OFF 位置,断开可变助力转向电磁阀 M72 的线束连接器。

②分别测试 M72 线束连接器的两个端子和搭铁之间的电阻,应小于 5Ω。如果大于规定值,测试控制电路是否对电压短路或开路/电阻过大。如果控制电路正常,则更换动力转向控制模块 K43。

③在 M72 线束连接器的两个端子间连接一个测试灯。

④点火开关置于 ON 位置,确认测试灯点亮约 1s,然后关闭点火开关。如果测试灯一直点亮,测试控制电路是否对搭铁短路。如果电路测试正常,则更换动力转向控制模块 K43。

⑤如果所有电路测试均正常,动力转向系统不能正常工作,则更换可变助力转向电磁阀 M72。

(3)动力转向系统执行器测试。

①将点火开关置于 OFF 位置,断开可变助力转向电磁阀 M72 的线束连接器。

②测试 M72 的两端子之间的电阻值,为 1.6~3.1Ω。如果电阻不再规定范围,则更换电磁阀 M72。

③测试 M72 的两端子与搭铁之间的绝缘情况。如果绝缘不良,则更换电磁阀 M72。

4.2　电动式电控动力转向系统的检修

迈腾(Mogaton)B7L 轿车电控动力转向系统的连接电路如图 5-31 所示。

转向系统的组成部件如图 5-32 所示。

4.2.1　转矩传感器的检查

(1)检测转矩传感器线圈电阻。

从转向器总成上断开转矩传感器插接器,测量转向力矩传感器 3 号与 5 号端子之间、8 号与 10 号端子之间的电阻,如图 5-33 所示。其标准值应为 2.18±0.66kΩ。若不符合要求,则应更换转矩传感器。

(2)检测转矩传感器电压。

用万用表直流电压挡测量上述各端子之间的电压,将转向盘置于中间位置,测得电压约 2.5V。

4.2.2　电磁离合器的检查

从转向机上断开电磁离合器插接器,将蓄电池的正极接到 1 号端子上,蓄电池的负极与 6 号端子相接,如图 5-34 所示。在接通与断开 6 号端子的瞬间,离合器应有工作声音,否则,表明电磁离合器有故障。

单元五　电控动力转向系统的构造与维修

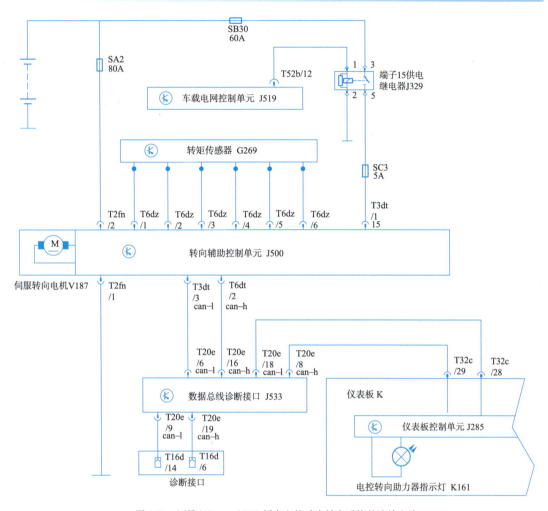

图 5-31　迈腾(Mogaton)B7L 轿车电控动力转向系统的连接电路

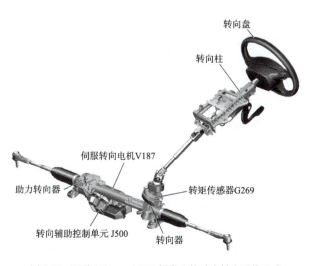

图 5-32　迈腾(Mogaton)B7L 轿车电控动力转向系统组成

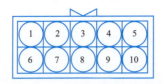
图 5-33 三菱轿车转矩传感器电插

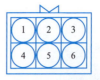
图 5-34 三菱轿车电磁离合器电插

4.2.3 车速传感器

拔开车速传感器插接器,测量车速传感器插接器之间的电阻值,其值为 165±20Ω。

思考与练习

一、判断题(正确打√、不正确打×)

1. 装用电控动力转向系统的汽车,在高速行驶时,转向助力较小。（　）
2. 装用电控动力转向系统的汽车,在低速行驶时,转向操纵力较小。（　）
3. 分流阀的作用是将来自转向油泵的液流分送到转阀、油压反力室和电磁阀。（　）
4. 装用电控动力转向系统的汽车,在高速行驶时,可使转向轻便。（　）
5. 电磁离合器的功用是保证电动助力只有在预定的车速范围内起作用。（　）
6. 电动式 EPS 在发动机熄火或出现故障时也能提供转向助力,其电动机只在转向时才被接通电源。（　）
7. 根据电动机布置位置不同,电动式 EPS 可分为:转向轴助力式、齿轮助力式、齿条助力式三种。（　）
8. 液压式 EPS 的转向油泵只在转向操作时才处于工作状态,车辆怠速或直线行驶时,油泵不工作。（　）

二、选择题

1. 装用电控动力转向系统的汽车,在低速行驶时转向(　　)。
   A. 轻便　　　　　B. 沉重　　　　　C. 取决于转向器的形式
2. (　　)式电控动力转向系统,有助于四轮转向的实现,并能促进悬架系统的发展。
   A. 电控液压式　　B. 电控电动式　　C. 液压反力式　　D. 流量控制式
3. 装用电控动力转向系统的汽车,车速提高时,为了增大汽车转向的操纵力,ECU(　　)注入比例阀的电流。
   A. 增大　　　　　B. 减小　　　　　C. 保持恒流　　　D. 视需而调整
4. 电控动力转向系统的缩写是(　　)。
   A. EPS　　　　　B. ESP　　　　　C. EDS　　　　　D. ABS
5. 装用电控电动转向系统的汽车,车速高于 80km/h 得越多,动力转向系统的电动机(　　)。
   A. 转得越快　　　B. 转得越慢　　　C. 不工作　　　　D. 转速恒定
6. 在讨论电动式 EPS 转向助力大小的影响因素时,技师甲说转向助力的大小仅取决于转矩传感器的输出信号,与车速无关;技师乙说转向助力的大小仅取决于车速,车速越低转向助力越大。谁正确?(　　)

A. 甲正确   B. 乙正确   C. 甲乙均正确   D. 甲乙均不正确

7. 迈腾(Mogaton)B7L 轿车动力转向系统是(   )。

    A. 转向轴助力式   B. 齿轮助力式   C. 齿条助力式   D. 电控液压式

8. 在讨论电动式 EPS 的电动机时,技师甲说在转向器偏转至最大时,为了避免持续的大电流使电动机及控制组件发热损坏,每当较大电流连续通过 30s 后,系统就会控制电流使之逐渐减小,当临界控制状态解除后,控制系统就会再逐渐增大电流,一直达到正常的工作电流值为止;技师乙说在转向器偏转至最大时,为了避免持续的大电流使电动机及控制组件发热损坏,系统就会立即切断控制电流,当临界控制状态解除后,控制系统就会恢复到正常的工作电流。谁正确?(   )

    A. 甲正确   B. 乙正确   C. 甲乙均正确   D. 甲乙均不正确

三、简答题

1. 电控液压式和电控电动式动力转向有何不同?
2. 液压式 EPS 有哪几种类型?各有何特点?
3. 对电控动力转向系统有何要求?
4. 试述液压式 EPS 的组成与工作原理。
5. 试述电动式 EPS 的组成与工作原理。
6. 试述丰田雷克萨斯 LS400 轿车电控动力转向系统故障的诊断步骤。
7. 电动 EPS 与液压式 EPS 相比有什么特点?
8. 通用君威轿车如何进行动力转向油路系统测试?

附录　典型汽车专用故障诊断仪

现代汽车电控系统都具有车载自诊断功能,电控系统一旦出现故障,便设定相应的故障码储存在电子控制单元的存储器中。利用汽车电控系统故障诊断仪,通过数据连接器,可以将故障码读出,为检修人员提供参考。同时,故障诊断仪还可通过电脑通信方式读取电控系统的数据流,帮助检修人员分析故障。

故障诊断仪又称解码器,可分通用型和专用型两种。专用型解码器只能检测指定的车型。它是各汽车制造厂商为自己生产的各种车型设计的专用解码器。如大众公司的 VAS6150、通用公司的 GDS2 等。虽然它们适用车型单一,但就所测的车型来讲,其功能要强于通用型解码器,所以各车型的特约维修站均配置该车型的专用解码器。

通用型解码器的适用车型广,能够满足用户的基本需要。这类仪器的种类很多,国产代表产品有金德 K81、HY-222B 修车王、431ME 电眼睛等;进口的有美国 OTC 诊断仪和 Scanner 诊断仪(俗称红盒子)、德国 Bosch FS560 诊断仪和车博士 2000 解码器等。下面以大众公司的 VAS 6150 诊断系统和通用公司的 GDS2 为例介绍解码器的结构和主要功能。

1　大众 VAS 6150 诊断系统

1.1　诊断系统的组成

该诊断系统主要由测试仪 VAS 6150、无线诊断接头 VAS 5054A、测量盒 VAS 6356、电源适配器、诊断导线和测量导线等组成,如附图 1 所示。

(1) 测试仪 VAS 6150。

安装 Windows XP 操作系统的诊断笔记本电脑,预先安装了车辆诊断操作程序,用户可通过按键操作来实现人机对话。检测结果显示在电脑显示器上。

(2) 无线诊断接头 VAS 5054A。

与测试仪 VAS 6150 进行匹配后,插在车辆诊断接口上,通过蓝牙或 USB 线缆实现车载控制单元与测试仪 VAS 6150 之间的数据通信。

(3) 测量盒 VAS 6356。

与测试仪 VAS 6150 通过 USB 电缆连接,用于检测执行元件、传感器以及工作电路中各测试点的时间数据。检测结果显示在电脑显示器上。

(4) 电源适配器。

共有两根电源适配器连接线,外接 220V 交流电,转变为直流分别连接到测试仪 VAS 6150 和测量盒 VAS 6356 的 DC 输入端,如附图 2 所示。

(5) 测量导线。测试线是连接测试接头和测量盒 VAS 6356 的连接线,见附表 1。

附录 典型汽车专用故障诊断仪

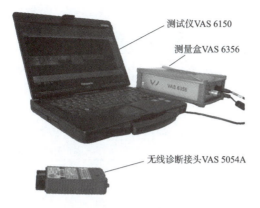

附图1 VAS 6150 诊断系统

附图2 电源适配器

VAS6150 诊断仪测量导线 附表1

图 片	名 称	功 能
	U/R/D/I 测量导线	用于测量电压和电阻、二极管检测、连续性检测以及在线电流测量。所允许测量的最大直流电压为 50 V，最大交流电压为 40 V
	DSO 测量导线	用于双通道数字式存储示波器
	100 A 电流钳	适用于测量直径小于 26 mm(100 A 电流钳)的导线
	1800 A 电流钳	适用于测量直径小于 32 mm(1800 A 电流钳)的导线

续上表

图　片	名　称	功　能
	触发钳	接收呈示波图形显示的信号起始点脉冲
	高压钳	用于检测点火系统中点火电压振幅和点火电压变化情况
	空气温度传感器	用于测量空气的温度大小
	液体温度传感器	用于测量液体的温度大小
	0~100Mbar 压力传感器	用于测量 0~100Mbar 的压力值
	0.25~30MPa 压力传感器	用于测量 0.25~30MPa 的压力值

1.2　诊断系统的功能

诊断系统的功能包含通用解码器的诊断功能、万用表和示波器的测量功能以及专用诊断系统的故障诊断分析功能等。

1.2.1　车辆自诊断

(1) 读取故障码。测试仪可以从车辆系统中读取其故障码存储器的记录内容,并用文字显示出来,如附图 3 所示。如果存储故障的同时还储存了环境要求,则会一并显示,主要包括故障出现的日期、时间、里程数、优先级、出现频率等信息。

(2)控制元件诊断。可以激活控制元件的工作状态,如通过测功能可以检查燃油泵继电器、喷油器、废气再循环阀、怠速控制阀、空调离合器、A/T 电磁阀等执行元件是否工作。某些情况下此过程将以视觉(如控制灯)或声音(如继电器)效果表明。

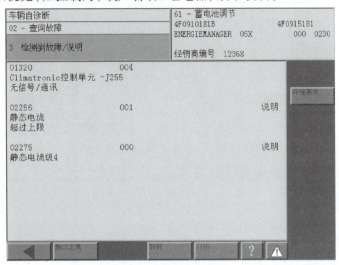

附图 3　读取故障代码信息

(3)消除故障码。车辆的故障被排除后,必须清除掉存储在电子控制单元中的故障码。使用解码器可以方便、快捷地清除存储在电子控制单元中的故障码。

(4)子系统编码。如果控制单元编码没有显示或在更换了控制单元之后,必须对控制单元进行编码。如果发动机电脑编码错误将导致油耗增大,变速器寿命缩短,甚至发动机无法起动。

(5)读取测量值。诊断系统可将被测量模块的各项动态参数记录下来,以供检修人员查阅,如:发动机转速、车速、水温、节气门位置、进气压力(或进气量)、氧传感器信号、点火提前角、喷油脉冲和占空比等。

(6)调校。用于读取、测试和存储车辆系统的设置值,如:精确设置油表的余量显示。

(7)升级程序。可用测试仪更新车辆系统的程序状态。

1.2.2　测试工具

测试工具主要提供了万用表和示波器(DSO)功能。测量结果以数字或图形方式显示在屏幕上。

(1)万用表。与汽车专用万用表功能相似,它可以在此设置测量功能,进行测量并读取测量结果。如附图 4 所示,A 区域包括电压、串联电流、电阻和二极管测试,可通过 U/R/D 测量导线进行测量。B 区域包括电压(DSO1)、压力、温度和电流钳电流,可通过电流钳、DSO 测量导线、压力/温度传感器进行测量。

(2)示波器。与汽车专用示波器相似,可以准确地将信号波形显示出来,通过波形的变化来分析判断故障。如附图 5 所示,在此屏幕上可以同时显示两个测量曲线。一般通道 A 为黄色、通道 B 为绿色。

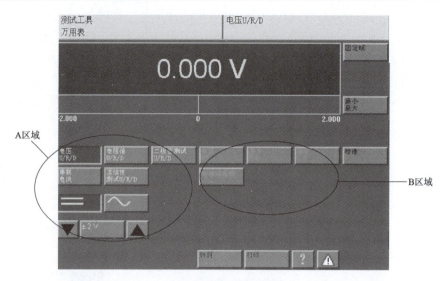

附图 4　万用表基本设定

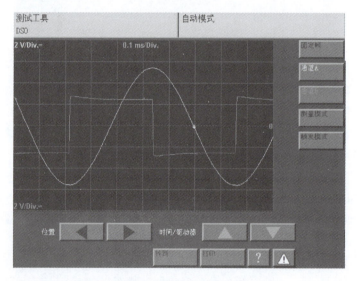

附图 5　示波器基本设定

在视屏"DSO"中可进行下列设置：

①通过按钮"通道 A"和"通道 B"选择测量通道；

②对此测量通道设定参数；

③通过按钮"触发模式"选择触发通道并对其设定参数；

④通过按钮"测量模式"选择测量模式；

⑤通过箭头键设置时间范围。

点击按钮"通道 A"或"通道 B"，这样显示栏下部可以出现操作功能"通道"、"测量范围"、"联轴器"、"最小值/最大值"（"Min/Max"）以及"预置测量"，从而对该通道进行操作，如附图 6 所示。

当进行双通道显示时，通道 A 置于显示栏上部，通道 B 的信号曲线置于下部。这样信号

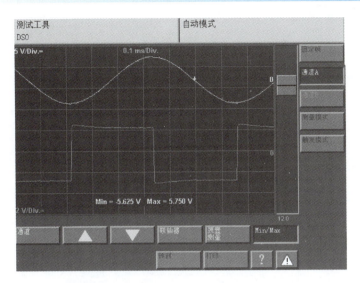

附图6 双通道显示

曲线不交叉时,屏幕显示就可以更清晰明了。

1.2.3 引导型故障查寻

操作模式"引导型故障查寻"可以引导维修人员根据故障码和故障症状制订出科学的故障检测计划,并找出症结所在,最后将其排除。其一般流程如附图7所示。

(1)启动屏。从启动屏中调用引导型故障查寻。

(2)车辆识别、网关安装列表、基础特征。引导型故障查寻功能从车辆识别开始。它可借助网关安装列表自动完成,也可通过手动输入基础特征完成,或者是二者混合进行。对于自动或混合方式进行车辆识别必须连接诊断导线,并接通点火装置。

(3)车辆识别、车辆系统测试、读取故障码存储器。计算出结果或输入基础特征之后就开始进行车辆系统测试。带有相同专有车辆基础特征的所有电子车辆系统都会显示在同一视屏中。通过车辆通信将检测在连接的车辆中安装了何种车辆系统和车身型号。另外还将读取其故障码存储器内容,并在运行启动模块之后显示出来。

(4)运行启动模块。视诊断数据的不同表现,在车辆系统测试之后可运行一个启动模块。其中可启动一个或多个功能检测,例如,它可以检查车辆系统的动态数据状态,如果可能的话将其更新。

(5)故障码存储器内容。此处将那些从车辆系统中读出的故障码存储器内容及其所属文字说明均显示在一个视屏中,在标准情况下,按控制器号码和故障码排序。如果存在相应的环境要求,则也可按环境要求排序。

从此视屏中您可以通过按钮"转到"切换至功能和组件选择,在该处自己选择一个组件,将其列入检测计划或显示所属文件。

(6)是否有故障码存储记录。如果有故障码存储记录,则运行过程将转至检测计划,否则进入视屏"投诉报告"。

(7)检测计划。在检测计划中将从现有及输入的故障症状中自动总结出一个计划来。可疑度最高的组件列在最上面,为进行处理做出预选。每次功能检测的结果都会给检测计划作

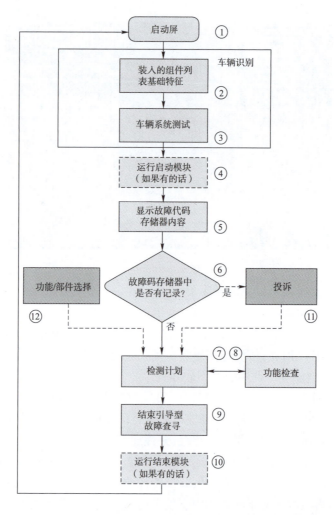

附图7 一般情况下引导型故障查寻的进程

出一个新的评估,用这个新建议决定下一步的处理过程,这样可更改预定的功能检测过程或加入其他内容。

(8)功能检测。功能检测是按顺序进行的检测步骤,其目的是确认故障部位,直到单个具体的组件、导线和插头或控制器。检测程序将列出关于所检测的车辆功能、部件组或组件检测的结果,例如:"正常"、"不正常"、"未知"等。

(9)退出引导型故障查寻。通过跳转功能可退出引导型故障查寻。您可以"中断"、"取消"或"退出"此诊断过程。

中断功能可用来进行短暂中断(暂停)或者将诊断过程储存下来以后重新继续。

退出时将再次检查所有车辆系统,如果故障码存储器中存有记录则将其清空并重新读取。如果故障仍然存在,则可继续进行引导型故障查寻或彻底将其结束。

取消功能相当于结束,只是不返回到启动屏而是回到引导型故障查寻的第一个视屏。

(10)执行结束模块。视诊断数据的不同表现,可以在退出引导型故障查寻之前启动一个结束模块。在结束模块中可以启动一个至多个功能检测,这些检测可用于例如对车辆生产厂家反馈信息。

(11)投诉。如果在车辆系统测试中未发现故障,则引导型故障查寻将自动转向投诉输入内容。你可输入客户送交的投诉信息或您自己的观察结果。此时可储存多个症状,以便尽可能精确地生成故障图形。测试仪用其硬盘上储存的专业知识来处理这些症状。

从视屏"检测计划"中也可通过跳转键进入投诉输入内容。这样可以向测试仪中输入故障症状,作为故障码存储记录的补充信息。

(12)功能/部件选择。您可在此处直接给出按您的经验觉得有可能是故障源的功能或组件。

1.2.4 引导型功能

操作模式"引导型功能"可以在进行车辆识别之后立即开始执行符合相应车辆客户服务专用工作指南的功能检查,如:调校匹配、编码等。车辆系统测试完毕并选择了相应的功能/部件之后,同样可以制订工作计划。

其一般流程如附图 8 所示。

(1)启动屏。从启动屏中调用引导型功能。

(2)车辆识别、网关安装列表、基础特征。与引导型故障查寻相同,在调用引导型功能之后必须输入并确认品牌和车辆识别资料。

(3)显示车辆系统。将显示为执行该引导型功能准备好的车辆系统。

(4)选择车辆系统或功能。请选择所希望的车辆系统或者功能。

(5)识别车辆系统、询问故障存储。如果选择一个功能,则只有其所属的控制器被自动验证识别。此时也可能会显示有助于阐明可能型号的询问。可以通过操作按钮"车辆系统测试"显示识别的控制器。此处不进行整套车辆系统测试,但可在视屏"车辆系统测试"内通过按钮"启动系统测试"来调用该测试功能。在无法自动识别控制器的情况下,也可以在此手动选择单个控制器。

(6)是否有故障存储记录。如果询问控制器时识别出故障,则出现下面说明提示:

已检测到故障,可以通过切换转到操作模式"引导型故障查寻"中对其进行有针对性的故障查寻。

如果您确认此信息,则将继续进行功能选择。欲进行故障查寻的话,建议切换至引导型故障查寻。可以通过按钮"车辆系统测试",然后按"继续"来显示出现的故障。接下来通过"继续"键返回到其他更多的功能选择。

(7)显示关于车辆系统的功能,更多功能选择。进行更多功能选择的方法与引导型故障查寻的功能/部件选择相同。可通过在同一视屏中选择相应层面而回跳至一个功能选择的更高层面。

(8)将功能列入检测(测试)计划中,功能检测。在选择一个功能之后,则该功能将被列入引导型功能的检测(测试)计划中。其余过程与引导型故障查寻相同。

(9)执行功能检测。在功能检测完毕之后,该功能及其状态均被列入检测(测试)计划中。从此处可以通过按钮"返回"重新切换至视屏"选择功能"中。

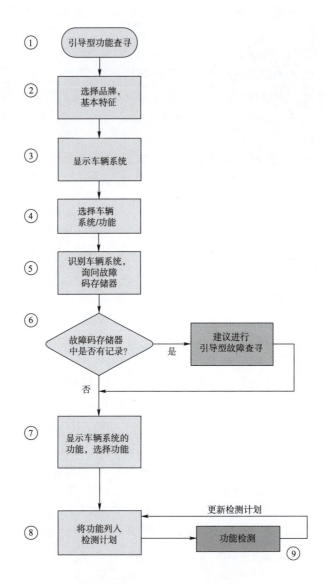

附图 8　操作模式"引导型功能"的流程

2　通用 GDS2 诊断系统

　　GDS2 是新一代上海通用汽车全球诊断系统,该诊断系统基于原 GDS 应用程序,对用户界面进行了改进,以便更加快速简便地获取数据。在某些特定车型上,当与车载电气系统进行通信及诊断时,GDS2 将取代原有的 GDS。

　　与 GDS 相比,GDS2 全球诊断系统将提供改进的快照、数据存储功能。查阅模块数据时,所有诊断数据将保存在车辆诊断历史中,以供后续查阅。此功能将解决在正确的时间点可能无法启动快照记录的问题。该系统简单的菜单式命令操作与原 GDS 类似。

2.1 诊断系统的组成

GDS2 诊断系统由多功能诊断仪接口(MDI)和 PC 机组成。MDI 是车辆和手提诊断电脑间的接口。MDI 工具包如附图 9 所示。

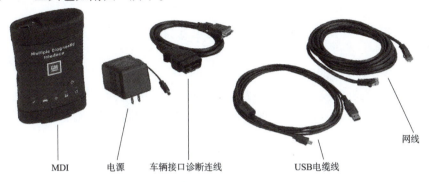

附图 9　MDI 工具包

MDI 和诊断 PC 间的连接可以是 USB 线或以太网线,也可以是无线连接。当无线连接时,PC 机和 MDI 必须连接在同一个无线网络,示意图如附图 10 所示。

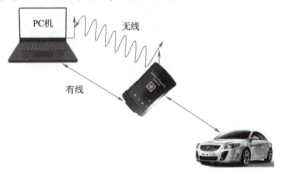

附图 10　MDI 与 PC 机的连接

2.2 诊断系统的功能

GDS2 是基于 PC 的软件诊断系统,GDS 软件在特定 PC 上运行并通过 TIS2Web 更新,具有以下功能。

(1)GDS2 支持当今流行的汽车通信协议:UART、KW2000、ClASS2、GMLAN 等。

(2)支持通用车辆维修编程系统(SPS)。

(3)具有故障码、数据显示和可视化、设备控制、特殊测试、行驶记录处理、有多种显示选项、更多诊断途径、分块处理方式等。

(4)支持通用全球电气构架(Global A)。

2.2.1 控制模块编程

(1)首先使用 USB 电缆将 MDI 与车辆连接。

(2)登录到 TIS2Web。

(3)在 TIS2Web 主页上,点击"维修编程系统(SPS)"图标。

(4) 根据屏幕提示,从下拉式菜单中选择车辆的规格参数。

(5) SPS 软件将自动侦测车辆识别码(VIN)。

(6) 对于 2009 年后采用 Epsilon Ⅱ 平台的车辆,在编程模块时大多数情况不需要输入安全代码,这个安全代码在后台运行。但少数情况下,编程有关防盗模块时,需要输入安全代码。这个安全代码需要向通用售后技术支持部门查询。

(7) "选定控制器"列表中选择需要编程的控制器以进行编程。在功能选项时选择"编程"。

(8) 从服务器上下载编程程序,下载完之后才开始对控制模块编程。

(9) 编程完毕后,有些模块还要进行配置与设定及一些必要的设置,如更换发动机控制模块(ECM)后的曲轴位置学习,更换车身控制模块(BCM)后的制动器踏板位置校准、输入标准轮胎压力等。

2.2.2 诊断故障码

(1) 进入故障码诊断。点击"诊断"图标,进入车辆选择界面。我们已看到自动读取的此车的 VIN,而不用再按"读取 VIN",这一点要比上一代的 GDS 更加人性化和快速。

(2) 读取故障码。读取故障码后,点击上面的故障码,在下面会显示该故障码的详细情况,如当前存在还是不存在等信息,这对我们诊断故障很有帮助。

(3) 清除故障码。如果要清除故障码,点击"清除 DTC",进入清除故障码界面。清除故障码后,界面会回到检测各模块的故障码状态,并重新检测故障码是否仍存在。

(4) 退出 GDS。在主页面,点击关闭应用程序,可以退出 GDS2。

(5) 清除车辆选择。选中 VIN 列表中的此车 VIN,点击清除车辆选择,上面的品牌、车型、年款显示内容会清空,重新进入诊断,正确输入车辆信息后,就可以正常诊断车辆了。

(6) 冻结帧/故障记录。冻结帧也称停帧,即第一次故障码(DTC)产生时记录下的数据。

2.2.3 数据流

(1) 读取数据流。在模块诊断中,选择某个模块(如发动机控制模块),可显示发动机控制模块(ECM)的数据流。

(2) 锁定参数。因为数据参数有可能很多,在一页显示不完,就需要翻页。有时候我们要持续关注某参数,要在翻页的同时某些参数固定显示的屏幕上方,不随翻页而变化,就需要锁定某些参数。有时候,我们需要对比几个参数,如变速器数据中的节气门开度、车速、挡位和传动比这 4 个参数,而这 4 个参数并没有连续出现,不方便对比,这也需要锁定这些参数。选择所需参数,然后点击锁定参数钮,则该参数被锁定,显示在屏幕上方,不随着翻页而消失。

(3) 查看线形图。对于某些参数,查看图形比数字更直观,比如氧传感器。点击左上侧标签线形图,参数会以图形显示出来。在线形图中,仍可以暂停、所选择参数上下移动及锁定参数,还可能对图形放大、缩小、上移、下移、拉伸、压缩等。

(4) 记录数据。可以把车辆运转时的数据记录下来,然后再回放,通过查看有关数据,帮助诊断故障。也可以把记录下来的数据发到其他技术人员那里,实现远程数据分析与帮助。

(5) 数据回放。在 GDS2 的主页上,点击"浏览存储数据",进入浏览存储数据屏幕。

2.2.4 控制功能

从主界面进入"模块诊断",选择"发动机控制模块",选择"控制功能",出现由 ECM 控制的部件和系统。包括:空调压缩机离合器继电器、凸轮轴位置执行器系统、冷却风扇、发动机控制点火继电器、发动机速度/节气门、蒸发排放系统、燃油控制回路状态、燃油系统、发电机 L 端子、点火定时、仪表板指示灯、不点火图形、氧传感器加热器等。

从主界面进入"模块诊断",选择"车体控制模块",选择"控制功能",出现由 BCM 的控制的部件和系统。包括:底盘控制功能、防窃系统警报触发器、车外照明、车内照明、无钥匙进入控制模块、车辆模式、车辆进入、车窗、风窗刮水器等。

若点击"车辆进入",会出现:所有车门锁定/开锁、车门死锁锁定/开锁、行李箱盖解锁等功能。

2.2.5 配置/复位功能

从主界面进入"模块诊断",选择"发动机控制模块",选择"配置/复位功能",出现相应配置/复位子菜单,包括"学习功能"和"复位功能"。点击学习功能,出现各个学习功能项目:曲轴位置变动学习、H02S 加热器学习、怠速学习。

在清洗节气门体后,会出现发动机怠速过高的故障,可通过怠速学习功能可使其恢复正常。

若在"配置/复位功能"中点击了"复位功能",则会出现"发动机机油寿命复位"和"燃油修正复位"。

思考与练习参考答案

单 元 一

一、判断题

1. ×　2. ×　3. ×　4. √　5. √　6. ×　7. √
8. √　9. √　10. ×　11. √　12. √　13. √　14. √
15. √　16. √　17. √　18. √　19. ×　20. ×　21. √
22. ×　23. ×　24. √　25. √

二、选择题

1. B　2. B　3. A　4. C　5. C　6. C　7. C
8. A　9. B　10. C　11. A　12. B　13. A　14. C
15. B

单 元 二

一、判断题

1. √　2. √　3. √　4. ×　5. ×　6. ×　7. ×
8. ×　9. ×　10. √　11. √　12. √

二、选择题

1. C　2. D　3. D　4. D　5. B　6. A　7. B
8. D　9. B　10. C　11. D　12. A

单 元 三

一、判断题

1. √　2. √　3. √　4. √　5. √　6. √　7. √
8. √　9. √　10. √　11. ×　12. ×　13. √　14. √
15. ×　16. √

二、选择题

1. C　2. D　3. A　4. B　5. A　6. D　7. A

8. B　　9. B　　10. C　　11. C　　12. A　　13. B

单 元 四

一、判断题

1. √　　2. √　　3. ×　　4. ×　　5. √

二、选择题

1. D　　2. B　　3. C　　4. B　　5. A

单 元 五

一、判断题

1. √　　2. √　　3. √　　4. √　　5. √　　6. √　　7. √　　8. ×

二、选择题

1. A　　2. B　　3. B　　4. A　　5. C　　6. D　　7. C　　8. A

参 考 文 献

[1] 解福泉.电控发动机维修[M].北京:高等教育出版社,2002.
[2] 解福泉.汽车发动机燃油喷射系统的检修[M].北京:中国环境科学出版社,1995.
[3] 乔维高.现代汽车电子装置结构原理与维修[M].北京:高等教育出版社,1999.
[4] (美)J.厄尔贾维克.汽车自动变速器与变速驱动桥[M].北京:机械工业出版社,1998.
[5] 李京申,刘波.自动变速器[M].北京:教育科学出版社,2003.
[6] TOYOTA 1993 repair manual LS400.日本丰田海外公司,1993.
[7] 丰田培训手册(电子控制变速器第三级第四册).日本丰田(中国)培训中心用,1997.
[8] 吴际璋.当代汽车电控系统结构原理与检修[M].北京:人民交通出版社,2002.
[9] 崔心存.现代汽车新技术[M].北京:人民交通出版社,2001.
[10] 姜立标.现代汽车最新安全控制装置构造与检修实务[M].北京:人民交通出版社,2003.
[11] 赵良红.汽车底盘电控技术[M].北京:机械工业出版社,2002.
[12] 汪立亮,等.现代汽车电子控制系统原理与维修[M].北京:电子工业出版社,1998.
[13] 吴基安.汽车电子装置图解检修手册[M].北京:人民邮电出版社,2001.
[14] 王遂双.汽车电子控制系统的原理与检修[M].北京:北京理工大学出版社,2002.
[15] 潘旭峰.现代汽车电子技术[M].北京:北京理工大学出版社,2002.
[16] 屠卫生.自动变速器的构造与维修[M].北京:高等教育出版社,2002.
[17] 齐晓杰.防抱死制动和牵引力控制系统[M].北京:化学工业出版社,2005.
[18] 杨庆彪.汽车电控制动系统原理与维修精华[M].北京:机械工业出版社,2006.
[19] 姚焕新.汽车底盘电控系统检修[M].北京:人民邮电出版社,2009.
[20] 舒华,姚国平.汽车电子控制技术[M].北京:人民交通出版社,2004.
[21] 王遂双.汽车电子控制系统的原理与检修(底盘和车身部分)(修订版)[M].北京:北京理工大学出版社,2004.
[22] 张月相,赵英君.汽车自动变速器原理与检修[M].哈尔滨:黑龙江科学技术出版社,2005.
[23] 关文达.汽车构造[M](2).北京:机械工业出版社,2008.
[24] 增显恒,苗全生.汽车发动机电控系统的诊断与修复(理实一体化教程)[M].上海:上海交通大学出版社,2012.
[25] 姚科业.图解大众汽车发动机拆装和维修[M].北京:化学工业出版社,2012.
[26] 蒋家旺,方俊.大众汽车电控系统检修一体化教材[M].北京:机械工业出版社,2012.
[27] 李春明.汽车发动机燃油喷射技术(第3版)[M].北京:北京理工大学出版社,2008.
[28] 张传慧,梁强,张贺隆.汽车发动机电控系统检修[M].北京:北京理工大学出版社,2010.
[29] 邹长庚.现代汽车电子控制系统构造原理与故障诊断(下)——车身底盘部分(第三版)[M].北京:北京理工大学出版社,2008.
[30] 刘岩东.汽车自动变速器构造与原理解析(第2版)[M].北京:机械工业出版社,2012.
[31] 毛彩云,陈学深.汽车新技术及典型故障诊断维修[M].北京:机械工业出版社,2010.
[32] 冯永忠.大众车系0AM直接换档变速器维修图册[M].北京:机械工业出版社,2010.